Kreative Volkswirtschaftslehre – Lösungen

Jürgen Pfannmöller

Kreative Volkswirtschaftslehre - Lösungen

 Springer Gabler

Jürgen Pfannmöller
Köln, Deutschland

ISBN 978-3-658-26677-6   ISBN 978-3-658-26678-3   (eBook)
https://doi.org/10.1007/978-3-658-26678-3

Die Deutsche Nationalbibliothek verzeichnet diese Publikation in der Deutschen Nationalbibliografie;
detaillierte bibliografische Daten sind im Internet über http://dnb.d-nb.de abrufbar.

Springer Gabler

Lektorat: Margit Schlomski
Einbandabbildung: Drew Pocza

Springer Gabler ist ein Imprint der eingetragenen Gesellschaft Springer Fachmedien Wiesbaden GmbH
und ist ein Teil von Springer Nature.
Die Anschrift der Gesellschaft ist: Abraham-Lincoln-Str. 46, 65189 Wiesbaden, Germany

Vorwort

■ **Zur Konzeption des Lösungsbuches**

Die Aufgaben der Kapitel im Lehrbuch sind durchnummeriert und hier für eine leichtere Vergleichbarkeit mit abgedruckt. Die didaktischen Hinweise beruhen auf Unterrichtserfahrungen und es werden teilweise Ideen für eine Binnendifferenzierung oder eine weiterführende Recherche gegeben.

Die Blanko-Tabellen und Koordinatensysteme des Lehrbuches *Kreative Volkswirtschaftslehre* finden Sie als eine Art Arbeitsbuch als PDF im Downloadbereich auf der Internetseite zum Buch: ▶ http://www.springer.com/de/book/9783658079574 Mit dieser Datei können Sie die Aufgaben bearbeiten, ohne in das Lehrbuch schreiben zu müssen.

Über Anmerkungen und Rückmeldungen freue ich mich.

Mit freundlichen Grüßen

Köln, Deutschland   Jürgen Pfannmöller
Mai 2019

Inhaltsverzeichnis

Schnupperkurs VWL

© Springer Fachmedien Wiesbaden GmbH, ein Teil von Springer Nature 2020
J. Pfannmöller, *Kreative Volkswirtschaftslehre Lösungen*,
https://doi.org/10.1007/978-3-658-26678-3_1

1

1.1 Was eine Erbschaft aus Währungen, Aktien, Gold und Kuriositäten wohl wert ist?

1.1.1 Ermitteln Sie den Wert des Nachlasses

❓ Aufgabe 1: Die Wertermittlung der Erbschaft

a) Bitte vervollständigen Sie die Tab. 1.1 (im Lehrbuch), indem Sie über die Werte in Euro spekulieren. b) Ermitteln Sie Ihre persönliche Bewertung der Gesamterbschaft in Euro, damit der Notar entscheiden kann, welcher Erbe den Karton mit der Erbschaft erhalten soll. c) Gruppenaufgabe: Bitte erstellen Sie eine Tabelle an der Tafel, welche die Preisspannen der Schätzungen stichwortartig auflistet.

✅ Lösung

Zu a) siehe ◩ Tab. 1.1.
Zu b) Für einen Vergleich der Schätzungen der Erbschaft könnte man die Aktien beispielsweise wieder herausrechnen, damit der Notar die beste Schätzung ermitteln kann.
Zu c) Hier werden die Erbstücke untereinander aufgelistet und die Schätzungen daneben notiert.

Didaktische Hinweise
Zu a) Da Schüler relativ schnell das Internet zu Rate ziehen, verläuft der Übergang von der Schätzung zu der tatsächlichen Wertermittlung der Erbstücke meistens relativ fließend. Häufig entfalten die Teilnehmer einen gewissen Ehrgeiz herauszufinden, welche Aktien besonders teuer sind. Da das Interesse an Aktien im Vordergrund steht, könnte jede Aktienauswahl zulässig sein. Die derzeit teuerste Aktie kostet ungefähr 230.000 Euro (13.04.2017) und heißt Berkshire Hathaway A.
Zu b) Die Aufgabe könnte man für Schüler mit Vorkenntnissen binnendifferenzieren, indem man einen bestimmten Aktienindex vorgibt, oder dass nur Aktien ausgewählt werden dürfen, die auch als sogenannte effektive Stücke auf dem Tisch des Notars liegen könnten.

▪ Thematische Einordnung
Zu a) Diese erste Aufgabe eignet sich sowohl als Einstieg in die Volkswirtschaftslehre als auch als Rückblick, sowie auszugsweise auch als Vorbereitung auf die Inhalte Geld und Währungen, die Euroeinführung, Wechselkurse, Inflation oder das Börsenspiel.

❓ Aufgabe 2

a) Recherchieren Sie, wie viel Euro die Gegenstände tatsächlich wert sind und begründen Sie, wie die einzelnen Werte zustande kommen. b) Bitte begründen Sie, welche Wertgegenstände Sie behalten oder verkaufen möchten. c) Finden Sie heraus, wann die Tante in etwa verstorben ist. Tipp: Die bildliche Darstellung eines der Erbstücke lässt Rückschlüsse auf eine Zeitangabe zu.

◘ Tab. 1.1 Schätzung der Erbschaft: (13.04.2017) (Quelle: Eigene Darstellung)

Erbstück	Wert (€)	Begründung 2 a)	Behalten/Verkaufen 2 b)
Zweihundert Millionen Mark von 1923	20 €	Sammlerwert in Abhängigkeit von Seltenheit der Scheine, ohne zu erwartende Wertsteigerungen aufgrund der riesigen, damals gedruckten Geldmenge	
Fünfzig 100 D-Mark-Scheine	2556,46 €	Umrechnungskurs D-Mark in Euro: 1,95583	Ein Umtausch in Euro ermöglicht eine zinsbringende Geldanlage, um den Kaufkraftverlust durch die Inflation zu kompensieren.
Fünfzig 100 US-Dollar-Noten	4716,98 €	Der gängige Wechselkurs gibt den Preis eines Euro in US-Dollar an: 1 € = 1,06 USD (Mengennotierung)	Abhängig von der von Ihnen erwarteten Wechselkursentwicklung des Euro: Wenn Sie an einen fallenden Dollar glauben, sollten Sie die Dollarnoten in Euro umtauschen.
Drei Aktien	?	Beispiel: Drei Aktien von Berkshire Hathaway kosten ungefähr 690.000 Euro	Abhängig von der erwarteten Aktienkursentwicklung und zum Beispiel davon, wann Sie das Geld benötigen.
Drei Feinunzen Gold je 31,10 Gramm Reinheit: 999,9	3635,55 €	Eine Feinunze Gold kostet 1284,56 $ an der Börse: 3853, 68 $ ÷ 1, 06	Die Entscheidung ist abhängig von der erwarteten Entwicklung des Goldpreises: Wenn Sie an einen steigenden Goldpreis oder einen Wertverlust des Euro glauben, sollten Sie das Gold behalten.
Autogramm von Ludwig Erhard	200 €	Schätzung des Auktionshauses	
Hut von Keynes (Typ Homburger)	5000 €	Schätzung des Auktionshauses	

Geschätzter Gesamtwert der Erbschaft in Euro: 16.128,98 € ohne Aktien und Blaue Mauritius

✅ Lösung

Zu a) US-Dollar, Aktien und Gold werden an der Börse gehandelt und deren Preise (Börsenkurse) bilden sich aus Angebot und Nachfrage. Die aktuellen Börsenkurse und deren bildliche Darstellung, als sogenannte Charts, findet man im Internet.

Zu b) Siehe ◘ Tab. 1.1.

1

Zu c) Der 100 D-Mark-Schein zeigt das Konterfeit von Klara Schumann, das ab 1990 auf dem letzten 100-D-Mark-Scheinen abgebildet ist. Daraus könnte man schlussfolgern, dass die Erblasserin nach 1990 und vor dem 01.01.2002, dem Tag der Erstausgabe des Eurobargeldes, verstorben ist.

Didaktischer Hinweis

Zu c) Anhand der Größe des Geldscheins im Druckbild ist es zugegebenermaßen etwas schwierig, diesen Geldschein zu identifizieren. Deshalb könnte man als Tipp darauf hinweisen, dass es sich um einen der Geldscheine aus der Abbildung in
► Abschn. 1.1 handelt.

■ **Technisches Detailwissen**

Zu b) Die Entscheidung, welche Gegenstände Sie behalten bzw. verkaufen möchten, ist von Ihrer Einschätzung zukünftiger wirtschaftlicher Entwicklungen abhängig, weil diese den Wert des jeweiligen Erbstückes beeinflussen. Der Goldpreis ist beispielsweise unter anderem von den Inflationserwartungen, der Zinsentwicklung und dem Sicherheitsbedürfnis der Geldanleger abhängig. In Aktienkurse werden bestimmte Erwartungen eingepreist, beispielsweise die Erwartung, dass eine Aktie in einen Aktienindex aufgenommen wird oder dass die jährliche Dividende angehoben wird.

Der Wechselkurs ist der Preis einer Währung ausgedrückt in den Geldeinheiten einer anderen Währung. Dieser ist unter anderem abhängig von den Leitzinsen, der wirtschaftlichen Lage und der Inflationsrate, also dem jährlichen Kaufkraftverlust *beider* Währungen. Außerdem spielt die weltweite Akzeptanz der Währung eine Rolle und inwieweit Notenbanken diese Währung als so wertbeständig erachten, dass sie ihre Devisenreserven darin anlegen.

Dollar-Sorten würden Sie beispielsweise nur dann behalten, wenn Sie an einen steigenden bzw. zumindest gleichbleibenden Dollarwechselkurs glauben. Denn mit den Jahren verliert Bargeld aufgrund der Inflation einen Teil seiner Kaufkraft, obwohl die Geldscheine dieselben bleiben.

Das Bargeld und auch das Gold werden nicht verzinst. Aufgrund der derzeitigen Nullzinspolitik der EZB (siehe ► Abschn. 12.3) und der seit 2015 steigenden US-Leitzinsen (siehe Abb. 16.3 im Lehrbuch), wären verzinste Dollarguthaben auf einem Bankkonto vielleicht vorteilhaft, allerdings unter Berücksichtigung anfallender Transaktionskosten, wie beispielsweise Kontoführungsgebühren.

1.1.2 Die volkswirtschaftlichen Inhalte, auf die die einzelnen Erbstücke anspielen

❓ Aufgabe 3

a) Bitte erstellen Sie ein Schaubild, das die folgenden drei Phasen der Euroeinführung darstellt: nationale Währungen, Einführung des Euro als Buchgeld und als Bargeld. Notieren Sie die in der jeweiligen Phase zuständigen Zentralbanken und zeigen Sie, wie sich die Kaufkraft des Geldes durch die Umrechnung an den beiden Stichtagen verändert hat. Bitte beginnen Sie mit einer Auswahl von Gütern, die vor der Euroeinführung 100 D-Mark gekostet haben und gehen Sie nur auf die Umrechnung ein. **b)** Inwieweit verändern sich die Güterpreise durch die reine Umrechnung von D-Mark in Euro?

✅ Lösung
Zu a) Siehe ◪ Abb. 1.1
Zu b) Die Güterpreise bleiben durch die Umrechnung unberührt, da es sich hier um keine Währungsreform handelt. Darauf soll das untenstehende Beispiel mit den 200 Brötchen hinweisen. Allerdings werden bei diesen Überlegungen die jährlichen Inflationsraten dieses Zeitraums sowie insbesondere eine Erhöhung des Brötchenpreises aufgrund einer möglichen Aufrundung der umgerechneten Europreise seitens der Bäcker außer Acht gelassen.

Die Einführung des Euro als Buchgeld ist von den privaten Haushalten während der ersten drei Jahre kaum wahrgenommen worden, außer vielleicht an der Fixierung der Wechselkurse. Weil man noch immer die heimische Währung in Händen hielt, hat überwiegend das subjektive Gefühl überwogen, man hätte noch das gewohnte Geld in Händen und nicht tatsächlich den Euro. Deshalb spricht die EZB davon, dass der Euro in den ersten drei Jahren eine „unsichtbare" Währung gewesen sei (Europäische Zentralbank 2018).

❓ Aufgabe 4
Vergleichen Sie den veränderten 51,11-Euro-Schein mit dem originalen 100-D-Mark-schein von Clara Schumann. Bitte benennen Sie die beiden Veränderungen und erklären Sie deren Bedeutung.

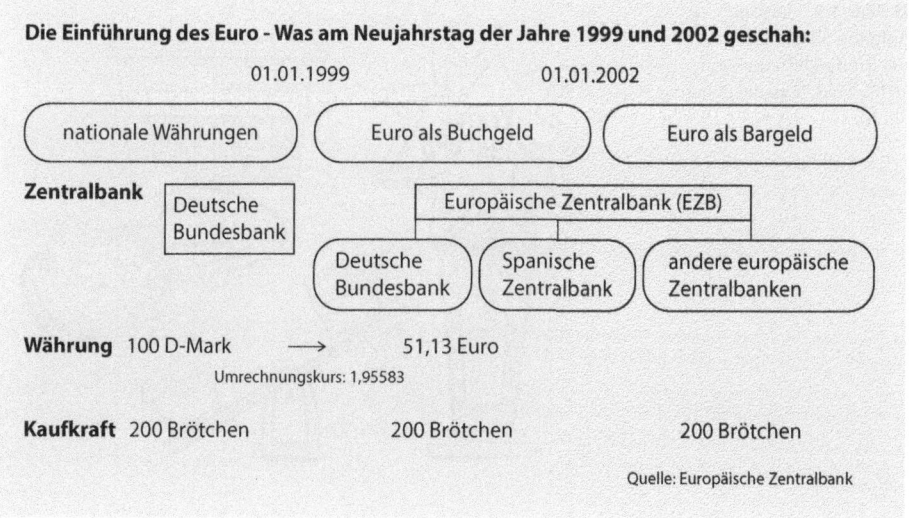

◪ **Abb. 1.1** Lösung Aufgabe 3: Schaubild der Phasen der Euroeinführung. (Quelle: Eigene Darstellung)

1

✅ Lösung

Anstelle der Deutsche Bundesbank steht die Europäische Zentralbank auf dem Geldschein. Das soll darauf hinweisen, dass die EZB die Deutsche Bundesbank als allein verantwortliche Institution für die Währung abgelöst hat. Die 51,11 Euro resultieren aus der Umrechnungstabelle. Genau genommen entsprechen die 100 D-Mark umgerechnet 51,13 Euro. Die Veränderungen sollen anzeigen, dass die Europäer bereits drei Jahre lang mit Euro bezahlten, obwohl sie die eigene Landeswährung in Händen hielten.

❓ Aufgabe 5

a) Bitte sagen Sie mit einem Wort, was Inflation bedeutet. **b)** Stellen Sie die Ursache der großen Inflation von 1918 bis 1923 in einer Skizze dar. Gehen Sie dabei auf den Zusammenhang zwischen dem Drucken von Geldscheinen und der vorhandenen Gütermenge ein, um so das Entstehen von Inflation zu verdeutlichen. Siehe hierzu ► Abschn. 11.5. **c)** Suchen Sie im Internet nach einer Dokumentation zu der großen Inflation von 1923.

✅ Lösung

Zu a) Preissteigerung oder Geldentwertung oder Kaufkraftverlust. Genau genommen heißt der Durchschnitt der Preise aller Waren und Dienstleistungen *Preisniveau* und dessen Anstieg über einen längeren Zeitraum wird *Inflation* genannt. Der prozentuale Anstieg des Preisniveaus zwischen zwei Zeitpunkten heißt *Inflationsrate* (Baßeler et al. 2006, S. 726) (siehe ► Abschn. 11.1.3 im Lehrbuch).
Zu b) Siehe ◘ Abb. 1.2.

◘ **Abb. 1.2** Lösung Aufgabe 5b: Skizze Ursache der großen Inflation von 1918–1923. (Quelle: Drew Pocza)

❓ Aufgabe 6

a) Bitte erläutern Sie die vier Prinzipien der sozialen Marktwirtschaft. b) Was ist mit keynesianischer Konjunkturpolitik gemeint?

✅ Lösung

Zu a) Die vier Prinzipien der sozialen Marktwirtschaft heißen: Wettbewerbsprinzip, Sozialprinzip, Konjunkturpolitisches Prinzip und Marktkonformität staatlicher Maßnahmen.

Wettbewerbsprinzip: Der Staat soll darauf achten, dass beispielsweise Monopolstellungen von Unternehmen vermieden werden. Denn Unternehmen, die sich im Wettbewerb mit vielen konkurrierenden Unternehmen befinden, müssen bei ihrer Preisgestaltung die Preise der Konkurrenten beachten, um keine Marktanteile zu verlieren. Außerdem haben konkurrierende Unternehmen einen Anreiz, innovativ zu sein und die Qualität zu verbessern.

Sozialprinzip: Der Staat soll gesellschaftliche Probleme durch Umverteilung lösen. Beispiele sind Leistungen, die Sie als Transferzahlungen vom Staat erhalten.

Konjunkturpolitisches Prinzip: Es heißt, dass der Staat Schwankungen der Wirtschaftsleistung (Konjunkturschwankungen) glätten soll, damit starke Schwankungen der Preise vermieden werden. Die Wirtschaftsleistung wird anhand der Menge der hergestellten Waren und Dienstleistungen gemessen, mit dem sogenannten Bruttoinlandsprodukt (BIP). Veränderungen des BIPs werden als Wirtschaftswachstum bezeichnet und wirken sich beispielsweise auf die Beschäftigung und die Preise aus.

Marktkonformität: Der Staat soll sich nicht in die Preisbildung auf Märkten einmischen, beispielsweise durch Mindestpreise und Höchstpreise.

Zu b) Keynes war der Ansicht, dass der Staat die wirtschaftliche Lage mit einer antizyklischen Fiskalpolitik beeinflussen sollte. In einer schlechteren wirtschaftlichen Lage solle der Staat mit einem kreditfinanzierten öffentlichen Nachfrageprogramm die Wirtschaft ankurbeln und eine Multiplikator- und Akzeleratorwirkung auslösen. In einer besseren wirtschaftlichen Lage solle der Staat dann die Schulden wieder tilgen (Beck und Prinz 2011, S. 34).

1.2 Was Volkswirtschaftslehre mit mir persönlich zu tun hat

Keine Aufgaben im Kapitel.

Literatur

Baßeler, U., Jürgen, H., & Utecht, B. (2006). *Grundlagen und Probleme der Volkswirtschaft* (18. Aufl.). Stuttgart: Schäffer-Poeschel.
Beck, H., & Prinz, A. (2011). *Staatsverschuldung, Ursachen – Folgen – Auswege*. Nördlingen: C. H. Beck.
Europäische Zentralbank. (2018). *Verwendung des Euro*. Europäische Zentralbank. https://www.ecb.europa.eu/euro/intro/html/index.de.html. Zugegriffen am 02.11.2018.

Bedürfnisse und Güter

© Springer Fachmedien Wiesbaden GmbH, ein Teil von Springer Nature 2020
J. Pfannmöller, *Kreative Volkswirtschaftslehre – Lösungen*,
https://doi.org/10.1007/978-3-658-26678-3_2

2.1 Was ich auf einer einsamen Insel vermissen würde …

2

❓ Aufgabe 1

Bitte nehmen Sie sich einen Moment Zeit, sich in die Situation zu versetzen. Da wahrscheinlich jeder eine andere Insel vor Augen hat, dürfen Sie ein wenig über die Eigenschaften der Insel spekulieren. Überlegen Sie nun, was Sie persönlich in dieser Situation dringend benötigen bzw. vermissen. Ziel ist es, die Vielschichtigkeit Ihrer Bedürfnisse zu zeigen und eigene Beispiele für spätere Betrachtungen zu sammeln.

Didaktischer Hinweis

Ergebnis ist eine Stichwortsammlung von Bedürfnissen und Gütern. Diese Aufgabe nutze ich häufig in den ersten Unterrichtsstunden, um neue Klassen ein wenig besser kennenzulernen.

2.1.1 „Wir denken selten an das, was wir haben, aber immer an das, was uns fehlt" (Arthur Schopenhauer)

❓ Aufgabe 2

Ordnen Sie nun Ihre Bedürfnisse den vier Bedürfniskategorien in Tab. 2.1 (im Lehrbuch) zu und finden Sie gegebenenfalls andere geeignete Beispiele. Für die Unterscheidung nach der Lebenswichtigkeit legen Sie bitte Ihre eigenen Wertmaßstäbe zugrunde. Bitte beachten Sie, dass manche Bedürfnisse zu mehreren Bedürfniskategorien passen, in Abhängigkeit von Ihrer Argumentation.

✓ Lösung

Siehe ◘ Tab. 2.1.

Didaktischer Hinweis

In der Aufgabe soll argumentiert werden, zu welchen Definitionen die eigenen Beispiele passen. Die Zuordnung der Begriffe hängt ein wenig davon ab, ob mit Inselsituation aus ▶ Abschn. 2.1 oder mit einem anderen Kontext argumentiert wird. Beispiel: Kleidung ist in der Arktis vermutlich überlebenswichtig und deshalb ein Existenzbedürfnis. Auf einer Tropeninsel unter Umständen nur dann, wenn es keinen Sonnenschutz gibt.

Eigentlich müsste in der Beschreibung der Bedürfnisse in ◘ Tab. 2.1 immer darauf geachtet werden, dass das *Gefühl* eines Mangels beschrieben wird, damit Bedürfnisse von Gütern, den *Mitteln* der Bedürfnisbefriedigung, unterschieden werden.

◘ Tab. 2.1 Bedürfnisarten unterschieden nach verschiedenen Kriterien (Quellen: Wagenblaß 2008, S. 4; Gabler Wirtschaftslexikon 2014, S. 1804; Stelling 2007, S. 154)

1. Bedürfnisse, unterschieden nach der Lebenswichtigkeit (Dringlichkeit)		
Existenz-bedürfnis	Existenzbedürfnisse sind zur Lebenserhaltung unverzichtbar.	Trinken, Essen, Kleidung in der Arktis (man könnte erfrieren), Unterkunft, Schlafen, Luft, Licht etc. Schminke könnte für ein Model ein Existenzbedürfnis sein, ebenso ein schnelles Auto für einen Notarzt in einer ländlichen Gegend.
Kultur-bedürfnis	Bedürfnisse nach Ausbildung, Information und Unterhaltung	Theater, Kino, Bücher, E-Book-Reader, Zeitung, Radio, Fernsehen, PC, Oper, Museen, Kunst, Geschichte, Literatur und Aufführungen, Bildung (Schule, Universität). Jagen lernen (auf der Insel), Kochen lernen (auf der Insel), mit Freunden unterhalten.
Luxus-bedürfnis	Luxusbedürfnisse sind abhängig von der gesellschaftlichen Beurteilung und es kommt immer ein wenig auf den Zusammenhang an (Zeit, Ort, Generation, gesell-schaftliche Schicht).	Trendfood, Markenkleidung, Villa, Spielekonsole, teurer Schmuck, ein sehr teures Auto, exquisite Flugreisen, Genussmittel (Alkohol, Zigaretten, Shisha) etc. Zeitliche Perspektive: Bildung im Mittelalter.
2. Bedürfnisse nach der Anzahl der Bedürfnisträger und nach Ausschließbarkeit und Rivalität		
Kollektiv-bedürfnis	Manche Bedürfnisse können nur von der ganzen Gesellschaft erfüllt werden. Deshalb heißen diese Güter Kollektivgüter oder *öffentliche Güter*. Diese kann man auf keinem Markt kaufen (siehe ▶ Abschn. 2.2).	Von der Nutzung öffentlicher Güter kann niemand ausgeschlossen werden und es gibt keine Rivalität im Konsum. Beispiele: Leuchtturm, öffentliche Verwaltung, Sicherheit (Polizei, Bundesgrenzschutz, Bundeswehr), Straßenlaternen, Infrastruk-tur, Staudamm.
Individual-bedürfnis	Das Bedürfnis nach Gütern, die man auf einem Markt kaufen und besitzen kann. Diese Güter heißen Individualgüter oder auch *private Güter*.	Waren und Dienstleistungen, die Sie teilweise täglich erwerben: Nahrungsmit-tel, Kleidung, Haus, Auto etc.
3. Bedürfnisse nach der Käuflichkeit		
Materielles Bedürfnis	Materielle Bedürfnisse nach Dingen, die man anfassen, schmecken oder essen kann.	Sachgüter wie Handy, Auto etc. (Alle materiellen Güter sind auch Individualgü-ter. Aber nicht alle Individualgüter sind auch materielle Güter, weil Dienstleistun-gen auch Individualgüter sind.)
Immateriel-les Bedürfnis	Immaterielle Bedürfnisse nach Dingen, die man nicht berühren kann.	Dienstleistungen wie ein Friseurbesuch, Rechte, aber auch Zuneigung, Zärtlichkeit, akademischer Grad usw.

(Fortsetzung)

2

⬛ **Tab. 2.1**   (Fortsetzung)

4. Bedürfnisse nach der Bewusstheit		
Bewusstes Bedürfnis	Bewusste Bedürfnisse	Alle Wünsche, die einem bewusst sind.
Unbewusstes Bedürfnis	Unbewusste Bedürfnisse sind unterschwellig vorhanden und werden erst durch Werbung oder andere Reize geweckt.	„Ich sehe ein Spiel in der Werbung und habe dann Lust es zu spielen." Bedürfnisse, die durch Werbung geweckt werden.

Didaktischer Hinweis

Kollektivbedürfnisse werden durch Kollektivgüter, sogenannte öffentliche Güter, erfüllt. Für Kollektivgüter finden Schüler häufig mitunter vieldeutige Beispiele, die sich zwar in Gruppen erfüllen lassen, jedoch nicht der volkswirtschaftlichen Definition entsprechen. Deshalb ziehe ich das Dammprojekt aus ► Abschn. 2.2 manchmal vor. Auch, weil es eine größere Herausforderung für die Schüler ist, öffentliche von privaten Gütern anhand ihrer Eigenschaften zu unterscheiden.

Kollektivgüter werden mit den Eigenschaften Nicht-Ausschließbarkeit und Nicht-Rivalität im Konsum definiert. Beispiele sind: Infrastruktur, Rechtsordnung oder öffentliche Sicherheit, dienen der Befriedigung der Kollektivbedürfnisse. Individualbedürfnisse hingegen werden durch Individualgüter befriedigt, die auch private Güter heißen. Im Gegensatz zu den Kollektivgütern handelt es sich hier um die entgegengesetzten Kriterien: Ausschließbarkeit und Rivalität im Konsum.

2.1.2   **Entwickeln Sie eine Rangfolge Ihrer Bedürfnisse**

❓ Aufgabe 3

a) Bitte tragen Sie die Nummern der Bedürfnisse nach Ihrer persönlichen Wertigkeit auf den Stufen der Pyramide ein. Beginnen Sie mit dem jeweils wichtigsten Bedürfnis unten, ohne dessen Erfüllung die nächsthöhere Stufe noch nicht von Bedeutung wäre.
b) Erstellen Sie eine Rangfolge der Bedürfnisse in Ihrer Klasse, indem Sie die Zahlen der Bedürfnisse in einer Tabelle sammeln.

✅ Lösung

Zu a und b) Siehe ⬛ Tab. 2.2.

Didaktischer Hinweis

In der Regel weichen zumindest die oberen beiden Stufen des Gruppenergebnisses von der Darstellung Maslows ab, und häufig wollen die Schüler wissen, welche Rangfolge sie für die Klausur lernen sollen. Interessanterweise ordnen einzelne Schüler die sozialen Kontakte, also die Zugehörigkeit zu der Familie, als Fundament ganz unten ein.

Manchmal möchten Schüler wissen, was denn ihre Bedürfnisse mit Wirtschaft zu tun haben: Die Bedeutung der Bedürfnisse kann man beispielsweise an dem Aufwand ablesen, mit welchem Unternehmen versuchen, die Bedürfnisse der Konsumenten

◘ **Tab. 2.2** Beispiel für das Ergebnis einer fünfköpfigen Gruppe aus den Personen (A bis E) (Quelle: Eigene Darstellung)

Person	A	B	C	D	E	Σ	Rangfolge der Gruppe*
oben	1	1	1	1	1	1	Wertschätzung durch andere
	4	3	3	3	4	3	Persönliche Entwicklung
	3	4	5	4	5	4	Soziale Kontakte
	5	2	2	5	3	5	Wohnung, Arbeit, Einkommen
unten	2	5	4	2	2	2	Essen, Trinken, Kleidung

*Man beginnt die gemeinsame Rangfolge unten. Werden zwei Bedürfnisse einer Stufe gleich häufig zugeordnet, dann zieht man die nächsthöhere Stufe in die Gewichtung mit ein

kennenzulernen. Im Internet wird beispielsweise das Nachfrageverhalten von Kunden mit Cookies oder Nutzerprofilen analysiert.

Der Zusammenhang zwischen Bedürfnissen und Nachfrage wird in der Volkswirtschaftslehre wie folgt abgegrenzt: Wenn ein Bedürfnis und Geld zusammenkommen, spricht man von *Bedarf* (Wagenblaß 2008, S. 4). Aus Bedarf und Kaufwillen resultiert die *Nachfrage* (Herdzina 2005, S. 2). Dazu meinte der Marktleiter eines Baumarktes: „Die Kunden kommen zu uns in den Baumarkt und haben einen Bedarf. Dann ist es unsere Aufgabe den Kaufwillen anzuregen, um eine Nachfrage nach den Artikeln unseres Baumarktes zu erzeugen." Darin bestehe die Chance des Baumarktes, mit Anbietern des Internets zu konkurrieren.

In Kap. ▶ 9 erfahren Sie, wie man die Nachfrage mehrerer Personen grafisch darstellen kann und wie sich Preise aufgrund von Angebot und Nachfrage bilden.

2.1.3 Die Bedürfnispyramide von Maslow

Keine Aufgaben im Kapitel.

2.2 Gewinnen Sie private Investoren für ein öffentliches Staudammprojekt

❓ **Aufgabe 4**
Bitte vervollständigen Sie Tab. 2.2 (im Lehrbuch), indem Sie die Gütereigenschaften auf die beiden Projekte anwenden und Ihre Zuordnung kurz begründen.

✅ **Lösung**
Siehe ◘ Tab. 2.3.

❓ **Aufgabe 5**
Würden Sie als privater Investor Geld in dieses Dammprojekt investieren, weil Sie glauben, damit Erträge erzielen zu können?

2

◻ **Tab. 2.3**   Der Unterschied zwischen privaten und öffentlichen Gütern (Quelle: Eigene Darstellung)

Gütereigenschaften	Mautautobahn	Damm
Güterart (öffentlich, privat)	Privates Gut	Öffentliches Gut
Ausschließbarkeit/ Nicht-Ausschließbarkeit[a]	Ausschließbarkeit: Sie können Autofahrer von der Nutzung ausschließen.	Nicht-Ausschließbarkeit: Sie können niemanden von den Vorteilen des Damms ausschließen.
Rivalität im Konsum/keine Rivalität im Konsum[b]	Rivalität im Konsum: Der Nutzen nimmt mit der Anzahl der Autofahrer ab.	Keine Rivalität im Konsum: Es ist egal, wie viele Leute durch den Damm geschützt werden.

[a]Ausschließbarkeit bezeichnet den Ausschluss von der Nutzung
[b]Rivalität im Konsum beschreibt die Nutzenbeeinträchtigung durch zusätzliche Nutzer (Roth 2014, S. 155)

✅ **Lösung**

In der Regel investieren Schüler nicht in das Dammprojekt, da sie die Zahlungsmoral der Nutzer anzweifeln, wenn der Damm erst einmal gebaut ist.

❓ **Aufgabe 6**

Bitte begründen Sie anhand der Kriterien, inwieweit es sich bei den folgenden Gütern um private oder öffentliche Güter handelt: **a)** Straßenbahnfahrt **b)** Discobesuch **c)** Leuchtturm (Signalgeber für die Schifffahrt) **d)** Parkbank **e)** Landesverteidigung.

✅ **Lösung**

Öffentliche Güter sind weder rivalisierend im Konsum noch können Personengruppen von der Nutzung ausgeschlossen werden. Dazu zählen c) der Leuchtturm und e) die Landesverteidigung. Außerdem ist der Nutzen für jeden gleich, unabhängig davon, wie viele Leute davon profitieren.

Private Güter erfüllen die Eigenschaften der Ausschließbarkeit und der Rivalität im Konsum. Dazu zählen a) die Straßenbahnfahrt und b) der Discobesuch. Denn der Nutzen des Einzelnen nimmt mit der Anzahl zusätzlicher Nutzer (Rivalität im Konsum) ab, was im Beispiel mit der Disco erst ab einer bestimmten Nutzeranzahl der Fall ist. Außerdem können Personen von der Nutzung ausgeschlossen werden, was durch das Vorzeigen der Fahrkarte bei der Busfahrerin oder die Türsteherin in der Disco erreicht werden kann. Die Parkbank ist rivalisierend im Konsum und sie erfüllt deshalb die Eigenschaften des öffentlichen Gutes nicht.

2.3 Die wirtschaftlichen Güter eines kussechten Lippenstifts am Geschmack erkennen

Aufgabe 7

Die kurze Textpassage zur Lippenstiftproduktion erwähnt fünf verschiedene Gruppen von wirtschaftlichen Gütern, wobei die Öle, Wachse und Pigmente derselben Gütergruppe angehören. Bitte ordnen Sie jede Gruppe von wirtschaftlichen Gütern den zugehörigen drei Unterkategorien zu:

Beispiel: Natürliche Duftstoffe – wirtschaftliches Gut, materielles Gut, Produktionsgut, Verbrauchsgut.

Finden Sie zuerst heraus, ob es ein materielles oder ein immaterielles Gut ist. Entscheiden Sie dann anhand der Abb. 2.3 (im Lehrbuch), welche beiden Verästelungen das Gut ebenfalls beschreiben. Die Begriffe werden zudem im weiter folgenden Text erklärt. Bitte nutzen Sie das Lösungsschema wie in Tab. 2.3 (im Lehrbuch).

✅ **Lösung**

Siehe ◻ Tab. 2.4.

Didaktischer Hinweis

Für Schüler ist regelmäßig der Gedanke wichtig, dass wirklich nur herausgesucht wird, was mit der Lippenstiftproduktion zu tun hat. Denn sonst werden beispielsweise häufig Lebensmittel und Arzneimittel als Güter genannt, die jedoch nur als Übersetzung der Food-and-Drug-Administration im Text genannt werden.

❓ **Aufgabe 8**

a) Bitte definieren Sie, was man unter einem Gut versteht. b) Bitte unterscheiden Sie wirtschaftliche von freien Gütern. c) Bitte erklären Sie die Begriffe Substitutionsgut und Komplementärgut.

◻ **Tab. 2.4** Güterarten für die Herstellung eines Lippenstiftes (Quelle: Wagenblaß, S. 9 ff.; Reip und Ulshöfer 1978, S. 15; Faik 2006, S. 35)

	Im Text genannte Güter	Güterdefinitionen aus Übersicht 1
1	Öle, Wachse und Pigmente	Diese Rohstoffe sind für die Herstellung des Lippenstiftes erforderlich: materielle Güter, Produktionsgüter, Verbrauchsgüter.
2	Mischmaschinen	Für die Verarbeitung der Rohstoffe: Materielle Güter, Produktionsgüter, Gebrauchsgüter.
3	Lippenstifte	Der Lippenstift mit den besonderen Eigenschaften ist für den Konsum des Endverbrauchers bestimmt: materielle Güter, Konsumgüter, Verbrauchsgüter.
4	Qualitätssicherung nach GMP oder die Herstellung des Lippenstifts	Die Qualitätssicherung wird von einem Labor übernommen, dass das Qualitätssiegel ausstellen kann: immaterielles Gut, sachbezogene Dienstleistung. *
5	Patent für den Lippenstift	Die Firma hat als einzige das Patent für diesen einzigartigen Lippenstift: immaterielles Gut, Rechte. *

*Auch die immateriellen Güter wie Dienstleistungen oder Rechte (Patente) sind wirtschaftliche Güter

2

✓ Lösung

Zu a) Güter sind die Mittel der Bedürfnisbefriedigung.

Zu b) Freie Güter stehen jedem Menschen theoretisch unbegrenzt zur Verfügung. Wirtschaftliche Güter sind knapp und haben einen Preis.

Zu c) Substitutionsgüter sind Ersatzgüter. Komplementärgüter sind sich gegenseitig ergänzende Güter.

2.4 Stellen Sie Ihre persönliche Güterbilanz zusammen

❓ Aufgabe

Ergänzung der Definitionen mit möglichen Beispielen.

✓ Lösung

Siehe ◘ Tab. 2.5.

◘ **Tab. 2.5** Ihre persönliche Ressourcenbilanz – Güter, die Sie benötigen und verbrauchen (Quelle: Wagenblaß 2008, S. 8 ff.; Gabler Wirtschaftslexikon 2014, S. 1414, 1535 und 2355; Herdzina 2005, S. 2 ff.)

Einteilung	Güterarten	Beschreibung, Definition	Beispiele
Verfügbarkeit	Freie Güter	Kostenfrei, theoretisch unbegrenzt vorhanden.	Luft, Sonnenlicht, Sternenhimmel
	Wirtschaftliche Güter	Werden auf Märkten angeboten und sind begrenzt vorhanden.	Güter wie Haus, Auto, Smartphone etc.
Beschaffenheit	Materielle Güter	Sachgüter, die man anfassen kann.	Haus, Auto, Smartphone etc.
	Immaterielle Güter	Güter, die man nicht berühren kann.	Dienstleistungen (Friseurbesuch, Unterricht) und Rechte (wie Markenrechte)
Verwendung	Konsumgüter	Güter, die für den Verbraucher (Konsumenten) hergestellt werden.	Nahrungsmittel, Nagellack, Haus, Auto, Smartphone und andere Dinge, die Sie kaufen.
	Produktionsgüter	Güter, die für die Herstellung von Wirtschaftsgütern benötigt werden.	Maschinen oder Rohstoffe in einem Unternehmen
Nutzungsdauer	Gebrauchsgüter	Werden nicht aufgebraucht, sondern haben eine Nutzungsdauer.	Spülmaschine, Förderband, Auto, Handy etc.
	Verbrauchsgüter	Werden mit der Nutzung aufgebraucht.	Teebeutel, Kaffee, Rohstoffe

(Fortsetzung)

◘ Tab. 2.5   (Fortsetzung)

Einteilung	Güterarten	Beschreibung, Definition	Beispiele
Beziehung zwischen den Gütern	Komplementär- güter	Sich ergänzende Güter.	Schraube und Schrauben- mutter, Flasche und Kronkorken, linker und rechter Handschuh
	Substitutions- güter	Ersatzgüter, die gegeneinander ausgetauscht werden können.	Autogas und Benzin, Blue Ray und DVD, Metall und Karbon
Güterarten nach Ausschließbar- keit und Rivalität	Private Güter Individualgüter	Man kann von der Nutzung ausgeschlos- sen werden (Ausschließ- barkeit). Der Nutzen nimmt mit der Nutzeranzahl ab (rivalisierend im Konsum).	Diese Güter werden vom Markt angeboten: Auto, Haus, Handy, aber auch eine Mautstraße.
	Öffentliche Güter Kollektivgüter	Niemand kann von der Nutzung ausgeschlos- sen werden (Nicht- Ausschließbarkeit). Es ist gleichgültig, wie viele Nutzer das Gut zu derselben Zeit nutzen (Nicht-Rivalität).	Diese Güter werden nicht vom Markt bereitgestellt: Deiche, Leuchttürme, Straßenbeleuchtung, Polizei, Landesverteidigung.

Didaktischer Hinweis

Auf Güter treffen häufig mehrere Definitionen zu. Beispielsweise ist ein Teebeutel ein Wirtschaftsgut, materielles Gut, Konsumgut, Verbrauchsgut und zugleich ein privates Gut. Aus der Unterteilung der wirtschaftlichen Güter aus ▶ Abschn. 2.3 ergeben sich ebenfalls Wechselbeziehungen: Beispielsweise sind Produktionsgüter auch materielle Güter, jedoch sind nicht alle materiellen Güter ebenfalls Produktionsgüter. Nora Baum kam auf die gute Idee, diese Wechselbeziehungen innerhalb der Ressourcenbilanz durch Pfeile kenntlich zu machen.

2.5   Quiz: Ein kleines Bilderrätsel zu den Güterarten

❓ Aufgabe 9

Bitte ordnen Sie die folgenden vier wirtschaftlichen Begriffe jeweils einem Bild mit den darunter stehenden Erklärungen zu: Wirtschaftliche Güter, heterogene Güter (sachlich verschiedenartige, funktional ähnliche Güter), freie Güter und homogene Güter (identische, gleichartige Güter) (Gablers Wirtschaftslexikon 2014, S. 1185, 1485, 1499):
a) Benzin und Barrel b) Sonnenlicht und Sternenhimmel c) Schiff und Chemikalion
d) Benzin und Diesel.

2

✅ Lösung

Zu a) Homogene Güter

Zu b) Freie Güter – das Wintersternbild Orion (Ein Schüler argumentierte, dass Sterne bekanntlich Sonnen sind und dass es sich deshalb um homogene Güter handle.)

Zu c) Wirtschaftliche Güter, materielle Güter, Produktionsgüter, Gebrauchsgut (Containerschiff) und wirtschaftliche Güter, materielle Güter, Produktionsgüter, Verbrauchsgut (Chemikalien)

Zu d) Heterogene Güter

❓ Aufgabe 10

Bitte unterscheiden Sie die folgenden wirtschaftlichen Güter mit deren Unterkategorien: **a)** Arztbesuch **b)** Waschmaschine **c)** Patent **d)** Dach decken.

✅ Lösung

Zu a) Immaterielles Gut, personenbezogene Dienstleistung

Zu b) Materielles Gut, Konsumgut, Gebrauchsgut

Zu c) Immaterielles Gut, Rechte

Zu d) Immaterielles Gut, sachbezogene Dienstleistung

❓ Aufgabe 11

Bei den folgenden Bildpaaren kommt es auf die Beziehung (Verbindung) der Güter bzw. bei d) der Produktionsfaktoren zueinander an: Welche Güterarten sind gemeint? Und welche Beziehung zwischen den Produktionsfaktoren bei d)? Bitte begründen Sie kurz Ihre Einschätzungen. Die Bildpaare: **a)** Konsole und Kontroller **b)** Autogas und Benzin **c)** Schraube und Mutter **d)** Bagger und Schaufel.

✅ Lösung

Zu a) Komplementärgüter, sich ergänzende Güter

Zu b) Substitute, Ersatzgüter

Zu c) Komplementärgüter, sich ergänzende Güter

Zu d) Der Produktionsfaktor Arbeit kann durch den Produktionsfaktor Kapital substituiert werden. Produktionsfaktoren werden im dritten Kapitel ausführlich behandelt. Genau genommen handelt es sich im Falle der Schaufel und des Baggers ebenfalls um Kapital (Sachkapital).

❓ Aufgabe 12

Welche Güter könnten gemeint sein? Bitte begründen Sie kurz Ihre Überlegungen. Fälle: **a)** Erddamm **b)** Espressomaschine **c)** Leuchtturm **d)** Straßenbeleuchtung.

✅ Lösung

a), c) und d) sind öffentliche Güter, weil niemand von der Nutzung ausgeschlossen werden kann *(Nicht-Ausschließbarkeit)* und weil sich der Nutzen des Einzelnen nicht aufgrund der Nutzeranzahl verändert *(Nicht-Rivalität)*. b) Privates Gut mit den Eigenschaften: Rivalität im Konsum und Ausschließbarkeit. Die Espressomaschine ist jedoch auch ein wirtschaftliches Gut, wobei es hier für die genaue Aufschlüsselung auf den Einsatzort ankommt: Eine Espressomaschine in der Gastronomie ist ein wirtschaftliches Gut, materielles Gut, Produktionsgut, Gebrauchsgut. Ist diese jedoch in einer Privatwohnung in Gebrauch, dann handelt es sich um ein wirtschaftliches Gut, materielles Gut, Konsumgut, Gebrauchsgut.

Literatur

Faik, J. (2006). *Grundlagen der Volkswirtschaftslehre – Eine Einführung in die Volkswirtschaftslehre für ökonomisch Interessierte*. Berlin: Logos.

Gabler Wirtschaftslexikon. (2014). Wiesbaden: Springer Fachmedien.

Herdzina, K. (2005). *Einführung in die Mikroökonomik*. München: Vahlen.

Reip, H., & Ulshöfer, W. (1978). *Volkswirtschaftslehre in Problemen, Lehrbuch zur Einführung in die Volkswirtschaftslehre und zur Einübung ihrer Denktechnik*. Bad Homburg vor der Höhe/Berlin/Zürich: Gehlen.

Roth, S. (2014). *VWL für Einsteiger*. Konstanz/München: UVK.

Stelling, M. (2007). *Wirtschafts- und Sozialprozess, Fachkraft für Lagerlogistik*. Braunschweig: Winklers.

Wagenblaß, H. (2008). *Volkswirtschaftslehre, öffentliche Finanzen und Wirtschaftspolitik*. Heidelberg: Verlagsgruppe Hüthig.

Produktionsfaktoren und das Planspiel Inselmanager

© Springer Fachmedien Wiesbaden GmbH, ein Teil von Springer Nature 2020
J. Pfannmöller, *Kreative Volkswirtschaftslehre – Lösungen*,
https://doi.org/10.1007/978-3-658-26678-3_3

3

3.1   Ziele mit dem ökonomischen Prinzip erreichen

> **Didaktischer Hinweis**
> Aufgabe 3 in ▶ Abschn. 3.2 befasst sich ebenfalls mit dem ökonomischen Prinzip.

❓ Aufgabe 1

Das ökonomische Prinzip besteht immer aus einer gegebenen (festen) Größe und einer veränderlichen (variablen) Größe. In den folgenden Bildpaaren ist die variable Größe durch einen Pfeil gekennzeichnet. Der nach oben gerichtete Pfeil beim Maximalprinzip bedeutet „möglichst viel" und der nach unten zeigende Pfeil beim Minimalprinzip heißt „möglichst wenig" der variablen Größe. Bilden Sie aus den Bildpaaren mit fester und variabler Größe Beispiele für das Maximalprinzip, das besagt, mit einem bestimmten, festgelegten Aufwand möglichst viel zu erreichen. Beispiel: a) Für 100 € (feste Größe) möglichst viele Lebensmittel einkaufen (variable Größe).

✅ Lösung

Zu a) Für 100 € (feste Größe) möglichst viele Lebensmittel einkaufen (variable Größe).
Zu b) Mit 300 ml Impfstoff möglichst viele Personen schützen.
Zu c) Mit 2,6 Kilogramm Protein einen möglichst großen Bizeps antrainieren.
Zu d) Aus einer bestimmten Menge Speiseeis möglichst viele Eiskugeln formen. Das bedeutet unter Umständen auch, einen möglichst hohen Umsatz zu erzielen, indem kleine Eiskugeln verkauft werden.

❓ Aufgabe 2

Bilden Sie aus den Bildpaaren mit fester und variabler Größe Beispiele für das Minimalprinzip, das besagt, ein bestimmtes, festgelegtes Ziel mit möglichst wenig Aufwand zu erreichen (Herdzina 2005, S. 21). **Beispiel:** Ein ganz bestimmtes Automodell (feste Größe) für möglichst wenig Geld kaufen (variable Größe).

✅ Lösung

Zu a) Ein ganz bestimmtes, genau definiertes Automodell (feste Größe) für möglichst wenig Geld kaufen (variable Größe).
Zu b) Die Strecke München–Hamburg mit einem möglichst geringen Benzinverbrauch zurücklegen.
Zu c) Eine Waschmaschine mit einem möglichst geringen Wasserverbrauch kaufen.
Zu d) In möglichst kurzer Zeit das Siegtor schießen.

▪ Technisches Detailwissen

Bitte beachten Sie, dass ein ökonomisches Prinzip immer aus einer festen und einer variablen Größe gebildet wird. Einen möglichst hohen Umsatz mit möglichst kleinen Eiskugeln zu erzielen, ist kein ökonomisches Prinzip, weil beide Größen variabel sind. Einen bestimmten Sportwagen für 50.000 Euro kaufen ist ebenfalls kein ökonomisches Prinzip, weil beide Größen fest vorgegeben sind.

? Aufgabe 3

Bitte erklären Sie allgemein, was unter dem ökonomischen Prinzip zu verstehen ist.

✓ Lösung

Das Maximalprinzip erkennt man häufig an der festen Größe, mit der man möglichst viel erreichen möchte. Das Minimalprinzip beinhaltet oft etwas Bestimmtes, das man mit möglichst geringem Aufwand bekommen möchte, also in möglichst kurzer Zeit, mit möglichst geringer Anstrengung oder für möglichst wenig Geld.

? Aufgabe 4

Schreiben Sie für jedes der folgenden Begriffspaare zwei Beispiele, jeweils ein Beispiel für das Maximalprinzip und für das Minimalprinzip: **a)** Zeit, Schulweg **b)** Hip-Hop-Moves (Steps/Tanzschritte) und Tanzstunden **c)** Einkommen und Arbeit **d)** Umsatz, Gewinn **e)** Mitarbeiter und Umsatz **f)** Training und Erfolg.

✓ Lösung

Zu a) Zeit, Schulweg: Den Schulweg in möglichst kurzer Zeit zurücklegen. In einer bestimmten Zeit eine möglichst große Strecke des Schulweges zurücklegen.
Zu b) Hip-Hop-Moves (Steps/Tanzschritte) und Tanzstunden: In zehn Übungsstunden möglichst viele Hip-Hop-Moves erlernen. Eine bestimmte Schrittfolge in möglichst wenigen Tanzstunden erlernen.
Zu c) Einkommen und Arbeit: 100.000 Euro Einkommen mit einer möglichst geringen Wochenarbeitszeit verdienen. In sechs Wochen Praktikum möglichst viel Geld verdienen.
Zu d) Umsatz, Gewinn: Mit 100 Mio. Euro Umsatz möglichst viel Gewinn erzielen. Einen Gewinn von 5 Mio. Euro mit möglichst wenig Umsatz erreichen.
Zu e) Mitarbeiter und Umsatz: Mit der derzeitigen Belegschaft einen möglichst hohen Umsatz erzielen. Einen Umsatz von 100 Mio. Euro mit möglichst wenigen Mitarbeitern erreichen.
Zu f) Training und Erfolg: Mit einem bestimmten täglichen Training in der Meisterschaft möglichst weit kommen. Den Pokal mit möglichst wenig Trainingsaufwand gewinnen.

Didaktischer Hinweis

Schüler können häufig Umsatz (*Preis × verkaufte Stückzahl*) und Gewinn (Umsatz − Kosten) nicht präzise voneinander abgrenzen. Außerdem bereitet das Maximalprinzip in Aufgabe a) Schwierigkeiten.

3.2 Theaterstück: Wie Robinson ohne Ersparnisse auf einer einsamen Insel überlebt

Die Robinsonade ist ein typisches Motiv in vielen Wirtschaftsbüchern, das häufig als Beispiel für eine Wirtschaft dient, die nur aus einer Person besteht und die daher ohne Geld auskommt (Gischer et al. 2004, S. 5).

3

Didaktischer Hinweis
Das Theaterstück ist für zwei Personen in den Rollen von Robinson und Frau Freitag sowie einen Vorleser gedacht. Anschließend kann man im Plenum diskutieren, ob die beiden Gestrandeten auf der Insel überleben können. Anmerkungen werden stichpunktartig gesammelt. Anschließend werden die Schüler in Aufgabe 5 gebeten, die in der Geschichte enthaltenen und anzunehmenden Produktionsfaktoren zu finden.

? Aufgabe 5
Bitte helfen Sie den beiden Gestrandeten, auf der Insel zu überleben, indem Sie die in der Geschichte genannten oder anzunehmenden Produktionsfaktoren den Definitionen von Tab. 3.1 (im Lehrbuch) zuordnen. **Beispiel:** Frau Freitag übernimmt die Planung, Robinson die körperliche Arbeit – Produktionsfaktor Arbeit, leitend und ausführend.

✓ Lösung
Eine Möglichkeit siehe ◨ Tab. 3.1.

◨ **Tab. 3.1**   Die Unterteilung der volkswirtschaftlichen Produktionsfaktoren nach Arten. (Quelle: Wagenblaß 2008, S. 18 ff., 25, 28 f.; Neubäumer und Hewel 2001, S. 7 ff.; Herdzina 2005, S. 6 f.)

Arbeit (Humankapital)	Boden*	Kapital
geistig: planen körperlich: Hütte bauen, fischen, Ackerbau betreiben	Land- und forstwirtschaftlicher Boden (Anbauboden): Boden für Ackerbau, Boden für die Holzgewinnung.	Gebäude: noch nicht errichtet
leitend und ausführend Frau Robinson sagt: „Du gehst jetzt Beeren sammeln!"	Fundort von Rohstoffen (Abbauboden): Bodenschätze wie Kohle (glühende Steine) oder Fischgründe.	Maschinen: keine
selbstständig und unselbstständig unterscheidet angestellte und selbstständige Berufsgruppen	Grundstücke und Standort: Nähe zur Quelle, wärmere Inselseite.	Werkzeuge: Hängematte, angefangenes Fischernetz, Schminkköfferchen, Wrackteile.
gelernt: Tätigkeit im Ausbildungsberuf, nach Abschluss ungelernt: Fischernetz knüpfen	Klima: warme, gemäßigte Inselseite.	Rohstoffe, Hilfsstoffe und Betriebsstoffe: Wrackteile, Kohle, Holz.
	Originäre Produktionsfaktoren	Derivativer Produktionsfaktor

*Der Anbauboden muss zuerst kultiviert werden, beispielsweise durch Anpflanzen. Zum Abbauboden gehören beispielsweise das Fördern von Rohstoffen oder das Fischen. Die abgebauten Rohstoffe zählen zum Kapital. Ackerbau betreiben zählt zur Arbeit.

Didaktischer Hinweis
Mit selbstständiger Arbeit sind Angestellte im Unterschied zu selbstständigen Berufsgruppen gemeint und auch das Unterscheidungskriterium gelernte und ungelernte Arbeit passen nicht so recht zu dem Inselbeispiel.

■ **Technisches Detailwissen**

Kapital meint kein Geld sondern Sachkapital wie beispielsweise Maschinen. Allerdings wird das Geldkapital, das für die Beschaffung produzierter Produktionsmittel benötigt wird, von manchen Wirtschaftswissenschaftlern ebenfalls als volkswirtschaftliches Kapital angesehen (Wagenblaß 2008, S. 18 ff.).

Die Einteilung der Produktionsfaktoren in Arbeit, Boden und Kapital geht auf Adam Smith (1723–1790) zurück. In der Literatur sind weitere Definitionen zu finden. Stiglitz beispielsweise misst dem Produktionsfaktor Boden heutzutage eine geringere Bedeutung bei und spricht stattdessen von drei Märkten: Gütermarkt, Arbeitsmarkt und Kapitalmarkt (Stiglitz 1999, S. 19 f.).

❓ Aufgabe 6

a) Was versteht man unter Faktoreinkommen? b) Was bedeuten die Begriffe originärer und derivativer Produktionsfaktor? c) Die Herstellung von Werkzeugen oder das Anschaffen von Maschinen wird als Kapitalbildung bezeichnet: Bitte erläutern Sie am Beispiel der Hütte und des von Robinson in Angriff genommenen Fischernetzes, was für die Kapitalbildung dringend erforderlich ist, wenn alle Materialien für die Herstellung bereits gegeben sind. Gehen Sie bitte insbesondere auf die physiologischen Grundbedürfnisse der Gestrandeten ein. d) Erläutern Sie den schwerwiegenden strategischen Fehler, den Robinson begangen hat, der sein Überleben auf der Insel gefährden könnte.

✅ Lösung

Zu a) Faktoreinkommen meint das Einkommen, das aus den Produktionsfaktoren Arbeit, Boden und Kapital erzielt wird, also Löhne und Gehälter, Mieten und Pachten, Zinsen für Bankeinlagen und Kredite (nicht aber für Staatsschulden) und Profite als Erträge aus eigenem Kapital (Gischer et al. 2004, S. 133).

Zu b) Im Gegensatz zu den originären Produktionsfaktoren (Arbeit und Boden), die bereits vorhanden sind, muss Kapital als derivativer (abgeleiteter) Produktionsfaktor erst hergestellt werden.

Zu c) Für die Bildung von volkswirtschaftlichem Kapitel sind Ersparnisse erforderlich. Ersparnisse werden durch Konsumverzicht gebildet (Neubäumer und Hewel 2001, S. 9), hier durch das Beiseitelegen von Essen. Werden beispielsweise täglich drei Fische gefangen, dann dürften nur zwei verzehrt werden, um einen Fisch haltbar zu machen und zu sparen, der während der Kapitalbildung verzehrt werden kann.

Zu d) In der Ausgangslage hat Robinson achtlos seine Ersparnisse aufgezehrt, indem er die Vorräte aus dem Schiff verschwendet hat, ohne damit etwas Produktives herzustellen. Deshalb müssen die beiden Gestrandeten jetzt von der Hand in den Mund leben und ihre Energie auf das Auftreiben von Essbarem verwenden, um ihre physiologischen Grundbedürfnisse zu befriedigen. In der Romanvorlage von Dafoe setzt Robinson Crusoe die Ersparnisse übrigens geschickter ein, indem er eine Hütte baut und Werkzeuge herstellt, also Kapital bildet.

❓ Aufgabe 7

Den Inselaufenthalt mit dem ökonomischen Prinzip gestalten: Frau Freitag sieht das Inselprojekt als ökonomische Herausforderung. Für das Überleben auf der Insel muss zunächst der Mindestbedarf an Kalorien gedeckt werden. Aus Ihrer Pilates-Ausbildung weiß sie, dass Robinson täglich ungefähr 1900 Kilokalorien zum Überleben benötigt, während sie selbst angesichts des geringeren Gewichts (das nur ihr persönlich bekannt ist) mit 1200 Kilokalorien auskommt. Die erforderlichen Nahrungsmittel sollen deshalb in einer möglichst kurzen Zeit gesammelt werden, damit möglichst viel Zeit für das Herstellen von Werkzeugen und den Bau einer Hütte eingesetzt werden kann. Deshalb soll die Tagesplanung mit dem ökonomischen Prinzip optimiert werden, indem möglichst viele Beispiele für eine Anwendung des Maximalprinzips und des Minimalprinzips entdeckt werden.

✔ Lösung

- Mit dem vorhandenen Proviant möglichst lange haushalten. – Maximalprinzip
- Mit einem Fischernetz möglichst viele Fische fangen. – Maximalprinzip
- Ein hergestelltes Werkzeug möglichst lange benutzen. – Maximalprinzip
- Einen wetterfesten Unterschlupf mit möglichst wenig Aufwand errichten. – Minimalprinzip
- Ein festes Fundament mit möglichst wenig Anstrengung fertigstellen. – Minimalprinzip
- Kein ökonomisches Prinzip liegt vor, wenn zwei variable Größen gegeben sind. Beispiel: Mit möglichst wenig Kohle möglichst viel Badewasser heizen.

Zusatzaufgabe

Versuchen Sie die von Ihnen entwickelten Beispiele in das entgegengesetzte ökonomische Prinzip umzuformulieren.

3.3 Planspiel: Den Rohstoffreichtum einer winzigen Pazifikinsel erfolgreich managen

3.3.1 Die Minimalkostenkombination der Produktionsfaktoren finden

❓ Aufgabe 8

Bitte nutzen Sie das Faktorschema für Arbeit und Kapital für eine grafische Lösung, indem Sie die folgenden Teilschritte ausführen: **a)** Bitte tragen Sie die vier Faktorkombinationen A bis D mit der gleichen Herstellungsmenge (Output) von zehn Tonnen in das Koordinatensystem ein. Verbinden Sie die Punkte zu einer Kurve, die Isoquante heißt und die der geometrische Ort aller Faktorkombinationen mit dem gleichen Output ist (Engelkamp und Sell 2005, S. 48). **b)** Bitte zeichnen Sie alle Faktorkombinationen aus Arbeit und Kapital ein, die genau 80 $ kosten. Die Lösung ist eine Gerade, die Isokostenlinie heißt, abgeleitet vom griechischen Wort „isos", das „gleich" bedeutet. Eine Isokostenlinie ist der geometrische Ort aller Faktorkombinationen mit identischen Kosten (Engelkamp und Sell 2005, S. 51). Bitte beginnen Sie mit den beiden Faktorkombinationen, die nur rein rechnerisch möglich sind: null Maschinen und eine bestimmte Anzahl von Arbeitern für 20 $ sowie null Arbeiter und eine bestimmte Menge an Maschinen zu 10 $. **c)** Ermitteln Sie die Minimalkostenkombination als Tangentialpunkt von Isokostenlinie und Isoquante (Engelkamp und Sell 2005, S. 52). **d)** Welche Kosten verursachen die Faktorkombinationen A bis D? **e)** Mit welcher Faktorkombination werden Sie produzieren? **f)** Bitte beurteilen Sie die Konsequenzen Ihrer Entscheidung.

✅ **Lösung**

Siehe auch ◻ Abb. 3.1. Die Produktion lässt sich grafisch mit einem Faktordiagramm optimieren, das alle Faktorkombinationen für die Förderung von zehn Tonnen darstellt. Die Minimalkostenkombination ist an dem Tangentialpunkt abzulesen. Die vier Produktionsmöglichkeiten A bis D liegen auf der Isoquante, der Kurve aller Faktorkombinationen gleichen Outputs. Unter der Annahme, dass sich Arbeit und Kapital problemlos gegeneinander substituieren (ersetzen) lassen, gibt es unzählige Kombinationen, um mit Arbeit und Kapital diesen gleichen Output von zehn Tonnen herzustellen. Die Kosten der jeweiligen Faktorkombination können Sie an der Isokostenlinie ablesen, die der geometrische Ort aller Kombinationen von Arbeit und Kapital ist, die beispielsweise genau 80 Dollar kosten. Es gibt unzählige weitere Isokostenlinien, die parallel von der tangierenden Isokostenlinie angeordnet werden können, beispielsweise für die Kosten von 90 Dollar oder 100 Dollar. Aber nur diese eine Isokostenlinie für 80 Dollar berührt die Isoquante lediglich in einem Tangentialpunkt. Isokostenlinien für höhere Produktionskosten haben hier zwei Schnittpunkte, können also durch zwei unterschiedliche Faktorkombinationen realisiert werden.

Wahrscheinlich bestätigt die Grafik Ihre Rechnung, wonach die Faktorkombination C die Minimalkostenkombination ist. Zwei Arbeitseinheiten zu 40 $ kombiniert mit vier Kapitaleinheiten zu 40 $ ermöglichen eine Produktion zu 8 $ je Tonne (Rechnerische Lösung der

◻ **Abb. 3.1** Lösung
Aufgabe 8: Faktordiagramm.
(Quelle: Eigene Darstellung)

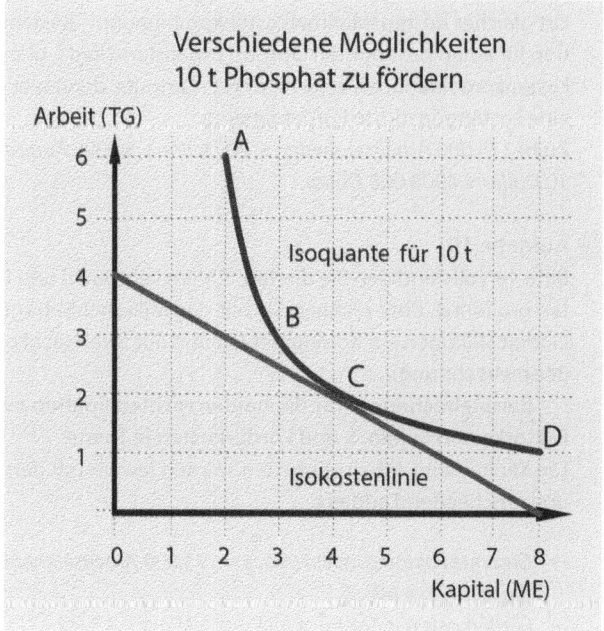

Faktorentlohnung: Kombination A = 140 $, B = 90 $, C = 80 $, D = 100 $). Aufgrund Ihrer Entscheidung werden zwei Arbeitnehmer gefeuert und durch zwei zusätzliche Maschineneinheiten ersetzt. Das könnte beispielsweise bedeuten, dass anstelle von sechs Arbeitern mit Schaufeln nun zwei Arbeiter mit einem Kleinbagger den Rohstoff abbauen.

> **Didaktischer Hinweis**
> Manchmal fragen die Schüler zu Tab. 3.3 (im Lehrbuch) wie es zu verstehen sei, dass zwei Arbeiter mit 4 (ME) Maschinen beschäftigt sind. Antwort: Das Kapital wie Bagger und Schaufeln sind für die Vergleichbarkeit in Mengeneinheiten (ME) umgerechnet. Mit den acht Mengeneinheiten Kapital der Faktorkombination D könnte beispielsweise ein Bagger gemeint sein, der von einem Arbeiter bedient werden kann. Im Gegensatz hierzu könnten mit den zwei Mengeneinheiten Kapital der Faktorkombination A Kapital Hacke und Schaufel gemeint sein.

3.3.2 Skaleneffekte für die optimale Fördermenge ausnutzen

? **Aufgabe 9**
a) Wie sind Isokostenlinie, Isoquante, Minimalkostenkombination und Expansionspfad definiert? b) Bitte lesen Sie am Expansionspfad der Mine in Abb. 3.1 (im Lehrbuch) ab, was die Förderung einer Million Tonnen Phosphat mit der Minimalkostenkombination kostet. Lesen Sie dazu am Schnittpunkt aus Isoquante und Expansionspfad den Faktoreinsatz für die jeweilige Fördermenge ab, indem Sie die gestrichelten Linien zu den Achsen verfolgen (Arbeit kostet 20 US-$ und Kapital 10 US-$).

✓ **Lösung**
Zu a) Isoquante – geometrischer Ort gleicher Mengen, Isokostenlinie – geometrischer Ort gleicher Kosten, Minimalkostenkombination – kostengünstigste Faktorkombination für einen bestimmten Output, Expansionspfad – geometrischer Ort der Minimalkostenkombinationen verschiedenen Outputs, denn hier gibt es für jede Fördermenge eine kostengünstigste Fördervariante.
Zu b) 175.000 *Arbeitseinheiten* × 20 *Dollar* + 50.000 *Kapitaleinheiten* × 10 *Dollar* = 4000.000 *Dollar*

? **Aufgabe 10**
Bitte vervollständigen Sie die Tab. 3.4 (im Lehrbuch) und berechnen Sie die Förderkosten pro Tonne. Bitte rechnen Sie mit den Millionenbeträgen, indem Sie hinter die Einheit Millionen ein Komma setzen und auf zwei Nachkommastellen runden (siehe Beispielrechnung).

   Beispielrechnung (für die beiden rechten Spalten aus ◨ Tab. 3.2): Gesamte Faktorkosten in Mio. $ und Förderkosten je Tonne
Die Kapital- und Arbeitseinheiten werden jeweils mit den Faktorkosten multipliziert und anschließend addiert:

- *Gesamte Faktorkosten in Mio. $* = 175.000 *Arbeitseinheiten* × 20 $ + 50.000 *Kapitaleinheiten* × 10 $ = 4 *Mio. $*
- *Förderkosten je Tonne:* 4 *Mio. $* ÷ 1 *Mio. t* = 4 $ *je t*

◘ Tab. 3.2 Minimalkostenkombinationen für die Förderung von 1 bis 12 Mio. t Phosphat. (Quelle: Eigene Darstellung)

Fördermenge in Mio. t	Arbeitseinheiten zu 20 $	Kapitaleinheiten zu 10 $	Gesamte Faktorkosten in Mio. $	Förderkosten je t
1 Mio. t	175.000	50.000	4,00 Mio. $	4,00 $
2 Mio. t	270.000	145.000	6,85 Mio. $	3,43 $
3 Mio. t	350.000	250.000	9,50 Mio. $	3,17 $
4 Mio. t	425.000	375.000	12,25 Mio. $	3,06 $
5 Mio. t	475.000	475.000	14,25 Mio. $	2,85 $
6 Mio. t	510.000	560.000	15,80 Mio. $	2,63 $
7 Mio. t	525.000	625.000	16,75 Mio. $	2,39 $
8 Mio. t	550.000	675.000	17,75 Mio. $	2,22 $
9 Mio. t	560.000	750.000	18,70 Mio. $	**11 a)** 2,08 $
10 Mio. t	600.000	900.000	21,00 Mio. $	2,10 $
11 Mio. t	640.000	1100.000	23,80 Mio. $	2,16 $
12 Mio. t	650.000	1400.000	27,00 Mio. $	2,25 $

✅ **Lösung**
Siehe ◘ Tab. 3.2.

❓ **Aufgabe 11**
a) Welches ist die Fördermenge, die die geringsten Kosten verursacht? b) Bitte erklären Sie, was Skaleneffekte sind. c) Bitte beschreiben Sie, wie sich die Förderkosten in Abhängigkeit von der Fördermenge verändern. d) Bitte erklären Sie, wie sich positive und negative Skaleneffekte auf den Stückpreis der Endprodukte auswirken.

✅ **Lösung**
Zu a) 9 Mio. Tonnen zu 2,08 Dollar je Tonne.
Zu b) Skaleneffekte oder Größenkostenvorteile meint, dass die Durchschnittskosten mit einer höheren Fördermenge (Herstellungsmenge) sinken. Denn die Massenproduktion hat den Vorteil, dass beispielsweise Maschinen viel häufiger benutzt werden bzw. besser ausgelastet sind. Dadurch werden die Anschaffungskosten der Maschinen auf eine höhere Stückzahl verteilt, sodass der Stückpreis der Endprodukte sinkt, in diesem Falle der Preis pro Tonne Phosphat. Häufig sinken die Durchschnittskosten bis zu einer bestimmten Fördermenge, bevor sie wieder ansteigen. Wenn die Durchschnittskosten mit einer höheren Fördermenge sinken, spricht man von positiven Skaleneffekten. Steigen die Durchschnittskosten mit einem erhöhten Output an, dann spricht man von negativen Skaleneffekten.
Zu c) Die Förderkosten pro Tonne verringern sich bis zu einem Output von 9 Mio. Tonnen (positive Skaleneffekte) und steigen anschließend wieder an (negative Skaleneffekte).

3

Zu d) Skaleneffekte sind die Größenkostenvorteile der Massenproduktion. Je nachdem, ob sich der Output überproportional, im gleichen oder in einem negativen
Verhältnis zum Input verändert, werden positive, konstante und negative Skaleneffekte unterschieden.

Positive Skaleneffekte liegen vor, wenn die durchschnittlichen Förderkosten je
Tonne mit einer erhöhten Ausbringungsmenge sinken, sodass der Stückpreis geringer
ist. *Beispiel*: Die Bergwerksgesellschaft kauft einen teuren Förderbagger, der größere
Mengen abbaut. Diese Investition ist selbstverständlich nur dann lohnend, wenn auch
die Ausbringungsmenge dementsprechend gesteigert wird. Kleinere Mengen sind
vergleichsweise teurer, weil die Anschaffungskosten auf eine geringere Fördermenge
verteilt werden müssen.

Negative Skaleneffekte besagen, dass die Produktionskosten pro Tonne mit
erhöhter Fördermenge ansteigen, wie in unserem Beispiel ab einer Fördermenge von
9 Mio. Tonnen, sodass der Stückpreis je Tonne wieder ansteigt. Das könnte an einer
wachsenden Komplexität der Prozesse, ansteigenden Fixkosten oder Kapazitätseng-
pässen liegen (Graetz 2008, S. 63 f.).

3.3.3 Überblick über Fördermengen, Staatseinnahmen und Einkommen der Insulaner

❓ Aufgabe 12
Berechnen Sie nun die Entschädigungszahlungen an die Insulaner und die Staatseinnahmen, die aus einer Fördermenge von einer bis zwölf Millionen Tonnen erwachsen
(in Tab. 3.5 im Lehrbuch). Die Höhe der gesamten Faktorkosten haben Sie bereits in der
vorherigen Aufgabe mit den Skaleneffekten berechnet. Diese betragen beispielsweise
für zwei Millionen Tonnen Phosphat 6,85 Mio. Dollar. Alternativ könnten Sie einen
linearen Verlauf von vier Dollar je Tonne annehmen, dann 8 Mio. Dollar für zwei
Millionen Tonnen Phosphat.

✓ Lösung
Siehe ◼ Tab. 3.3.

Didaktischer Hinweis
Schüler tendieren häufig dazu, lineare Kostenverläufe anzunehmen, also lineare
Faktorkosten von vier Dollar je Tonne. Möchte man den Kostenverlauf aus Tab. 3.4
(im Lehrbuch) übernehmen, dann sollte man unter die 4 Mio. $ zusätzlich 6,85 Mio. $
in die Blankotabelle 3.5 (im Lehrbuch) hineinschreiben lassen, damit die Schüler mit
jenen Werten rechnen. Man kann jedoch auch die leichtere Variante mit vier Dollar
je Tonne spielen. Allerdings fragen die Schüler dann häufig nach den Förderkosten
und wie die Staatseinnahmen und die Zahlungen an die Insulaner genau zustande
kommen.

◼ Tab. 3.4 aus ▶ Abschn. 3.4 ist eine Kurzform der folgenden ◼ Tab. 3.3. ◼ Tab. 3.4
besteht lediglich aus der linken und den beiden rechten Spalten.

◨ **Tab. 3.3** Berechnung von Staatseinnahmen und Faktoreinkommen der Insulaner. (Quelle: Eigene Darstellung)

Förder-menge	Erlöse auf Weltmarkt	Entschädigungs-zahlungen	Gesamte Faktorkosten	Staats-einnahmen	Geld für Insulaner
1 Mio. t	400 Mio. $	360 Mio. $	4,00 Mio. $	36,00 Mio. $	36.000 $
2 Mio. t	800 Mio. $	720 Mio. $	6,85 Mio. $	73,15 Mio. $	72.000 $
3 Mio. t	1200 Mio. $	1080 Mio. $	9,50 Mio. $	110,50 Mio. $	108.000 $
4 Mio. t	1600 Mio. $	1440 Mio. $	12,25 Mio. $	147,75 Mio. $	144.000 $
5 Mio. t	2000 Mio. $	1800 Mio. $	14,25 Mio. $	185,75 Mio. $	180.000 $
6 Mio. t	2400 Mio. $	2160 Mio. $	15,80 Mio. $	224,20 Mio. $	216.000 $
7 Mio. t	2800 Mio. $	2520 Mio. $	16,75 Mio. $	263,25 Mio. $	252.000 $
8 Mio. t	3200 Mio. $	2880 Mio. $	17,75 Mio. $	302,25 Mio. $	288.000 $
9 Mio. t	3600 Mio. $	3240 Mio. $	18,70 Mio. $	341,30 Mio. $	324.000 $
10 Mio. t	4000 Mio. $	3600 Mio. $	21,00 Mio. $	379,00 Mio. $	360.000 $
11 Mio. t	4400 Mio. $	3960 Mio. $	23,80 Mio. $	416,20 Mio. $	396.000 $
12 Mio. t	4800 Mio. $	4320 Mio. $	27,00 Mio. $	453,00 Mio. $	432.000 $

Rechnungen:
Erlös auf dem Weltmarkt = Fördermenge × Weltmarktpreis von 400 $
Entschädigungszahlungen = Verkaufserlös × 0,9
Staatseinnahmen = Verkaufserlöse – Entschädigungszahlungen – Gesamte Faktorkosten
Faktoreinnahmen *der* Insulaner = Entschädigungszahlungen ÷ 10.000

3.4 Einstieg in das Planspiel – die Spielregeln

Didaktischer Hinweis
Man sollte die Schüler bitten, sich Tab. 3.7 (im Lehrbuch) anzuschauen, während die Einleitung aus ► Abschn. 3.4 vorgelesen wird.

Didaktische Erläuterungen für die Arbeit mit Gruppen
Das Planspiel kann ab zwei Personen oder auch in anderen Zusammensetzungen gespielt werden. Die vorhergehenden Abschn. ab ► 3.3 dienen der Herleitung der Minimalkostenkombination, des Expansionspfades sowie der Skaleneffekte.

In der Arbeit mit Gruppen sollte man zuerst die Einleitungsgeschichte vorlesen und anschließend fragen, worum es geht: „Wir bauen Rohstoffe ab und entwickeln eine kleine Insel …". Häufig überlesen die Teilnehmer übrigens die Knappheit des Rohstoffes sowie die unwiederbringliche Zerstörung der Insel und verschwenden

3

◘ Tab. 3.4 Staatseinnahmen und Entschädigungen. (Quelle: Eigene Darstellung)		
Fördermenge	Staatseinnahmen*	Geld pro Insulaner
1 Mio. t	36 Mio. $	36.000 $
2 Mio. t	73 Mio. $	72.000 $
3 Mio. t	110 Mio. $	108.000 $
4 Mio. t	148 Mio. $	144.000 $
5 Mio. t	186 Mio. $	180.000 $
6 Mio. t	224 Mio. $	216.000 $
7 Mio. t	263 Mio. $	252.000 $
8 Mio. t	302 Mio. $	288.000 $
9 Mio. t	341 Mio. $	324.000 $
10 Mio. t	379 Mio. $	360.000 $
11 Mio. t	416 Mio. $	396.000 $
12 Mio. t	453 Mio. $	432.000 $

*Gerundet auf glatte Millionenbeträge

anschließend die Ressourcen. Man könnte sich auch entscheiden, die Teilnehmer bewusst darauf hinzuweisen. Allerdings ist es spannender zu sehen, wie die Anhänger der Zerstörung der Insel mit der Minderheit diskutiert, welche die Insel unverändert erhalten will.

Für den Einstieg in das Planspiel sind in der ◘ Tab. 3.4 die Fördermengen und die daraus erwachsenen Staatseinnahmen sowie die Entschädigungszahlungen für die Insulaner aufgelistet: „Wir fördern den Rohstoff, tätigen Staatseinnahmen und geben jedem Insulaner Geld …", „Die Minengesellschaft legt fest, wie viel gefördert wird. Die Regierung überlegt, wofür sie das Geld verwenden möchte und die Insulaner konsumieren."

Didaktischer Hinweis

Man sollte unbedingt eine Proberunde mit einer Fördermenge von beispielsweise sechs Millionen Tonnen spielen lassen, in der *jeder* Teilnehmer einmal sowohl die Staatsausgaben tätigt als auch die Rolle des Insulaners einnimmt. Das erleichtert den Spielablauf und die Identifikation aller Spieler mit dem Spielgeschehen.

Der Flughafen wird nur *einmalig* bezahlt und er wird dann kostenfrei instand gehalten, während alle anderen Ausgaben in jedem Jahrzehnt anfallen. Ein Hotel kostet beispielsweise eine Millionen Euro pro Jahrzehnt aufgrund von Renovierungen etc.

Häufig brauchen die Insulaner noch einmal die Rückmeldung, dass Wasser, Strom, Wohnen und die medizinische Versorgung selbstverständlich, wenn auch kostenpflichtig, bereitstehen. Die Regierung kann aber beschließen, verschiedene Leistungen jahrzehnteweise kostenlos zur Verfügung zu stellen bzw. den Wohnungsbau zu fördern. In jedem Folgejahrzehnt können diese Projekte jedoch auch wieder eingestellt werden.

Aufgrund hoher Inflationsraten ist eine Bargeldhaltung in diesem Spiel nicht vorgesehen. Manchmal wird nach der genauen Inflationsrate gefragt. Aus Vereinfachungsgründen wird so getan, als ob Lohnerhöhungen als Inflationsausgleich zwar bezahlt, jedoch nicht ausdrücklich erwähnt werden. Eine rechnerische Berücksichtigung der Inflationsrate macht das Spiel zu kompliziert.

Die vier Geldanlagemöglichkeiten des Staates sind häufig erklärungsbedürftig: Die verzinsten Geldanlagen werden im Folgejahrzehnt zu den Einnahmen hinzugezählt. Beispiel: Spekulative Geldanlage in Höhe von 10 Mio. $ in Aktien. Wertzuwachs 3 Mio. $ pro Jahrzehnt. Staatseinnahmen im Folgejahrzehnt 13 Mio. $. Das Geld könnte dann erneut in Aktien angelegt werden.

Eine Ausnahme stellt der Kauf des Wolkenkratzers dar, für welchen die Miete in Höhe von 21 Mio. $ pro Jahrzehnt zu den Einnahmen hinzugerechnet wird. Aber auch dieser könnte wieder verkauft werden.

3.4.1 Aufgabenstellung für den einzelnen Leser

❓ Aufgabe 13

a) Bitte überlegen Sie sich in der Rolle des Minenbetreibers, wie viel Phosphat Sie im ersten Jahrzehnt fördern wollen. Angenommen Sie förderten fünf Mio. Tonnen, dann hätten Sie in der Rolle des Ministers Staatseinnahmen von 186 Mio. $ und als Insulaner 180.000 $. **b)** Überlegen Sie sich nun, wie Sie in der Rolle des Staates diese 186 Mio. $ verwenden möchten. Nutzen Sie hierfür die Übersicht über die Staatsausgaben, die Sie in Tab. 3.7 (im Lehrbuch) sehen. Bitte beginnen Sie in der Spalte des 90er-Jahrzehnts, da die vorherigen Spalten als Beispiel dienten. **c)** Versetzen Sie sich nun in die Rolle eines Insulaners und überlegen Sie, was Sie mit 180.000 Dollar anfangen wollen, welchen Job Sie ausüben, was Sie sich kaufen würden und wie viel Geld Sie sparen möchten. Bitte nutzen Sie hierfür die Übersicht in Tab. 3.8 (im Lehrbuch). **d)** Welche Phosphatmengen möchten Sie in den zwei Folgejahrzehnten abbauen?

✅ Lösung

Zu a) Die Staatseinnahmen und das Geld für die Insulaner für Ihre Fördermenge können Sie in ◘ Tab. 3.3 ablesen. Häufig wird in jedem Jahrzehnt die höchstmögliche Phosphatmenge abgebaut.

Zu b) Analog zu dem Beispiel könnten Sie zusätzlich noch weitere Maßnahmen beschließen, wie eine kostenlose medizinische Versorgung für 10 Mio. $ oder ein eigenes Musical für 4 Mio. $ aufführen lassen und das übrige Geld in spekulative Aktienanlagen investieren.

Zu c) Aufgrund des Reichtums ist das Nichtstun eine sehr beliebte Beschäftigungsmöglichkeit.

Zu d) Oft werden 12 Mio. t jährlich abgebaut, sodass manchmal die Übersicht verloren geht, was mit dem vielen Geld getan werden soll.

3.4.2 Staatshaushalt: Staatseinnahmen und mögliche Regierungsprojekte

Keine Aufgaben im Kapitel.

3.4.3 Lebensplanung der Insulaner: Arbeiten, Konsumieren und Sparen – Was wäre wenn?

❓ Aufgabe 14

Entscheiden Sie sich nun für eine berufliche Tätigkeit aus Tab. 3.8 (im Lehrbuch) und erstellen Sie ein eigenes Beispiel für eine Fördermenge von sechs Mio. Tonnen, sowohl für den Insulaner als auch den Staat.

✓ Lösung

In Tab. 3.8 (im Lehrbuch) stehen die Einkünfte aus der jeweiligen Tätigkeit und in Tab. 3.6 (im Lehrbuch) sehen Sie, dass Sie als Insulaner 216.000 Dollar verdienten, wenn der Staat 6 Mio. t Phosphat fördert.

❓ Aufgabe 15

Erstellen Sie als Insulaner für das Planspiel eine eigene Tabelle nach dem Muster von Tab. 3.9 (im Lehrbuch) für vier Jahrzehnte. Fragen Sie dann die Regierung nach der Höhe der Entschädigung und das Spiel beginnt.

✓ Lösung

Die ersten beiden Spalten von Tab. 3.9 (im Lehrbuch) beinhalten lediglich die berufliche Tätigkeit aus Tab. 3.8 (im Lehrbuch). Die Konsumausgaben werden nach heutigen Maßstäben geschätzt, indem ein Euro mit einem Dollar gleichgesetzt wird: „Wofür würde ich heute wie viel Geld ausgeben?" Wie viel Geld für ein Haus, Auto, Reisen usw., und wie viel Geld würde ich sparen? Für Lebensmittel ist gesorgt.

3.4.4 Auswertungsbogen für Staat und Insulaner

- **1) Auswertung der Ressourcen der Insel:**
  a. Wie viel Phosphat haben Sie bisher gefördert? Die Phosphatvorkommen erstrecken sich auf über 80 % der Insel (Gowdy und McDaniel 1999, S. 334) und reichen bis in eine Tiefe von fünf Metern. Aufgrund der ungewöhnlichen Reinheit des Minerals lassen sich 400 kg Phosphat P205 aus jedem Kubikmeter Boden gewinnen. Das Phosphatgestein befindet sich im Landesinneren unter den Weideflächen und Plantagen der Insulaner.
  b. Wie viel Phosphat lagerte ursprünglich auf Ihrer Insel?
  c. Hier sehen Sie eine schematische Darstellung der Insel, wobei die 16 Felder die mögliche Abbaufläche des Rohstoffes darstellen: Bitte schraffieren Sie die Fläche, die Sie durch den Phosphatabbau zerstört haben.

Didaktische Hinweise

Zu a) Häufig bauen die Schüler so viel Phosphat wie möglich ab. Die Insel ist 20 km^2 groß und der Bodenschatz ist auf 80 % der Fläche bis in eine Tiefe von 5 Metern vorhanden. Das Abbaugebiet hat also eine Fläche von 16 km^2 oder 4000 m × 4000 m. Mit 400 kg je m^2 sind es 2 Tonnen pro m^2. Aus 16 Million m^2 können folglich 32 Mio. Tonnen Phosphat gewonnen werden. Wenn Sie beispielsweise 2 Mio. Tonnen Phosphat abgebaut haben, dann ist ein Quadratkilometer in eine unbewohnbare Kraterlandschaft verwandelt worden.

Zu c) Jedes Kästchen entspricht der Förderung von zwei Millionen Tonnen Phosphat. Anhand der schraffierten Fläche kann man daher sehr schnell die Zerstörung der jeweiligen Insel sehen.

- **2) Auswertung der Regierungsprojekte:**
  a. Für welche Projekte (ausgenommen Geldanlagen) haben Sie die Staatseinnahmen ausgegeben?
  b. Wie haben Sie gesparte Millionenbeträge auf die verschiedenen Anlageformen verteilt?

Didaktische Hinweise

Zu a) Beispiel: Einmalig 150 Mio. $ für den Flughafen, jedes Jahrzehnt: 20 Mio. $ für die Airline, 4 Mio. $ für acht Fast-Food-Restaurants sowie mehrere Millionen für eine kostenlose Stromversorgung, Wasserversorgung, medizinische Versorgung und die Buslinie.

Zu b) Spekulative Geldanlagen in Aktien 10 Mio. $, Sparkonten 20 Mio. $ bei der Staatlichen Bank, Deutsche Staatsanleihen 10 Mio. $, ein Wolkenkratzer für 140 Mio. $.

- **3) Auswertung der Insulaner:**
  a. Wie viel Geld haben Sie insgesamt als Entschädigung vom Staat erhalten?
  b. Für welche Tätigkeit(en) haben Sie sich in den verschiedenen Jahrzehnten entschieden und aus welchem Grund?
  c. Wofür haben Sie das Geld ausgegeben?
  d. Wie viel Geld haben Sie bei der Inselbank gespart?
  e. Wer hat am meisten Geld gespart? Die Namen der drei sparsamsten Insulaner?
  f. Bitte fragen Sie im Plenum kurz per Handzeichen ab, wer sich mindestens zehn Jahre als Minenarbeiter im Phosphatabbau, Regierungsangestellter, Akademiker mit abgeschlossenem Studium oder Faulenzer betätigt hat.

Didaktische Hinweise

Zu a) Beispiel: 216.000 Dollar Entschädigung.

Zu b) Beispiel: Regierungsbeamtin für 20.000 Dollar aus Bequemlichkeit oder (sehr selten) Phosphatabbau für 100.000 Dollar, um körperlich zu arbeiten.

> **Zu c)** Beispiel: Auto für 60.000 Dollar, Appartement 100.000 Dollar, Kleidung 10.000 Dollar.
> **Zu d)** Beispiel: 46.000 Dollar.
> **Zu e)** Beispiele: Caroline: 216.000 Dollar, Muhammed: 165.000 Dollar, Utku: 130.000 Dollar.
> **Zu f)** Hier sind Mehrfachmeldungen möglich, wenn die Tätigkeit gewechselt worden ist. In der Regel überwiegt jedoch der Anteil derjenigen, die unter den gegebenen Anreizen gar nichts tun.

3.4.5 Als Zugvögel eine verschlafene Insel in das reichste Land der Erde verwandelten

Aufgabe 15
Bitte erstellen Sie eine Tabelle, in welcher Sie die wirtschaftlichen Anreize der Minengesellschaft (Unternehmen), des Staates und der privaten Haushalte sowie deren ökonomische Folgen gegenüberstellen. Mit *Anreiz* ist gemeint, weshalb man sich auf eine bestimmte Weise verhält, bzw. was es ist, das einen bewegt, etwas zu tun.

Lösung
Siehe ◘ Tab. 3.5.

Didaktischer Hinweis
Die Schwierigkeit besteht für die Schüler darin, die Vielschichtigkeit aus Tab. 3.10 (im Lehrbuch) zu entwickeln. Binnendifferenziert können die Inhalte durch die folgenden Schlagworte angebahnt werden: Bitte gehen Sie beim Vervollständigen der Tab. 3.10 (im Lehrbuch) auf die folgenden Schlagworte ein:

a. Unternehmen: Gewinn, zeitliche Perspektive des unternehmerischen Handelns und Nachhaltigkeit.
b. Staat: Staatseinnahmen, Wählerzufriedenheit, Arbeitsplätze (Arbeitsmarkt), Touristen und Rent-Seeking (auf eigenen Vorteil bedachtes Handeln der Regierung), Exporte und Importe (Außenhandel).
c. Insulaner: Finanzielle und sozialstaatliche Zuwendungen, intrinsische Motivation.

Alternativ kann man die Schüler bitten, in Einzelarbeit ihre Rollenerfahrungen und ihr Verhalten als Bericht zu verfassen. Anschließend können diese Beschreibungen zusammengefasst werden.

■ Technisches Detailwissen
Je höher die durchschnittliche Inflationsrate einer Währung ist, desto geringer ist die Kaufkraft des Geldes mit dem Zeitablauf. Vergleicht man die Kaufkraft von 100.000 AU\$ von vor 40 Jahren mit dem, was man heute für diese Geldsumme kaufen kann, dann kommt es sehr auf die durchschnittliche Inflationsrate an, welche der Rechnung zugrunde gelegt wird. Beispiele: 1 % Inflation = 67.165,31 AU\$ (Rechnung: $100.000\ AU\$ \div 1,01^{40}$), 2 % Inflation = 45.289,04 AU\$, 3 % Inflation = 30.655,68 AU\$ usw.

▣ **Tab. 3.5** Überblick über die Verhaltensanreize der Wirtschaftssubjekte und deren Folgen. (Quelle: Eigene Darstellung)

Wirtschaftssubjekt	Wirtschaftliche Anreize	Ökonomische Auswirkungen
Minenbetreiber Unternehmen	Anreiz, so viel Gewinn wie möglich zu erzielen (Gewinnmaximierung). Anreiz, den Gewinn so schnell wie möglich zu realisieren (kurzfristiges Erfolgsstreben). Die Unternehmen haben jedoch keinen Anreiz, einen nachhaltigen Phosphatabbau zu betreiben.	Die Unternehmen bauen das Phosphat ab und zerstören damit die Insel. Die Unternehmen bauen das Phosphat in einer sehr kurzen Zeit ab. Vernichtung der Lebensgrundlage.
Staat Staatsausgaben	Anreiz, möglichst hohe Staatseinnahmen zu generieren, um einen möglichst großen Einfluss zu haben.	Deshalb soll möglichst viel Phosphat abgebaut werden. Einseitige Wirtschaftsstruktur schafft Abhängigkeit von Importen, weil keine eigenen Güter mehr hergestellt werden.
	Die Abhängigkeit von der Wählerzufriedenheit bewirkt ein Denken in Legislaturperioden und schafft den Anreiz, sich beim Volk beliebt zu machen.	Steuersenkungen, soziale Wohltaten und Prestigeprojekte, versuchter Ausbau des sekundären und tertiären Sektors, kurzfristiger Geldsegen, langfristige Ressourcenvernichtung, falsche Investments, kein nachhaltiges Denken.
	Arbeitsplätze schaffen.	Arbeiter werden im Ausland angeworben, weil die eigene Bevölkerung nicht arbeiten möchte.
	Der Staat möchte Touristen für die Insel begeistern, um daraus Einnahmen zu erzielen.	Der Staat baut einen völlig überdimensionierten Flughafen.
	Entscheidungen werden aus Sicht der Minister oft mit Blick auf den eigenen Vorteil getroffen, sogenanntes *Rent-Seeking*.	Es werden unproduktive Ausgaben getätigt, wie die Produktion eines Musicals in London.
	Der Überfluss wird gefördert.	Überfluss führt zu Verschwendung.
Private Haushalte	Die Insulaner haben sehr viel Geld, ohne arbeiten zu müssen. Außerdem ist vieles kostenlos verfügbar – Strom, Wasser, medizinische Versorgung usw. –, und es müssen keine Steuern bezahlt werden. Daraus resultiert der Anreiz, nichts zu tun und schon gar nicht körperlich hart zu arbeiten oder sich geistig anzustrengen. Hohe finanzielle und sozialstaatliche Zuwendungen schaffen den Anreiz, nichts zu tun und Anstrengung zu vermeiden.	In Jahrzehnten des Nichtstuns gehen berufliche Fertigkeiten und Wissen verloren. Es gibt keine intrinsische Motivation etwas zu leisten. Arbeitskräfte müssen aus dem Ausland angeworben werden, die die Arbeit der Insulaner erledigen. Einseitige Abhängigkeit von den Einnahmen des Phosphatabbaus. Auf Dauer bricht die Ökonomie der Insel zusammen, weil das Phosphat zur Neige gehen wird.

Die staatliche Bergbaugesellschaft erwirtschaftet die Staatseinnahmen

3

Bezogen auf das Durchschnittseinkommen einer fünfköpfigen Familie auf Nauru in Höhe von 100.000 AU\$ bedeutet dies, dass die Familie sich damals für diesen Geldbetrag desto mehr kaufen konnte, je höher die Geldentwertung in der Zwischenzeit gewesen ist. Im Falle einer durchschnittlichen Inflationsrate des australischen Dollars in Höhe von 3 % entspräche dieses Einkommen nach heutigen Maßstäben 326.203,78 AU\$ (Rechnung: $100.000 \times 1,03^{40}$).

Literatur

Engelkamp, P., & Sell, F. (2005). *Einführung in die Volkswirtschaftslehre*. Berlin/Heidelberg: Springer.

Gischer, H., Herz, B., & Menkhoff, L. (2004). *Geld, Kredit und Banken, Eine Einführung*. Wiesbaden: Springer.

Gowdy, J., & McDaniel, C. (1999). The physical destruction of Nauru: An example of weak sustainability. *Land Economics, 75*(2), 333–338.

Graetz, H. (2008). *Synergiepotenzial einer fragmentierten Wasserwirtschaft, ein Beitrag zum Wert des Zusammenwirkens in fragmentierten Organisationsstrukturen der Wasserwirtschaft*, Schriftenreihe der Professur Betriebswirtschaftslehre im Bauwesen, Dissertation, Bauhaus-Universitat Weimar, Fakultät Bau.

Herdzina, K. (2005). *Einführung in die Mikroökonomik*. München: Vahlen.

Neubäumer, R., & Hewel, B. (2001). *Volkswirtschaftslehre, Grundlagen der Volkswirtschaftstheorie und Volkswirtschaftspolitik*. Wiesbaden: Betriebswirtschaftlicher.

Stiglitz, J. (1999). *Volkswirtschaftslehre*. München: Oldenbourg.

Wagenblaß, H. (2008). *Volkswirtschaftslehre, öffentliche Finanzen und Wirtschaftspolitik*. Heidelberg: Verlagsgruppe Hüthig Jehle Rehm.

Wirtschaftskreislauf

© Springer Fachmedien Wiesbaden GmbH, ein Teil von Springer Nature 2020
J. Pfannmöller, *Kreative Volkswirtschaftslehre Lösungen*,
https://doi.org/10.1007/978-3-658-26678-3_4

4

4.1 Entwickeln Sie ein eigenes Bild des Wirtschaftskreislaufs

Didaktischer Hinweis

Entwurf eines eigenen Wirtschaftskreislaufs: Einen eigenen Wirtschaftskreislauf
entwickeln Schüler häufig aufgrund von volkswirtschaftlichen Vorkenntnissen.
Genannt werden dabei sowohl Geldströme als auch Güterströme, wie Konsumgüter
und Faktorleistungen (wie Arbeit). Bei der Vielzahl der von Schülern genannten
staatlichen Leistungen ist es sehr hilfreich, diese unter den Begriffen Transferzahlungen (Kindergeld etc.) bzw. öffentliche Güter (Infrastruktur, Rechtsordnung etc.)
zusammenzufassen. Dafür ist es günstig, die Merkmale der öffentlichen Güter aus
► Abschn. 2.2 bereits besprochen zu haben. Aufgrund von Vorkenntnissen ist es für
Schüler häufig motivierender, ihr Wissen einzubringen, als mit einer Darstellung des
einfachen Wirtschaftskreislaufs erneut bei null anzufangen.

4.1.1 Wie Sie mit Staat, Unternehmen und Banken in Verbindung stehen

❓ **Aufgabe 1**
Bitte ordnen Sie den folgenden Geschäftsfällen die Nummern der einzelnen Pfeile zu
und beachten Sie, dass Mehrfachnennungen möglich sind. Die Pfeilrichtung soll die
Fließrichtung des Geldes anzeigen, das direkt zum Empfänger fließt.

Erläuterung

Die Pfeile zeigen immer die Fließrichtung des Geldes direkt zum Empfänger an, also
beispielsweise ohne den Umweg über eine Bank. So zeigt auch der Pfeil Ihrer Einkommenssteuer direkt von privaten Haushalten zum Staat, obwohl diese ja eigentlich von
den Unternehmen an den Staat abgeführt wird.

✅ **Lösung**
  a. Sie legen Spareinlagen auf einem Bankkonto an (_10_) und erhalten dafür Zinsen
     (_9_).
  b. Sie kaufen Aktien von einem Unternehmen (_5_) und erhalten einmal jährlich eine
     Dividende (_6_).
  c. Ein Mobilfunkanbieter bezahlt die Rechnung für aus Asien importierte Smart-
     phones (_8_).
  d. Sie erhalten Kindergeld (_1_) und andere Transferleistungen, wie Bafög oder
     Arbeitslosengeld.
  e. Das Unternehmen, für das Sie arbeiten, bekommt eine finanzielle staatliche
     Unterstützung, die Subvention heißt (_3_).
  f. Sie tätigen Konsumausgaben (_5_) und erhalten diverse Konsumgüter von den
     Unternehmen (_6_).
  g. Unternehmen zahlen *Körperschaftsteuer* und *Gewerbesteuer* (_4_).
  h. Ihnen wird die Einkommensteuer vom Gehalt abgezogen (_2_).

i. Ein Unternehmen bekommt einen Kredit von der Bank für Investitionen in neue Maschinen (_12_) und zahlt dafür Zinsen (_11_).
j. Im Jahre 2013 erhält Deutschland Exporteinnahmen in Höhe von ca. 1100 Mrd € (_7_) für exportierte Waren und Dienstleistungen und tätigt Importausgaben in Höhe von ca. 900 Mrd. € (_8_).
k. Der Staat stellt öffentliche Güter wie Infrastruktur, Landesverteidigung und eine Rechtsordnung den privaten Haushalten (_1_) und Unternehmen (_3_) zur Verfügung (Beck 2004, S. 80), die er ohne direkte Gegenleistung, oder aber nicht kostendeckend bereitstellt (Braun und Paschke 2007, S. 46).

> **Didaktischer Hinweis**
> Bei den öffentlichen Gütern aus Aufgabe 1 k) handelt es sich nicht um einen Geldstrom, sondern um einen realen Strom. Jedoch sollte mit dieser Aufgabe die Definition öffentlicher Güter vermittelt werden.

4.1.2 Der Wirtschaftskreislauf einer offenen Volkswirtschaft

? **Aufgabe 2**
a) Was ist mit Außenbeitrag, Budgetdefizit und Budgetüberschuss, Abschreibungen, Bruttoinvestitionen und unverteilten Gewinnen gemeint? b) Bitte erklären Sie, was mit monetären und realen Strömen gemeint ist. c) Bitte erläutern Sie, aus welchem Grund anstatt von Banken von dem Pol Vermögensänderung gesprochen wird.

✓ **Lösung**
Zu a) *Außenbeitrag* – Differenz zwischen Export- und Importzahlungen (Engelkamp und Sell 2005, S. 144).

Budgetdefizit (Defizit, Nettoneuverschuldung, Nettokreditaufnahme) meint die jährliche Verschuldung eines Staates nach Abzug der Schuldentilgung (Baßeler et al. 2006, S. 419).

Budgetüberschuss – Die Ersparnisse des Staates heißen Budgetüberschuss (Engelkamp und Sell 2005, S. 145).

Abschreibungen (Kapitalverschleiß, Abnutzung) – Der Verschleiß und das Altern von Maschinen und Gebäuden wird in Form von Abschreibungen in Euro ausgedrückt (Burda und Wyplosz 2009, S. 47) und steuerlich geltend gemacht (Majer 1997, S. 136).

Bruttoinvestitionen sind Neuinvestitionen plus Ersatzinvestitionen (Wagenblaß 2008, S. 87). Also beispielsweise eine neue Maschine und der Austausch abgenutzter Maschinen und Maschinenteile.

Unverteilte Gewinne – Der Gewinn eines Unternehmens kann an dessen Eigentümer ausgeschüttet werden (verteilte Gewinne, wie Dividenden) oder als Einkommen des Unternehmens, als sogenannte unverteilte Gewinne, im Unternehmen verbleiben (Rittenbruch 1995, S. 29).

Zu b) Mit realen Strömen sind Güterströme gemeint, wie Konsumgüter, Faktorleistungen (wie Arbeit) oder die Bereitstellung der öffentlichen Güter (Herdzina 2005, S. 24). Aus Vereinfachungsgründen werden in den Darstellungen des Wirtschaftskreislaufs normalerweise nur die Geldströme, die sogenannten monetären Ströme, abgebildet.

Zu c) Da auch außerhalb des Bankensektors gespart wird, sollte man von Vermögensänderung sprechen. Beispiele sind das Geld in der Spardose oder von den Unternehmen einbehaltene, unverteilte Gewinne (Engelkamp und Sell 2005, S. 142).

> **Didaktischer Hinweis**
> In dieser Aufgabe sollen für den Wirtschaftskreislauf wichtige Definitionen vermittelt
> werden, die im Glossar nachzulesen sind. Schülern fehlt zu diesen Begriffen meistens
> der Bezug, weil die einzelnen Inhalte erst in späteren Kapiteln behandelt werden.
> Deshalb ist ein Lehrervortrag mit Beispielen oder eine starke Vereinfachung empfeh-
> lenswert. Die Definitionen des Glossars könnten deshalb beispielsweise vereinfacht
> werden: „Es ist mehr exportiert als importiert worden, neue Schulden des Staates,
> Mehreinnahmen des Staates, Abnutzung von Maschinen, Kauf neuer Maschinen und
> Gewinn eines Unternehmens, der nicht an die Geldgeber ausgezahlt wird."

❓ Aufgabe 3
Bitte zeichnen Sie den oben dargestellten Wirtschaftskreislauf einer offenen Volkswirtschaft und ergänzen Sie die Geldströme der folgenden Transaktionen: **a)** Der Staat
bezahlt Löhne an die Beschäftigten im öffentlichen Dienst (Frenkel und John 2003,
S. 26) und kauft die Waren und Dienstleistungen von den Unternehmen (Braun und
Paschke 2007, S. 47). Bitte zeichnen Sie diese Geldströme als „Löhne" und „Güterkäufe"
in das Kreislaufschema ein. **b)** Die Unternehmen erwirtschaften Gewinne, die einerseits
zu einem gewissen Anteil an die Eigentümer ausgeschüttet werden und andererseits
als Ersparnisse im Unternehmen verbleiben. Diese Ersparnisse der Unternehmen
fließen dem Pol der Vermögensänderung als „unverteilte Gewinne" zu, weil sie die
Ersparnisse der Volkswirtschaft erhöhen (Frey 1997, S. 67). Ersatzinvestitionen werden
durch Abschreibungen finanziert, weil die Unternehmen den Kapitalverschleiß über
die Verkaufspreise an die Verbraucher weitergeben (Wagenblaß 2008, S. 87 f.). Bitte
lassen Sie diese „unverteilten Gewinne" und „Abschreibungen" dem Pol der Vermö-
gensbildung zufließen (Frey 1997, S. 67).

✅ Lösung
Siehe ◼ Abb. 4.1.

> **Didaktischer Hinweis**
> Diese Aufgabe dient der Vervollständigung der Darstellung des Wirtschaftskreislaufs
> um die Ströme: Löhne, Güterkäufe, Abschreibungen und unverteilte Gewinne.

4.1.3 Milliarden im Wirtschaftskreislauf verschieben

❓ Aufgabe 4
Bitte berechnen Sie die fehlenden Größen eines fiktiven Wirtschaftskreislaufs, indem Sie
die Konten der fünf sogenannten Pole (Unternehmen, Ausland usw.) einzeln aufstellen
und jede Größe im Budget benennen. Nach dem sogenannten Kreislaufaxiom, ist die

Der Wirtschaftskreislauf einer Offenen Volkswirtschaft

eingezeichnet sind nur die Geldströme

◘ **Abb. 4.1**   Lösung Aufgabe 3: Vervollständigter Wirtschaftskreislauf einer offenen Volkswirtschaft. (Quelle: Grafik: Eigene Darstellung, Zeichnungen: Alex Rath, ► www.pixuport.com)

Summe aller Ströme, die einem Pol zufließen, gleich der Summe aller abfließenden Ströme (Braun und Paschke 2007, S. 45). Der Milliardenbetrag, der das jeweilige Konto auf null ausgleicht, entspricht deshalb der gesuchten Größe.

✅ **Lösung**
Siehe ◘ Tab. 4.1.

❓ **Aufgabe 5**
Bitte nutzen Sie das Blankoformular in der Abbildung unten, um die fehlenden Positionen im Wirtschaftskreislauf zu ermitteln. Dazu werden alle Beträge, die beispielsweise den Staat betreffen, entweder im Minus (abgehende Pfeile) oder im Plus (ankommende Pfeile) erfasst. Der Geldbetrag, der das Konto zu null ausgleicht, entspricht dem gesuchten Milliardenbetrag.

✅ **Lösung**
Siehe ◘ Tab. 4.1.

4

◘ Tab. 4.1 Darstellung der Transaktionen der einzelnen Wirtschaftssubjekte. (Quelle: Eigene Darstellung)			
−230 Mrd. €	Transferzahlungen	+100 Mrd. €	Subventionen
−40 Mrd. €	Löhne	+310 Mrd. €	Güterkäufe
−100 Mrd. €	Subventionen	+1100 Mrd. €	Exporteinnahmen
−310 Mrd. €	Güterkäufe	+2100 Mrd. €	Konsumausgaben
+390 Mrd. €	Steuern	+70 Mrd. €	Bruttoinvestition
+ 260 Mrd. €	Steuern	− 80Mrd. €	Abschreibungen
+30 Mrd. €	Budgetdefizit	−130 Mrd. €	Unverteilte Gewinne
= 0*		−390 Mrd. €	Steuern
Ausland		−2180 Mrd. €	Faktoreinkommen
−1.100 Mrd. €	Importausgaben	−900 Mrd. €	Importausgaben
+900 Mrd. €	Exporteinnahmen	= 0	
+200 Mrd. €	Außenbeitrag	**Vermögensänderung**	
= 0		+90 Mrd. €	Ersparnisse
Private Haushalte		+130 Mrd. €	Unverteilte Gewinne
+230 Mrd. €	Transferzahlungen	+80 Mrd. €	Abschreibungen
+2.180 Mrd. €	Faktoreinkommen	−200 Mrd. €	Außenbeitrag
+40 Mrd. €	Löhne (vom Staat)	−70 Mrd. €	Bruttoinvestitionen
−260 Mrd. €	Steuern	−30 Mrd. €	Budgetdefizit
−2.100 Mrd. €	Konsumausgaben	=0	
−90 Mrd. €	Ersparnisse		
= 0			

*Die einzelnen Budgets müssen immer zu Null ausgeglichen sein

Didaktische Hinweise

In dieser Aufgabe werden wieder nur die Geldströme dargestellt und folglich weder öffentliche Güter noch Export- oder Importgüter erfasst. Deshalb handelt es sich bei der Beziehung zwischen Unternehmen und Ausland um die Exporteinnahmen und die Importausgaben anstelle von exportierten und importierten Gütern. Die Differenz zwischen Export- und Importzahlungen heißt Außenbeitrag (Engelkamp und Sell 2005, S. 144).

- Technisches Detailwissen
- ▪▪ **Das Vorzeichen des Außenbeitrages verstehen**

Im Unternehmenskonto sehen Sie, dass den Unternehmen aufgrund verkaufter Exportgüter 1100 Mrd. Euro Exporteinnahmen zufließen. Wenn Sie diese Zahlungsströme in das Ausland zurückverfolgen, sehen Sie, dass das Auslandskonto mit diesen 1100 Mrd. Euro belastet wird und dass in diesem Konto von Importausgaben gesprochen wird. Derselbe Pfeil heißt also je nach Blickwinkel entweder Exporteinnahmen oder Importausgaben (siehe ▶ Abschn. 4.1.1 Aufgabe 1 j). Dank dieses Perspektivwechsels ist es leichter zu verstehen, dass ein positiver Außenbeitrag im Konto des Auslandes bedeutet, dass sich das Ausland beim Inland verschuldet. Denn die ausländischen Importausgaben für die Güterkäufe im Inland sind geringer als die Exporteinnahmen für an das Inland verkaufte ausländische Güter.

Das Inland gewährt dem Ausland folglich Kredit, um dessen Importüberschuss zu finanzieren und das Konto auszugleichen. Im Vermögensänderungskonto bedeutet dementsprechend der negative Außenbeitrag eine Kreditvergabe der inländischen Volkswirtschaft an das Ausland.

- ▪▪ **Das Vorzeichen des Budgetdefizits verstehen**

Häufig haben Schüler Schwierigkeiten zu verstehen, aus welchem Grund das Budgetdefizit des Staates ein positives Vorzeichen hat. Es bedeutet, dass dem Staat Kredite ausgezahlt worden sind, um die Staatsausgaben zu finanzieren, und dass dadurch das Budgetdefizit ausgeglichen worden ist. Deshalb sind hier zuerst alle Staatsausgaben aufgelistet, damit man sehen kann, dass Kredite benötigt werden, um die zu hohen Staatsausgaben zu finanzieren.

Binnendifferenzierung: Findige Schüler leiten aus der Pfeilrichtung ab, ob es sich um ein Defizit oder einen Budgetüberschuss handelt (vgl. ▶ Abschn. 4.1.2). Pfeilspitzen an beiden Seiten der Pfeile zwischen Staat und Vermögensänderung sowie zwischen Ausland und Vermögensänderung fordern die Schüler zu eigenen Überlegungen heraus, weil das Bild nicht bereits die Lösung suggeriert. Man könnte diese Pfeilspitzen deshalb auch weglassen.

- ▪▪ **Abschreibungen und unverteilte Gewinne sowie Subventionen und Güterkäufe unterscheiden**

Im Falle der 80 Mrd. Euro und der 130 Mrd. Euro, die von den Unternehmen zum Vermögensänderungskonto fließen, muss eine Entscheidung getroffen werden, welches die Abschreibungen und welches die unverteilten Gewinne sind. Gleiches gilt für die 100 Mrd. Euro und die 310 Mrd. Euro, die vom Staat an die Unternehmen fließen, sodass sowohl die Güterkäufe des Staates als auch die Subventionen gemeint sein könnten. Vermutlich übertreffen die Güterkäufe (130 Mrd. €) die Subventionen (80 Mrd. €) und die Abschreibungen (310 Mrd. €) die unverteilten Gewinne (100 Mrd. €).

4.1.4 Der Wirtschaftskreislauf einer offenen Volkswirtschaft

 **Aufgabe 6**

Bitte ordnen Sie die folgenden Begriffe den Zahlen zu und beachten Sie, dass Mehrfachnennungen möglich sind. Für die Lösung ist es wichtig zu wissen, dass sich die einzelnen Geschäftsvorfälle zwischen den Wirtschaftssubjekten immer aus „Geben" und „Nehmen" zusammensetzen, wobei die Pfeilrichtung die Fließrichtung des Geldes ausdrückt.

4

✅ Lösung

Steuern (_3_)(_4_), Löhne (_1_), Importausgaben (_13_), Sparen der privaten Haushalte (_9_), unverteilte Gewinne (_1_), Abschreibungen (_10_), Budgetüberschuss (_8_), Güterkäufe (_2_), Konsumausgaben (_6_), Subventionen (_2_), Transferzahlungen (_1_), Exporteinnahmen (_14_), Faktoreinkommen (_7_), Außenbeitrag (_12_), Budgetdefizit (_5_), Bruttoinvestitionen (_11_).

Didaktischer Hinweis

Für eine Binnendifferenzierung ließe sich die Abbildung aus Aufgabe 6 (im Lösungsbuch) auch ohne die Lösungsbegriffen nutzen, die in der Aufgabenstellung vorgegeben werden. Häufig ist die Zuordnung der Löhne für die Schüler nicht eindeutig. Mit dem Begriff „Löhne" sind hier beispielsweise die Beamtengehälter, also (_1_), gemeint (siehe Aufgabe 3 a). Oft verstehen Schüler die Löhne dennoch als Teil der Faktoreinkommen und nennen (_7_) als Lösung.

Literatur

Baßeler, U., Jürgen, H., & Utecht, B. (2006). *Grundlagen und Probleme der Volkswirtschaft* (18. Aufl.). Stuttgart: Schäffer-Poeschel.

Beck, B. (2004). *Wohlstand, Markt und Staat, Eine Einführung in die Volkswirtschaftslehre*. Zürich: Compendio.

Braun, S., & Paschke, D. (2007). *Makroökonomie anschaulich dargestellt*. Heidenau: PD.

Burda, M., & Wyplosz, C. (2009). *Makroökonomie, Eine europäische Perspektive*. München: Vahlen.

Engelkamp, P., & Sell, F. (2005). *Einführung in die Volkswirtschaftslehre*. Berlin/Heidelberg: Springer.

Frenkel, M., & John, K. D. (2003). *Volkswirtschaftliche Gesamtrechnung. WiSo Kurzlernbücher, Reihe Volkswirtschaft*. München: Vahlen.

Frey René, R. L. (1997). *Wirtschaft, Staat und Wohlfahrt, Eine Einführung in die Nationalökonomie*. Basel: Helbing & Lichtenhahn.

Herdzina, K. (2005). *Einführung in die Mikroökonomik*. München: Vahlen.

Majer, H. (1997). *Makroökonomik und Politik, Eine anwendungsbezogene Einführung*. München: Oldenbourg.

Rittenbruch, K. (1995). *Makroökonomie*. München: Oldenbourg.

Wagenblaß, H. (2008). *Volkswirtschaftslehre, öffentliche Finanzen und Wirtschaftspolitik*. Heidelberg: Verlagsgruppe Hüthig Jehle Rehm.

Arbeitsteilung

© Springer Fachmedien Wiesbaden GmbH, ein Teil von Springer Nature 2020
J. Pfannmöller, *Kreative Volkswirtschaftslehre – Lösungen*,
https://doi.org/10.1007/978-3-658-26678-3_5

5.1 Ist es besser inländische Arbeitsplätze zu schützen als Außenhandel zu betreiben?

5

❓ Aufgabe 1

a) Was ist mit Außenhandel gemeint? b) Bitte erläutern Sie die Theorie der absoluten Kostenvorteile. c) Bitte begründen Sie, ob Sie derselben Meinung wie Adam Smith sind, dass ein Land, das beispielsweise Baumwolle und Kartoffeln kostengünstiger als ein anderes Land herstellen kann, beide Güter weiterhin selbst herstellen sollte, ohne sich auf eines der Güter zu spezialisieren und mit diesen Gütern Außenhandel zu betreiben?

✅ Lösung

Zu a) Außenhandel meint den Austausch von Waren und Dienstleistungen zwischen den Ländern.

Zu b) Absoluter Kostenvorteil bedeutet, dass ein Land etwas billiger herstellen kann, als ein anderes Land (Stocker 2014, S. 144). Nach der Theorie der absoluten Kostenvorteile von Adam Smith soll sich jedes Land auf das Gut spezialisieren, das es kostengünstigster als ein anderes Land herstellen kann. Dann sollten beide Länder für das jeweils andere Land mitproduzieren und Außenhandel betreiben. Darüber hinaus behauptet Smith, dass ein Land, das beide Güter günstiger herstellen kann, also bei beiden Gütern einen absoluten Kostenvorteil hat, diese Güter beide selbst herstellen sollte.

Zu c) In der Regel folgen die Schüler der Idee von Adam Smith, auf Außenhandel zu verzichten, wenn ein Land bei beiden Gütern einen absoluten Kostenvorteil hat. Denn wer möchte schon einem renommierten Ökonomen des achtzehnten Jahrhunderts widersprechen?

5.1.1 Warum sollte man im Ausland produzieren, obwohl es im Inland kostengünstiger ist?

❓ Aufgabe 2

Bitte vervollständigen Sie Tab. 5.2 (im Lehrbuch). a) Wie viel Arbeitszeit benötigt jedes Land für die Güterherstellung, wenn in jedem Produktionszweig zehn Arbeiter beschäftigt sind? b) Welche Gesamtzeit wenden beide Volkswirtschaften zusammen für die Produktion der einzelnen Güter auf?

✅ Lösung

Siehe ◘ Tab. 5.1.

Didaktischer Hinweis

Die Mengeneinheiten (ME) in Tab. 5.1 (im Lehrbuch) für Nahrungsmittel und Maschinen sind für Schüler sehr abstrakt. Binnendifferenziert ist es leichter, stattdessen von einem Auto (anstatt einer ME Maschinen) und von einer Tonne Mais (anstatt einer ME Nahrungsmittel) zu sprechen und „eine Tonne Mais" und „ein Auto" in die Tabelle zu schreiben. Dementsprechend kann der Abstraktionsgrad erhöht werden, wenn von Gut 1 und Gut 2 sowie von Land A und Land B gesprochen wird.

◨ **Tab. 5.1** Arbeitsproduktivität *ohne* Spezialisierung und Außenhandel. (Quelle: Eigene Darstellung)

Inland (I.)			Ausland (A.)			Gesamtzeit je Gut von I. und A.
Arbei- ter	Produktivität	Zeit	Arbei- ter	Produktivität	Zeit	
10	Nahrungsmittel 2 h	20	10	Nahrungsmittel 3 h	30	50
10	Maschinen 1,5 h	15	10	Maschinen 3,5 h	35	50
Arbeitszeit im Inland		35	Arbeitszeit im Ausland		65	100

*Sie multiplizieren einfach die Anzahl der Arbeiter mit der Zeit – ohne Dreisatz

Didaktischer Hinweis

Folgt man der Vereinfachung mit einem Auto und einer Tonne Mais, dann ist die Aussage von ◨ Tab. 5.1, dass das Inland in 20 Arbeitsstunden 10 Tonnen Mais und in 15 Arbeitsstunden 10 Autos herstellen kann, wenn 20 Arbeiter gleichmäßig auf die Produktionszweige aufgeteilt werden. Soll im Ausland dieselbe Menge Mais (10 t) und Autos (10 Stück) hergestellt werden, dann werden allerdings 30 und weitere 35 Arbeitsstunden benötigt. Die Arbeiter dürfen nur in ihren Ländern beschäftigt werden und Qualitätsunterschiede werden außer Acht gelassen.

❓ Aufgabe 3

Wir treffen die Annahmen, dass der Nahrungsmittel- und Maschinenbedarf in beiden Ländern gleich groß ist und sich jeweils mit zehn Arbeitern erfüllen lässt. **a)** Entscheiden Sie nun, wie sich die Länder spezialisieren sollten: Verteilen Sie hierfür die zwanzig Arbeiter innerhalb der eigenen Volkswirtschaft auf die Produktionszweige (Tab. 5.3 im Lehrbuch). Ziel ist es, die Arbeitszeit zu verringern, indem Sie die Arbeiter innerhalb der Länder geschickt aufteilen, sodass beide Güter produziert und untereinander ausgetauscht werden können. Probieren Sie verschiedene Möglichkeiten aus und finden Sie die Aufteilung mit der geringsten Gesamtzeit. **b)** Inwieweit profitiert jedes der Länder von Arbeitsteilung und Außenhandel? **c)** Welchen Vorteil hat eine verringerte Gesamtzeit für die Volkswirtschaften?

✅ Lösung

Zu a) Siehe ◨ Tab. 5.2.

Zu b) An ◨ Tab. 5.2 kann man sehen, dass die Spezialisierung für beide Länder vorteilhaft ist. Der Spezialisierungsvorteil in Arbeitsstunden ist zufälligerweise gleichverteilt, weil beide Länder bei vollständiger Spezialisierung jeweils fünf Stunden einsparen können. Wenn man andere Arbeitszeiten in den Ländern annimmt, dann kann es sein, dass nur ein Land Arbeitszeit einspart oder beide in unterschiedlichem Verhältnis.

◘ **Tab. 5.2** Arbeitsproduktivität *mit* internationaler Arbeitsteilung und Warenaustausch untereinander. (Quelle: Eigene Darstellung)

Inland			Ausland			Gesamtzeit je Gut Inland + Ausland
Arbei-ter	Produktivität	Zeit	Arbei-ter	Produktivität	Zeit	
0	Nahrungsmit-tel 2 h	0	20	Nahrungsmit-tel 3 h	60	60
20	Maschinen 1,5 h	30	0	Maschinen 3,5 h	0	30
Arbeitszeit im Inland		30	Arbeitszeit im Ausland		60	90

Die Nachfrage ist ausreichend vorhanden und es bestehen weder Handelshemmnisse wie Zölle oder Transportkosten noch sonstige *Transaktionskosten*. Die Arbeitnehmer sind flexibel einsetzbar, allerdings zwischen den Ländern nicht mobil

Zu c) Die Zeitersparnis kann für die Herstellung zusätzlicher Güter eingesetzt werden oder als zusätzliche Freizeit bei gleicher Gütermenge. Der Wohlstand beider Länder wächst.

Didaktischer Hinweis
Beim Ausprobieren stellt sich heraus, dass die Gesamtarbeitszeit mit der Spezialisierung sinkt. Allerdings schrecken die Schüler häufig davor zurück, sich vollständig auf die Herstellung eines Gutes pro Land zu spezialisieren. Doch selbst mit einer suboptimalen Einteilung der Arbeiter wird eine Zeitersparnis erzielt.

5.1.2 Die komparativen Kostenvorteile nach David Ricardo

❓ Aufgabe 4
a) Bitte erklären Sie den Begriff Opportunitätskosten. **b)** Wie heißen die Opportunitätskosten, wenn das Inland für die Herstellung von Nahrungsmitteln 2 h benötigt und für die Maschinenproduktion 1,5 h. Das Ausland benötigt für Nahrungsmittel 3 h und 3,5 h für Maschinen. Bitte tragen Sie die Opportunitätskosten in Tab. 5.5 (im Lehrbuch) ein. **c)** Welche Schlussfolgerungen ziehen Sie aus den Kommazahlen der Opportunitätskosten der Tabelle? **d)** Bitte erklären Sie die Theorie der komparativen Kostenvorteile von David Ricardo.

✓ Lösung
Zu a) Die Opportunitätskosten sind das, worauf man verzichtet, um etwas Anderes zu bekommen, ausgedrückt in Einheiten des Gutes, auf das verzichtet wird (Stocker 2014, S. 162 f.). „In der Zeit, in der wir etwas Bestimmtes herstellen, müssen wir auf die Herstellung von etwas Anderem verzichten" (André, Schüler).
Zu b) Siehe ◘ Tab. 5.3. Im Inland werden Nahrungsmittel in zwei Stunden und Maschinen in eineinhalb Stunden produziert. Daraus folgt, dass das Herstellen einer

⊡ **Tab. 5.3**   Opportunitätskosten im Ländervergleich. (Quelle: Eigene Darstellung)

Güter	Inland	Ausland
Nahrungsmittel (1 ME)	2 ÷ 1, 5 = 1, 33 ME Maschinen	3 ÷ 3, 5 = 0,86 ME Maschinen
Maschinen (1 ME)	1, 5 ÷ 2 = **0,75 ME Nahrungsmittel**	3, 5 ÷ 3 = 1, 16 ME Nahrungsmittel

Ein niedrigerer Quotient der Produktivität entspricht geringeren Opportunitätskosten (ME = Mengeneinheiten)

Nahrungsmitteleinheit im Inland den Verzicht auf 1,33 Maschineneinheiten kostet. Man rechnet also immer *innerhalb* eines Landes und vergleicht dann die Höhe der Opportunitätskosten der Länder miteinander.

Zu c) Anhand der Opportunitätskosten kann man erkennen, dass sich das Inland auf Maschinen und das Ausland auf Nahrungsmittel spezialisieren soll. Eine niedrigere Kommazahl bedeutet einen vergleichsweise geringeren Verzicht, vergleichsweise (komparativ) geringere Opportunitätskosten und eine höhere Produktivität.

Zu d) David Ricardo erweiterte die Theorie von Adam Smith und sagte, jedes Land solle sich auf das Gut spezialisieren, das es mit geringeren Opportunitätskosten als das andere Land herstellen kann. Dann wäre der Außenhandel selbst dann für beide vorteilhaft, wenn ein Land beide Güter kostengünstiger herstellen kann. Jedes Land produziert also das Gut mit den geringeren Opportunitätskosten. Die komparativen Kostenvorteile belegen deshalb, dass sich Außenhandel selbst dann lohnt, wenn ein Land in allen Produkten leistungsfähiger ist (Beck 2004, S. 238).

Didaktischer Hinweis

Zu b) Tatsächlich kann man die geringeren Opportunitätskosten bereits auf den ersten Blick an der vergleichsweise geringeren Arbeitszeit erkennen. Jedoch wissen die Schüler häufig nicht, was sie „mit den Kommazahlen machen sollen".

Binnendifferenziert könnte man deshalb die Aufgabe vereinfachen, indem man wie in Aufgabe 2 anstelle von Mengeneinheiten von konkreten Gütern spricht. Hier nehmen wir an, es werden Autos (1 ME = 1 Auto) und Weizen (1 ME = 1 t Weizen) produziert, sodass Tab. 5.5 (im Lehrbuch) ebenfalls leichter zu verstehen wäre: Wenn eine Mengeneinheit Nahrungsmittel einer Tonne Weizen entsprechen, dann sind die Opportunitätskosten der Herstellung eines Autos im Inland 750 kg Weizen und im Ausland 1166 kg Weizen. Und für die Herstellung einer Tonne Nahrungsmittel muss das Inland auf 1,33 Autos verzichten und das Ausland lediglich auf 0,86 Autos.

Die Herstellung von Nahrungsmitteln ist also im Ausland vergleichsweise (komparativ) günstiger, weil auf weniger als ein ganzes Auto verzichtet werden muss. Das Inland hingegen hat einen komparativen Kostenvorteil in der Herstellung von Maschinen. Folglich sollte sich das Inland auf Maschinen spezialisieren und das Ausland ausschließlich Nahrungsmittel herstellen, um gemeinsam eine höhere Menge (Output) zu erzielen oder um Zeit für die Herstellung anderer Produkte zu gewinnen.

5

Didaktischer Hinweis

Der Rechenweg der Opportunitätskosten kann visualisiert werden, indem in Tab. 5.5 (im Lehrbuch) die beiden Tabellenfelder unterhalb von Inland mit einem gezeichneten Kreis umrandet werden. So haben Schüler eine Merkhilfe dafür, dass die Zeiten innerhalb eines Landes dividiert werden.

Der komparative Kostenvorteil nach Ricardo resultiert also aus dem Vergleich der geringeren Opportunitätskosten, die übrigens immer durch den Zeitvergleich *innerhalb* eines Landes errechnet werden.

❓ Aufgabe 5

Bitte lösen Sie den folgenden Zwei-Länder-zwei-Güter-Fall: Nehmen Sie an, das Inland kann Textilien in sechs Stunden und Zitrusfrüchte in fünf Stunden fertigen. Das Ausland hingegen benötigt nur 2,5 S für Textilien und vier Stunden für Zitrusfrüchte. Beide Länder verfügen jeweils über 20 Arbeitskräfte, die für die Herstellung beider Güter flexibel eingesetzt werden können. a) Bitte zeigen Sie anhand einer Tabelle, wie viel Zeit beide Länder für die Produktion benötigen, wenn die Arbeiter gleichmäßig im Inland und im Ausland aufgeteilt werden. b) Bitte berechnen Sie die Opportunitätskosten. c) Zeigen Sie anhand einer Tabelle die Zeitersparnis pro Gut und Land, wenn sich beide Länder auf Grundlage der Opportunitätskosten auf ein Gut spezialisieren.

✅ Lösung

Zu a) Siehe ◘ Tab. 5.4.
Zu b) Siehe ◘ Tab. 5.5.
Zu c) Siehe ◘ Tab. 5.6. In der Summe sparen beide Volkswirtschaften 25 Arbeitsstunden ein, 10 Stunden im Inland und 15 Stunden im Ausland. In der Textilproduktion werden beachtliche 35 Stunden weniger benötigt, wohingegen der Zeitbedarf für den Anbau von Früchten um 10 Stunden wächst.

■ **Technisches Detailwissen**

Die Opportunitätskosten im Ländervergleich: *Absoluter Kostenvorteil* bedeutet, dass ein Land ein Gut günstiger bzw. billiger als ein anderes Land herstellen kann. *Opportunitätskosten* sind das, worauf man in einem Land verzichten muss, um etwas Anderes zu erhalten.

◘ **Tab. 5.4** Arbeitsproduktivität ohne Spezialisierung und Außenhandel. (Quelle: Eigene Darstellung)

Inland			Ausland			Gesamtzeit ohne Handel
Arbeiter	Produktivität	Menge	Arbeiter	Produktivität	Menge	
10	Textilien 6 h	60 h	10	Textilien 2,5 h	25 h	85 h
10	Früchte 5 h	50 h	10	Früchte 4 h	40 h	90 h
Zeit insgesamt		110 h			65 h	175 h

◘ Tab. 5.5 Opportunitätskosten im Ländervergleich. (Quelle: Eigene Darstellung)

Güter	Inland	Ausland
Textilien (1 ME)	$6 \div 5 = 1, 2$ ME Früchte	$2, 5 \div 4 = \mathbf{0,625}$ **ME** Früchte
Früchte (1 ME)	$5 \div 6 = \mathbf{0,83}$ **ME** Textilien	$4 \div 2, 5 = 1, 6$ ME Textilien

Eine Mengeneinheit Textilien entspricht einer Jeans und eine Mengeneinheit Früchte soll eine Tonne Früchte sein

◘ Tab. 5.6 Güteroutput mit internationaler Arbeitsteilung und Warenaustausch untereinander

Inland			Ausland			Gesamtmenge mit Handel
Arbeiter	Produktivität	Zeit	Arbeiter	Produktivität	Zeit	
0	6 h Textilien	0 h	20	2,5 h Textilien	50 h	50 h
20	5 h Früchte	100 h	0	4 h Früchte	0 h	100 h
Arbeitszeit insgesamt		100 h			50 h	150 h

Komparativer Kostenvorteil bedeutet, dass ein Land etwas mit geringeren Opportunitätskosten als ein anderes herstellen kann.

Interpretation der ◘ Tab. 5.5: Im Inland sind die Opportunitätskosten für die Herstellung einer Jeans (1 ME Textilien) 1,2 Tonnen Früchte. Im Ausland kostet die Herstellung einer Jeans hingegen nur den Verzicht auf 625 Kilogramm Früchte. Die Herstellung einer Tonne Früchte kostet im Inland den Verzicht auf eine noch nicht ganz fertiggestellte Jeans (0,83 ME Textilien). Das Ausland muss für die Fruchtproduktion auf 1,6 Jeanshosen verzichten.

Die Opportunitätskosten in der Jeansproduktion des Auslandes sind mit 625 Kilogramm Früchten also um 575 kg geringer als im Inland. Deshalb sollte sich das Ausland auf die Jeansproduktion spezialisieren und das Inland auf den Anbau von Früchten. Denn das Inland muss für die Herstellung einer Tonne Früchte auf weniger als eine ganze Jeans verzichten. Im Gegensatz zu dem Ausland, das beinahe auf doppelt so viele Textilien verzichten muss.

5.2 Als asiatischer Sportartikelhersteller einen Großauftrag akquirieren

5.2.1 Sie produzieren eigene Bälle und optimieren den Fertigungsprozess

Didaktische Hinweise

Der Generalist erreicht manchmal eine höhere Produktivität, weil in der arbeitsteiligen Gruppe Mitglieder ohne Werkstücke pausieren müssen, oder weil alle auf die Fertigstellung des letzten Balls warten. Zudem treten Lerneffekte auch bei dem

Generalisten auf, der im Laufe der Zeit ebenfalls schneller wird. Wenn man jedoch die Pausenzeiten einzelner Teammitglieder berücksichtigt oder die Kapazitätsauslastung erhöht, dann ist die arbeitsteilige Gruppe auf jeden Fall produktiver, sofern sich der Arbeitsprozess für die Unterteilung in Teilschritte eignet. Die Geschwindigkeit des Umrandens von Flächen mit dem Filzstift wird durch den Einsatz volkswirtschaftlichen Kapitals in Gestalt eines Lineals erhöht.

5

5.2.2 **Auswertung des Experiments Arbeitsteilung**

❓ Gruppenaufgabe
Vervollständigen Sie Tab. 5.7 (im Lehrbuch) und berechnen Sie die Arbeitsproduktivität wie im Beispiel (Tab. 5.6, im Lehrbuch). Vergleichen Sie dann die Arbeitsproduktivität der schnellsten, arbeitsteiligen Gruppe mit der schnellsten Einzelperson. Welche Erfahrungen haben Sie in der Fertigung der Bälle gemacht?

✅ Lösung
Siehe ◘ Tab. 5.7. Bitte tragen Sie die Bestzeiten in die Tabelle ein und berechnen Sie die Arbeitsproduktivität. Die Lösung der Gruppenaufgabe dürfte der Darstellung in Tab. 5.6 (im Lehrbuch) ähneln.

❓ Aufgabe 6
Übertragen Sie die folgenden Produktionserfahrungen oder Ihre eigenen auf die Volkswirtschaft:
a) Die Anzahl der Bälle (Output) ist abhängig von der Qualität der Klebestifte und Filzstifte. **b)** Die Herstellungsmenge (Output) veränderte sich mit der Anzahl der vorhandenen Klebestifte und Filzstifte. **c)** Sorgfältigeres Arbeiten wird benachteiligt, weil sich dadurch weniger Bälle herstellen lassen.

◘ **Tab. 5.7**   Wie verändert die Arbeitsteilung die Produktivität und die Herstellungsmenge (Output)? (Quelle: Eigene Darstellung)

Produktions-phase	Kürzeste Zeit	Anzahl der Mitarbeiter	Hergestellte Menge	Arbeits-zeit	Produktivität der Arbeit: Menge *pro* Person/Zeit
Einzelperson	Dario	1	1	5 Min.	0,2
Arbeitsteilung im Unternehmen	Team 3	6	12	9 Min.	0,22

*Menge pro Person; Die Produktivität ist ein Quotient, wobei höhere Wert eine größere Produktivität darstellen. Beispiel: 12 Bälle/(6 Personen*Zeit) = 2 Bälle pro Person/Zeit

✅ **Lösung**

Zu a) Eine bessere Kapitalausstattung erhöht die Produktivität und den Output. Beispiel:
Unternehmen mit langsameren Computern, leistungsschwächerer Software oder einer
langsameren Internetanbindung in ländlichen Regionen sind im Wettbewerb benachteiligt. Das gleiche gilt für Länder mit einer geringer wertigen Kapitalausstattung.

Zu b) Weniger Klebestifte verringern die Produktivität der Arbeiter und verlängern die
Produktionszeit. Mit mehr Kapital ist man schneller: Wenn in einem Unternehmen
aufgrund einer geringeren Kapazitätsausstattung Engpässe entstehen, aufgrund
veralteter Computer und Drucker oder weil bestimmte Maschinen für einen reibungs-
losen Ablauf fehlen, dann hat es einen Wettbewerbsnachteil.

Zu c) Für Unternehmen lohnt sich ein höherer Zeitaufwand für eine bessere Qualität
nur im Falle einer höheren Bezahlung. Außerdem haben Unternehmen mit geringeren
Lohnkosten, beispielsweise im Ausland, einen Wettbewerbsvorteil.

❓ **Aufgabe 7**

Bitte übertragen Sie die folgenden Produktionserfahrungen auf die betriebliche
Perspektive: **a)** Der schnellste Generalist hat möglicherweise eine höhere Produktivität
als die schnellste Gruppe. Ein Generalist ist jemand, der alle Arbeitsschritte ausführen
kann, wohingegen der Spezialist auf einen Teilschritt fokussiert arbeitet. **b)** Die
Stimmung in der Gruppe hat das erzielte Ergebnis beeinflusst. **c)** Die Absprachen
haben die Geschwindigkeit der Gruppe verändert.

✅ **Lösung**

Zu a) Manche Arbeitsschritte sind besser für einen vielseitig arbeitenden Mitarbeiter
geeignet, andere können vorteilhafter arbeitsteilig gelöst werden.

Zu b) Die Unternehmenskultur, also die Art des Umgangs der Mitarbeiter miteinander,
beeinflusst das Ergebnis.

Zu c) Die Schnittstellen müssen klar definiert sein. Der Generalist braucht weniger
Absprachen zu treffen, wenn er geringe Berührungspunkte mit anderen Abteilungen hat.

❓ **Aufgabe 8**

Stellen Sie die Vorteile und Nachteile der Arbeitsteilung in Tabellenform dar und
unterscheiden Sie die Ebenen Arbeitnehmer, Unternehmen und Volkswirtschaft.

✅ **Lösung**

Siehe ◘ Tab. 5.8.

❓ **Aufgabe 9**

„Wer einzeln arbeitet, addiert. Wer zusammenarbeitet, multipliziert." Bitte begründen
Sie, inwieweit Sie denken, dass das vom chinesischen Staatspräsidenten Xi Jinping
zitierte deutsche Sprichwort zutrifft.

✅ **Lösung**

Schüler nennen häufig das Stecknadelbeispiel von Adam Smith oder Erfahrungen aus
dem Experiment mit der Herstellung eigener Fußbälle als Argumente für die Vorteile
von Arbeitsteilung.

5

◘ **Tab. 5.8**   Vor- und Nachteile der Arbeitsteilung. (Quelle: Eigene Darstellung)

Arbeitnehmer

Vorteile	Nachteile
Aufgrund der Spezialisierung wird die Produktivität gesteigert, weil in derselben Zeit mehr geleistet wird (Produktivität\der Arbeit = Menge pro Arbeiter ÷ Zeit). Kurze Ausbildungszeit Eine höhere Produktivität ermöglicht einen höheren Output und höhere Einkommen.	Einseitige, monotone Tätigkeiten können die Leistungsbereitschaft verringern. Einseitige Qualifikationen erschweren den Jobwechsel, wenn das Produkt vom Markt genommen wird. Eine geringwertige Ausbildung erschwert den Jobwechsel. Eine Spezialisierung auf einzelne Produktionsschritte verringert die Flexibilität und erschwert den Jobwechsel. Das Risiko den Arbeitsplatz zu verlieren steigt, wenn die Tätigkeit durch Kapital substituiert werden kann.

Unternehmen

Vorteile	Nachteile
Die Spezialisierung bewirkt eine höhere Produktivität der Mitarbeiter, sodass mehr hergestellt werden kann. Output und Unternehmensgewinn steigen. Mit der Spezialisierung gehen Lerneffekte einher, sodass Produktivität und Qualität wachsen. Produktivitätsfortschritte ermöglichen eine höhere Entlohnung, sodass gute Mitarbeiter an das Unternehmen gebunden werden können. Mitarbeiter, die nur in ihrem Bereich eingesetzt werden, haben eine geringere Einarbeitungszeit. Produktivitätssteigerungen erhöhen Output und Unternehmensgewinn.	Geringe Flexibilität der Mitarbeiter innerhalb des Unternehmens. Monotone Arbeitsbelastungen können krankheitsbedingte Ausfälle zur Folge haben. Das Qualitätsniveau hängt vom schwächsten Glied der Lieferkette ab. Die Einbindung in einen arbeitsteiligen Herstellungsprozess schafft Abhängigkeiten von Zulieferern und Abnehmern. International arbeitsteilige Lieferketten sind anfällig für Streiks und Naturkatastrophen. Die Abhängigkeit von großen Unternehmen kann das eigene Unternehmen zu Zugeständnissen beispielsweise beim Preis zwingen, wenn es viele Konkurrenten gibt.

(Fortsetzung)

Volkswirtschaft

Vorteile	Nachteile
Spezialisierung steigert die Produktivität, sodass mehr Waren und Dienstleistungen hergestellt werden und das BIP steigt. Höhere Einkommen und Gewinne bewirken einen höheren Wohlstand. Just-in-Time-Produktion verringert die Kosten (Lagerkosten, Kapitalbindung). Der Wettbewerb zwischen den Unternehmen wird angefacht und motiviert sie, qualitativ oder preislich besser zu werden und innovativ zu sein. Eine größere Auswahl für Konsumenten. Eine internationale Abhängigkeit ist friedensstiftend.	Eine steigende Produktion bewirkt einen höheren Ressourcenverbrauch. Arbeitsplätze gehen durch die Substitution von Arbeit durch Maschinen verloren. Die Flexibilität der Arbeitskräfte sinkt, sodass diese im Falle von Arbeitslosigkeit nicht ohne weiteres einen anderen Job finden. Steigende Abhängigkeit von einer internationalen Arbeitsteilung. Einseitig spezialisierte Volkswirtschaften sind anfällig für Strukturwandel und Veränderungen durch Innovation.

Literatur

Beck, B. (2004). *Wohlstand, Markt und Staat, Eine Einführung in die Volkswirtschaftslehre*. Zürich: Compendio.
Stocker, F. (2014). *Moderne Volkswirtschaftslehre, Logik der Marktwirtschaft*. München: Oldenbourg.

Unternehmen

© Springer Fachmedien Wiesbaden GmbH, ein Teil von Springer Nature 2020
I. Pfannmöller, *Kreative Volkswirtschaftslehre – Lösungen*,
https://doi.org/10.1007/978-3-658-26678-3_6

6.1 Wie lege ich mein Geld richtig an? Das Pizza-Investment

Didaktischer Hinweis
Die Schüler notieren in Einzelarbeit Fragen zu dem Cartoon und zu Aktien im Allgemeinen, die später im Plenum gesammelt werden. Mithilfe dieses Kapitels versuchen die Schüler anschließend, diese Fragen zu klären.

6

? **Aufgabe 1**
a) Bitte erläutern Sie die Begriffe: Aktie, Dividende, Aktienkurs, Marktkapitalisierung, Depot und Diversifizierung. **b)** Aus welchem Grund kaufen Aktionäre Aktien? **c)** Bitte erklären Sie die Risiken eines Aktieninvestments. **d)** Eine bekannte Börsenregel lautet: Don't put all eggs in one basket. Was ist damit gemeint?

✓ **Lösung**
Zu a) *Aktie* – Kleinster Unternehmensanteil an einer Aktiengesellschaft. Einmal im Jahr erhalten Sie eine Dividende (Gewinnanteil), sofern das Unternehmen Gewinne erzielt und diese ausschüttet. Im Falle der Insolvenz einer AG verlieren Sie maximal den Kaufpreis der Aktie.
Dividende – Anteil an dem Unternehmensgewinn einer Aktiengesellschaft, der den Aktionären in der Regel einmal jährlich auf das Konto überwiesen wird, sofern die AG Gewinne erzielt und diese ausschüttet. US-amerikanische Unternehmen zahlen Dividenden vierteljährlich.
Aktienkurs – Preis einer Aktie. Beispiel: Am 12.01.2017 ist der Preis für eine Apple-Aktie, die in US-Dollar notiert wird, umgerechnet 112 Euro.
Marktkapitalisierung – Der Wert eines Unternehmens bzw. Börsenwert einer Aktiengesellschaft wird errechnet, indem die Aktienanzahl mit dem Aktienkurs multipliziert wird. Beispiel: Eine Apple-Aktie kostet 112 Euro (12.01.2017). Es gibt ungefähr 5 Mrd. Apple-Aktien, also ist der Unternehmenswert, die Marktkapitalisierung, ungefähr 560 Mrd. Euro.
Depot – Konto, in welches Aktien eingebucht werden.
Diversifikation heißt Risikostreuung. Damit ist gemeint, dass ein Unternehmen beispielsweise verschiedene Produkte für unterschiedliche Märkte anbietet (Becker und Peppmeier 2011, S. 179). Aktiendiversifikation meint, dass ein Geldanleger beispielsweise in verschiedene Aktien unterschiedlicher Branchen investiert.
Zu b) Eine Aktie ist der kleinste Anteil an einer Aktiengesellschaft, deren Preis an der Börse aus Angebot und Nachfrage gebildet wird (siehe ▶ Abschn. 6.3). Mit dem Kauf einer Aktie erwerben Sie einen sehr kleinen Anteil dieser AG und es ist so, als würde Ihnen beispielsweise ein Stück des Glasfaserkabels einer Telekommunikations-AG gehören oder ein Teil des Schriftzuges an der Firmenzentrale.
Als Aktionär profitieren Sie davon, dass Sie in der Regel jedes Jahr einen kleinen Anteil vom Unternehmensgewinn als *Dividende* auf Ihr Konto überwiesen bekommen, und dass der Wert der Aktie und Dividenden steigen, wenn die AG erfolgreich ist. Aktien kaufen Sie beispielsweise online bei Ihrer Bank, und die Aktien werden dann Ihrem Aktienkonto gutgeschrieben, das Depot heißt. Für jeden Aktienkauf und Verkauf sowie für die Depotführung zahlen Sie Gebühren an Ihre Bank. Aktien können Sie von jedem

an der Börse gehandelten Unternehmen kaufen. Dabei ist der Aktienwert abhängig von dem Unternehmenswert (Marktkapitalisierung) und der Aktienanzahl, in die das Unternehmen aufgesplittet ist. Das Unternehmen, das eigene Aktien verkauft, erhält für den Aktienverkauf sogenanntes *Eigenkapital*, also Geld, das im Unternehmen verbleibt und das für Investitionen oder andere Vorhaben genutzt werden kann (siehe Aufgabe 5). **Zu c)** Die Risiken eines Aktieninvestments sind fallende Aktienkurse (Kursrisiko) sowie fallende Dividendenzahlungen (Dividendenrisiko). Denn der Preis der Aktie kann im schlechtesten Fall bis auf null fallen, wenn das Unternehmen dauerhaft Verluste einfährt und schließlich insolvent ist. Auf die Höhe und die Zahlung der Dividende können Sie sich nicht zu einhundert Prozent verlassen, obwohl Unternehmen eine gewisse Dividendenkontinuität anstreben. Kursgewinne und Dividenden werden in Deutschland versteuert.

Zu d) Die Redewendung besagt, dass man Risiken streuen und das gesamte Geld auf mehrere Unternehmen, Branchen und Wirtschaftsräume verteilen sollte.

6.2 Börsenspiel: Besser als der Aktienindex!

Didaktischer Hinweis

Möchte man das Börsenspiel binnendifferenzieren, dann kann es sehr stark vereinfacht werden, indem den Schülern eine Liste der 30 DAX-Unternehmen mit den aktuellen Aktienkursen als Kopie ausgehändigt wird. Dabei sollte man sich auf die Namen der Aktiengesellschaften und die Aktienpreise in Euro beschränken. Schwieriger ist der Umgang mit Tabellen aus dem Internet, die weitere Spalten aufweisen, beispielsweise mit den täglichen Wertveränderungen in Euro und Prozent oder den täglichen Börsenumsätzen in Mrd. Euro und gehandelten Stückzahlen.

Die Schüler sollten ein Startkapital von 50.000 Euro auf mindestens sieben verschiedene Aktien aufteilen. In der ersten Spalte von Tab. 6.1 (im Lehrbuch) wird der Name der AG notiert, daneben der Einzelpreis pro Aktie (*Kurs ÷ Preis*), gefolgt von der gekauften Stückzahl und dem gesamten Kaufpreis pro Aktienposition (*Aktienpreis × Stückzahl*). Manche Schüler listen zuerst den ungefähren Kaufpreis jeder Aktienposition auf, beispielsweise 5000 Euro Aktie A, 7000 Euro Aktie B usw., bevor die erforderliche Aktienanzahl errechnet wird.

❓ Aufgabe 2

a) Erstellen Sie eine Tabelle nach dem Vorbild von Tab. 6.1 (im Lehrbuch). b) Schauen Sie sich im Internet die aktuellen Börsenkurse der im Deutschen Aktienindex (DAX®) zusammengefassten Aktien an. Wählen Sie mindestens sieben Aktien aus und notieren Sie die aktuellen Aktienkurse in der zweiten Spalte von Tab. 6.1. (im Lehrbuch) c) Lassen Sie dann einige Wochen oder Monate verstreichen und füllen Sie dann die Spalten der Wertentwicklung aus, um herauszufinden, ob sich Ihre Aktienauswahl besser als der DAX® entwickelt hat …

✓ Lösung

Siehe ◼ Tab. 6.1. Beispiel: Kaufzeitpunkt der Aktien 28.08.2015, Berechnung der Wertentwicklung am 01.08.2017.

◘ Tab. 6.1   Stellen Sie Ihr persönliches *Depot* zusammen: Achten Sie bitte immer auf die *Diversifizierung*. (Quelle: Eigene Darstellung)

Kaufzeitpunkt				Wertentwicklung		
Datum	DAX in Punkten			Datum	DAX in Punkten	DAX-Veränderung in Prozent
28.08.2015	10.000 Punkte			01.08.17	11.000 Punkte	+10 %
Name der Aktie	Kurs/ Preis	Stück- zahl	Kaufpreis insgesamt	Kurs/ Preis	Wertverände- rung je Aktie in	Gewinn/ Verlust je Position in €
A-Aktie	10 €	100	1000 €	10,50 €	0,50 € 5 %	50 €
B-Aktie	20 €	100	2000 €	21 €	1 € 5 %	100 €
...						
Kaufpreis Gesamtdepot:			3000 €	Wertveränderung in Euro:		150 €
				Wertveränderung in Prozent:		5 %*

*Die Performance des Portfolios ist in diesem Falle fünf Prozentpunkte geringer als der DAX

Didaktischer Hinweis
Für manche Schüler ist es leichter, die Entwicklung des DAX nachzuvollziehen, wenn so getan wird, als wenn der Index ebenfalls ein Wertpapier wäre, dessen Kaufpreis der Punktestand in Euro ist.
   Auf diese Weise ist der Vergleich der Wertentwicklung des Portfolios mit der des DAX oft leichter verständlich.

❓ Aufgabe 3
a) Bitte recherchieren Sie die aktuelle Zusammensetzung des Deutschen Aktienindex und zählen Sie die Unternehmen auf, die Sie bereits kennen. **b)** Bitte erläutern Sie die Begriffe DAX, Aktienindex, Blue Chips und Leitindex. **c)** Was sagt eine zehnprozentige Veränderung eines Aktienindex aus? **d)** Bitte versuchen Sie, den folgenden Text in Ihre Sprache zu übersetzen: „Der Deutsche Aktienindex (DAX) setzt sich aus den größten deutschen Aktiengesellschaften zusammen, die gleichzeitig, gemessen an der Marktkapitalisierung im Streubesitz, den größten Börsenumsatz erzielen."

✅ Lösung
Zu a) Hier zählen die Schüler die Ihnen bekannten Marken auf.
Zu b) *DAX* – Der deutsche Aktienindex DAX stellt den Wert der 30 größten deutschen Unternehmen als Punktwert von beispielsweise 10.000 Punkten dar. Genau genommen handelt es sich um die börsenumsatzstärksten Unternehmen mit der größten Marktkapitalisierung (siehe Aufgabe d). Der deutsche Aktienindex ist ein Index, der als

Preisindex nach Laspeyres berechnet wird, vergleiche ▶ Abschn. 11.2 (im Lehrbuch) Berechnung der deutschen Inflationsrate als Laspeyres-Preisindex.

Aktienindex – Ein Aktienindex ist eine Kennzahl für die Entwicklung von ausgewählten Aktienkursen, angegeben in Punkten.

Blue Chips – So heißen die größten und börsenumsatzstärksten Unternehmen einer Volkswirtschaft, die in einem Leitindex vertreten sind.

Leitindex – Ein Leitindex stellt die Wertentwicklung der Blue Chips dar. Beispiele sind der Deutsche Aktienindex (DAX), der US-amerikanische Dow Jones u. a. Der Plural von Index ist Indizes bzw. Indices ['ɪndɪtseːs].

Zu c) Das bedeutet, dass die im Aktienindex enthaltenen Aktien im gewichteten Durchschnitt um zehn Prozent gestiegen sind. Denn steigt beispielsweise der DAX um 10 % von 10.000 auf 11.000 Punkte, dann sind die in dem Index gewichteten Aktien in der Gesamtbetrachtung um ebendiesen Prozentsatz gestiegen.

Zu d) Der Deutsche Aktienindex (DAX) wird aus jenen Aktiengesellschaften errechnet, die den höchsten Unternehmenswert in Milliarden Euro haben (Marktkapitalisierung) und von denen gleichzeitig täglich Aktien im Wert vieler Millionen Euro den Eigentümer wechseln. Für diese Betrachtung werden jedoch nur die Aktien im Streubesitz mitgezählt, die keinem Großaktionär gehören. Großaktionär ist man, wenn einem mindestens 5 % der Aktien eines Unternehmens gehören.

❓ Aufgabe 4

a) Was ist eine Benchmark? **b)** Wie kann eine Benchmark helfen, den Erfolg einer Geldanlage zu beurteilen?

✅ Lösung

Zu a) Eine Benchmark ist eine Vergleichsgröße mit ähnlichen Eigenschaften. Wenn Sie mit Ihrer Geldanlage einen höheren prozentualen Zuwachs als die Benchmark erzielen, bzw. weniger Verlust machen, dann sind Sie nach diesem Maßstab erfolgreich gewesen.

Zu b) Ein zweiprozentiges Kursplus einer Geldanlage sagt wenig über den Erfolg der Anlagestrategie aus, weil Sie nicht wissen, wie sich der gesamte Aktienmarkt im selben Zeitraum entwickelt hat. Deshalb wird der Erfolg einer Geldanlage an der Börse durch einen Vergleich mit der Wertentwicklung einer Benchmark gemessen. Denn ob ein Wertzuwachs von beispielsweise zwei Prozent viel oder wenig ist, hängt davon ab, wie sich die Aktien im Allgemeinen entwickelt haben.

Denn wenn die Aktienkurse im Allgemeinen ansteigen, dann besteht die Kunst darin, besser zu sein als der „Markt". Mit Markt ist die Wertentwicklung des führenden Aktienindex gemeint. Beispiel: Wenn Sie mit ausgewählten Aktien eines Aktienindex einen höheren prozentualen Wertzuwachs als der Aktienindex erzielt haben, dann sind Sie besser als der Markt gewesen, weil Sie die Benchmark geschlagen haben. Fallen hingegen die Aktienkurse, dann sind Sie bereits erfolgreicher als der Markt, wenn Sie mit Ihren Geldanlagen einen geringeren prozentualen Wertverlust als der Index verschmerzen mussten.

Genau genommen braucht man für den Vergleich einer Investition immer eine möglichst ähnliche Vergleichsgröße, für amerikanische Blue Chips würden Sie deshalb den Dow Jones als Benchmark heranziehen.

Weitere Beispiele: Sie nehmen mit einer Band an einem internationalen Musikwettbewerb teil und erhalten gute einhundert Punkte. Dieses Ergebnis sagt dennoch wenig über das Abschneiden Ihrer Band aus, weil Sie nicht wissen, wie viele Punkte die anderen Bands an diesem Abend im Durchschnitt erhalten haben und wer den höchsten Wert erzielt hat. Ebenso wenig sagt eine Staatsverschuldung von 100 Milliarden Euro etwas über die finanzielle Lage des Landes aus oder die 35 Punkte einer Mannschaft über deren Verbleib in der Rangliste. Deshalb wird auch bei Geldanlagen ein Vergleichsmaßstab herangezogen, eine sogenannte Benchmark, mit welcher der Erfolg eingeordnet werden kann.

6.3 Was die Preisentwicklung von Konzerttickets und Aktienkurse gemeinsam haben

6

Didaktischer Hinweis
Schülern ist das Zustandekommen von Aktienkursen ein Rätsel. Oft wird vermutet, dass der Aktienkurs vom Unternehmen festgelegt wird (siehe Aufgabe 5). Auch haben Schüler keine Vorstellung davon, dass beispielsweise von den großen deutschen Aktiengesellschaften täglich hunderttausende Aktien den Eigentümer wechseln, sodass es immer einen Käufer gibt, wenn sie ihre Aktien verkaufen möchten. Das kann man sogar sehen, wenn man sich die Aktienkurse der Blue Chips auf den Börsenseiten im Internet anschaut. Dort lesen Sie, wie viele Aktien an dem jeweiligen Tag bereits den Eigentümer gewechselt haben, sowie den Börsenumsatz, also die Anzahl der gehandelten Aktien multipliziert mit dem Aktienkurs.

❓ Aufgabe 5
a) Verbinden Sie die Schlüsselworte der Geschichte mit den Begriffen, die Sie im Zusammenhang mit Aktien kennengelernt haben.
Beispiel: Konzertticket = Aktie
Schlüsselworte: Ticketpreis, Sängerin, Fans, Internettauschbörse, Konzertveranstalter, Händler, Nummer-Eins-Hit, steigende Ticketnachfrage und Verlagerung des Konzerts in einen größeren Saal, um zusätzliche Tickets verkaufen zu können.
b) Ordnen Sie die folgenden Aktienbegriffe den Schlüsselworten aus Aufgabe a) zu.
Aktienbegriffe: Aktienkurs (Wert der Aktie), Aktie, Börse (Sekundärmarkt), Bank, Aktiengesellschaft, Aktionäre, gute Unternehmensnachricht, steigende Aktienkurse, Spekulant, Ausgabe neuer Aktien.

✓ Lösung
Konzertticket = Aktie, Ticketpreis = Aktienkurs (Wert der Aktie), Sängerin = Aktiengesellschaft (für sie wird das das Geld eingenommen), Fans = Aktionäre, Internettauschbörse = Börse (Sekundärmarkt), Konzertveranstalter = Bank (die sogenannte Konsortialbank übernimmt den erstmaligen Verkauf der Aktien an Aktionäre), Händler = Spekulant, Nummer-Eins-Hit = gute Unternehmensnachricht (Diese lässt die Nachfrage nach Aktien bzw. Tickets ansteigen), steigende Ticketnachfrage = steigende Aktienkurse, Verlagerung des Konzerts in einen größeren Saal, um zusätzliche Tickets verkaufen zu können = Ausgabe neuer Aktien. Weitere: Konzert = Geschäftstätigkeit des Unternehmens, Erstverkauf von Tickets = Neuemission (Erstausgabe von Aktien).

Didaktischer Hinweis:
Zu a) Schüler haben häufig die Schwierigkeit herauszufinden, ob mit Aktiengesellschaft die Sängerin oder der Konzertveranstalter gemeint ist. Da die Konsortialbank
den Verkauf der Aktien für die Aktiengesellschaft abwickelt, entspricht diese Bank im
Vergleich dem Konzertveranstalter und die Sängerin ist die AG. Konsortialbanken sind
große Banken, deren Namen Ihnen häufig vertraut sind, denn Konsortialbank ist nicht
der Name des Instituts, sondern ein Hinweis auf die Funktion.
Zu b) Die Bildung der Analogien hat den höchsten Schwierigkeitsgrad, wenn die
Schüler die Begriffe wie in Aufgabe 5 a) aus dem bisher Erlernten ableiten sollen. Beim
Lösen von Aufgabe b) können die Schüler ihre Überlegungen selbst überprüfen.
Leichter ist diese Aufgabe zu lösen, wenn man sagt, dass die Schlüsselbegriffe aus a)
mit den Aktienbegriffen aus b) verbunden werden sollen.

❸ Aufgabe 6
a) Bitte unterscheiden Sie die Begriffe Eigenkapital und Fremdkapital. **b)** Bitte vergleichen Sie den Verkauf von Konzerttickets und deren Weiterverkauf in Internettauschbörsen mit der Ausgabe von Aktien und dem Handel an der Börse. Gehen Sie dabei auf
den Zufluss von Eigenkapital und die Preisbildung ein.

✔ Lösung
Zu a) Mit Eigenkapital ist Geld gemeint, das einem Unternehmen langfristig zur
Verfügung steht, und das nicht wie ein Kredit (Fremdkapital) zurückgezahlt werden
muss. Beispiel: Ein Gesellschafter eines Straßencafés bezahlt eine neue Espressoma-
schine mit eigenem Geld, das im Unternehmen investiert bleiben soll. Die neue
Leuchtreklame im Fenster des Cafés hingegen wird kreditfinanziert.
Zu b) Die Künstlerin bekommt nur beim erstmaligen Verkauf der Tickets Geld. Werden
diese Tickets in Internettauschbörsen weiterverkauft, dann bildet sich der Preis aus
Angebot und Nachfrage. Wollen mehr Leute die Künstlerin sehen, dann steigt der
Ticketpreis, weil es nur eine begrenzte Anzahl von Konzerttickets gibt. Denn die
Verkäufer heben die Preise an, wenn mehr Leute die Künstlerin unbedingt sehen
wollen.

Genauso wie es bei einem Konzert nur eine begrenzte Ticketanzahl gibt, ist auch
eine Aktiengesellschaft in eine bestimmte Anzahl von Aktien unterteilt. Wollen nun
mehr Leute die Aktie kaufen, dann steigt der Aktienpreis. Allerdings bekommt auch
die AG nur beim erstmaligen Verkauf der Aktien an die Aktionäre Geld.

Werden die Aktien der AG beispielsweise für 15 Euro an der Börse verkauft, dann
erhält das Unternehmen 15 Euro Eigenkapital. Das Geld verbleibt im Unternehmen,
wohingegen Fremdkapital, wie ein Kredit über 15 Euro, zurückgezahlt werden muss.

Verkaufen die Aktionäre die Aktien an der Börse weiter, dann fließt der AG kein
weiteres Eigenkapital zu, selbst dann nicht, wenn der Aktienkurs stark ansteigt. Steigt
der Aktienpreis der Aktie aufgrund von Angebot und Nachfrage auf 100 Euro, dann
haben die Aktionäre 85 Euro Gewinn gemacht, wenn sie die Aktien verkaufen, ohne
dass die AG an dem Verkauf etwas verdient.

Die Erstausgabe (Emission) von Finanztiteln wie Aktien wird auf dem sogenannten
Primärmarkt abgewickelt. Der Weiterverkauf der bereits emittierten Aktien wird über
die Börse abgewickelt, die *Sekundärmarkt* genannt wird.

Der Konzertveranstalter ist vergleichbar mit der *Konsortialbank*, die den Aktienverkauf für die AG am Primärmarkt abwickelt. Durch den erstmaligen Verkauf an die Konzertbesucher nimmt der Konzertveranstalter das Geld für die Künstlerin ein. Werden die Konzerttickets anschließend in Internetbörsen weiterverkauft, dann richtet sich deren Preis nach dem gerade aktuellen Erfolg der Sängerin, ohne dass die Sängerin von einer gestiegenen Nachfrage direkt finanziell profitiert. In dem Vergleich entspricht die Internettauschbörse dem Sekundärmarkt, der Börse.

6.4 Ab wann durchbricht der Billigflieger die Schallmauer des Break-Even?

❓ Allgemeine Aufgabe

Lohnt sich Ihrer Meinung nach die Investition in diese Geschäftsidee? Bitte stellen Sie Ihre Überlegungen zu Passagieren, Finanzen, Streckennetz, möglichen Risiken und der Wettbewerbssituation als Tabelle dar.

✅ Lösung

Mögliche Überlegungen einer Diskussion im Plenum s. ◘ Tab. 6.2.

Alternativ als Pro und Contra: Beispiel

Passagiere

Pro – Zuwachs von Passagieren durch das billige Angebot.

Contra – Zu wenige Passagiere, weil das Angebot unglaubwürdig erscheint.

Contra – Weniger Passagiere wegen der Befürchtung schlechterer Qualität.

Contra – Vielflieger bevorzugen vermutlich größere Fluggesellschaften.

Pro – Es ist eine billigere Variante, wenn man viel fliegen möchte und wenig Geld hat.

Pro – PFA-Skys wirbt Konkurrenten Marktanteile ab.

Pro – Kundenbindung durch Vielfliegerverträge, die Kunden fliegen nur mit PFA.

Finanzen

Contra – Zu wenig Gewinn und zu hohe Kosten.

Contra – Der prominente Showmaster muss bezahlt werden.

Pro – Der Gewinn könnte durch wechselnde Kunden steigen.

Contra – Man kann die Gewinnentwicklung nicht abschätzen.

Contra – Mitarbeiter bekommen zu wenig Gehalt und sind nicht bereit, für PFA zu arbeiten.

Pro – Vielflieger ohne Gepäck würden die variablen Kosten pro Passagier in Höhe von 7,50 Euro senken, weil weniger Gewicht befördert werden muss.

Pro – Man könnte Busunternehmen Kunden abjagen usw.

❓ Aufgabe 7

a) Bitte tragen Sie in der ersten Spalte von Tab. 6.2 (im Lehrbuch) die allgemeine Formel ein, mit der man die jeweilige Kennzahl berechnen kann. Bitte verwenden Sie die folgenden Begriffe: Ticketpreis (1x), Passagieranzahl (3x), Fixkosten (1x), variable Kosten (2x) und Konstante (2x). Bei zwei Kennzahlen handelt es sich um Konstanten, die unabhängig von der Anzahl der beförderten Passagiere gleich bleiben. In Klammern steht die Anzahl, wie oft der jeweilige Begriff in der ersten Spalte auftaucht und in der Fußnote der Tab. 6.2 (im Lehrbuch) finden Sie weitere Erläuterungen zu den

◻ Tab. 6.2 Beurteilung der Profitabilität der neuen Airline nach verschiedenen Kriterien. (Quelle: Eigene Darstellung)

Kriterium	Einschätzungen/Schwierigkeiten	Lösung/Fazit
Flugzeuge	Wie wird die Anschaffung der Flugzeuge finanziert? Billigflieger setzt eventuell auf ältere Maschinen – häufigere Wartungen?	In Abschreibungen enthalten, als Leasingraten (Mietkauf)
Finanzen	Neugründung ohne Rücklagen, kein finanzielles Polster. Neugründung aufgrund niedriger Passagierzahlen anfänglich nicht kostendeckend.	
Passagierzahlen	Mit täglich 40.000 Passagieren würde man Gewinn machen. Was passiert, wenn die Passagierzahlen zurückgehen?	
Gewinnschwelle	20 *Euro Ticketpreis* − 7, 50 *Euro variable Kosten*; 200.000 *Fixkosten* ÷ 12, 50 *Euro*	~16.000 Passagiere
Kapazität	Fixkosten für die Bereitstellung fallen immer an. Kapazität kann in Stoßzeiten nicht über 40.000 ausgeweitet werden. In Randzeiten eventuell unprofitabel, falls weniger als 16.000 Passagiere fliegen.	
Streckennetz	Kurzstrecken ermöglichen häufigere Flüge am Tag, sind profitabler. Kurzstrecken sind nur für bestimmte Klienten attraktiv. Kurzstrecken innerhalb Deutschlands und Europas sind profitabler als Langstreckenflüge. Spezialisierung auf Kurzstrecken innerhalb Deutschlands ist profitabler, aber für weniger Kunden attraktiv.	
Profitabilität	Ab Break-Even-Punkt von 16.013 Passagieren sehr profitabel (siehe Aufgabe 10 a).	
Wettbewerbssituation	Günstige Kurzstreckenflüge ziehen Kunden von Bahn und Auto ab; andere Airlines müssen nachziehen, Angebot an Billigflügen steigt.	Preiskampf, ruinöser Wettbewerb, Verdrängungswettbewerb
Image Marke	Absturzgefahr beim Billigflieger? Marke etablieren.	Luftverkehrsaufsicht
Werbung	Mund zu Mund Propaganda im Bekanntenkreis und in sozialen Netzwerken, schnelle Bekanntheit.	Konsumenten fliegen gern für wenig Geld
Umwelt	Widerstand gegen Airline wegen Umweltverschmutzung: Köln–Mallorca = 310 kg CO_2 (Oneway).	CO_2-Luftverschmutzung kompensieren, Luftverkehrsabgabe
Sonstige Risiken	Terroranschlag, Absturz.	

(Fortsetzung)

6

❏ Tab. 6.2 (Fortsetzung)		
Kriterium	**Einschätzungen/Schwierigkeiten**	**Lösung/Fazit**
Mitarbeiter	Geringe Löhne und hohe körperliche Anforderungen.	Teil der Abschreibungen, eventuell angemessen
Ticketpreis	Gepäck enthalten?	

❏ Tab. 6.3 Überblick über die Kennzahlen der neuen Airline. (Quelle: Eigene Darstellung)		
Kennzahl	**Allgemeine Formel in Worten**	**Allgemeine Formel für die Airline**
Fixkosten	Konstante	200.000 €
Variable Kosten	*Variable Kosten × Passagieranzahl*	7,50 € × *Passagieranzahl*
Gesamtkosten	*Fixkosten + Variable Kosten × Passagieranzahl*	200.000 € + 7,50 € × *Passagieranzahl*
Umsatz	*Ticketpreis × Passagieranzahl*	~20 € × *Passagieranzahl*
Kapazität	Konstante (maximale Passagierzahl)	40.000 Passagiere

Begriffen. **b)** In die zweite Spalte tragen Sie bitte die Zahlen für die Airline aus dem Zeitungsartikel ein. Dabei bleibt als einzige Variable die Passagieranzahl in der Formel erhalten (4x). Für den Ticketpreis wählen Sie der Einfachheit halber bitte 20 €.

✅ **Lösung**
Siehe ❏ Tab. 6.3.

✅ **Aufgabe 8**
a) Recherchieren Sie im Internet nach „Kostenfaktoren im Flugverkehr" und entscheiden Sie anhand der Beispiele, ob es sich um Fixkosten oder um variable Kosten handelt. **b)** Wie lassen sich Fixkosten und variable Kosten voneinander unterscheiden?

✅ **Lösung**
Zu a) Passagierentgelt, das der Flughafen pro abgefertigtem Passagier erhebt, also variable Kosten. Flugzeuganschaffungskosten als Beispiel für Fixkosten.
Zu b) Variable Kosten verändern sich im Verhältnis zu einer Bezugsgröße, Fixkosten sind unabhängig von anderen Größen.

❓ **Aufgabe 9**
Bitte zeichnen Sie die Fixkosten, variablen Kosten, Gesamtkosten, Umsatz und Kapazitätsgrenze als Geraden in das Diagramm ein. Mit Kapazitätsgrenze ist die

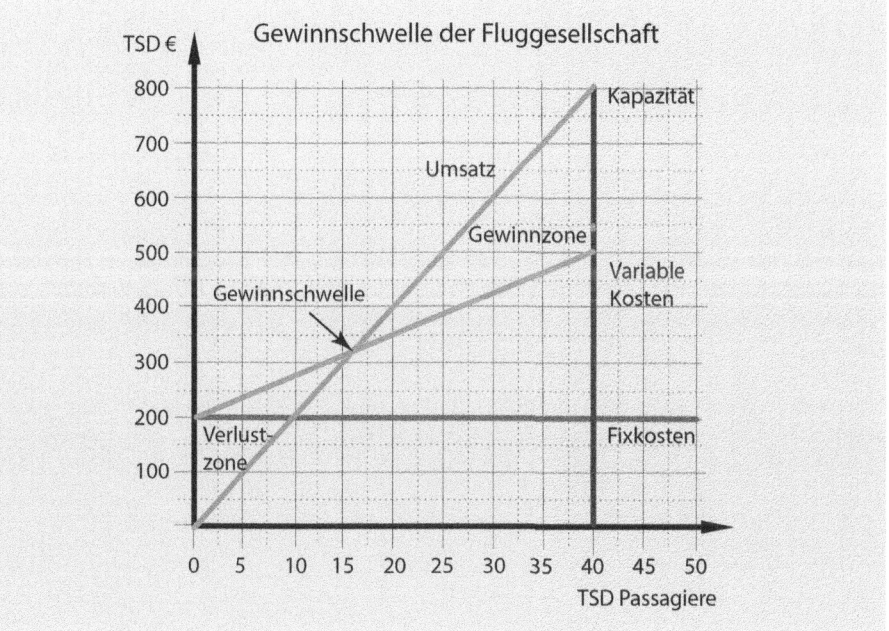

⬛ Abb. 6.1 Lösung Aufgabe 9: Break-Even-Point. (Quelle: Eigene Darstellung)

Beförderungsanzahl pro Tag gemeint. Bitte zeichnen Sie die Gewinnschwelle, den Break-Even-Punkt, ein und schraffieren Sie die Fläche, die dem Gewinn und jene, welche dem Verlust entspricht.

✅ Lösung
Siehe ⬛ Abb. 6.1.

Aufgabe 10

a) Break-Even-Point: Wie viele Passagiere müssen täglich befördert werden, damit die Airline Gewinn macht. **b)** Bitte begründen Sie, ob Sie Aktien der Airline kaufen würden.

✅ Lösung
Zu a) 19, 99 − 7, 50 = 12, 49 dann 200.000 ÷ 12, 49 = 16.013 *Personen.*
Zu b) Hier argumentieren die Schüler, inwieweit sie glauben, dass die täglich erforderliche Passagieranzahl übertroffen wird.

Literatur

Becker, H. P., & Peppmeier, A. (2011). *Bankbetriebslehre.* Herne: NWB.

Konzentration und Kooperation

© Springer Fachmedien Wiesbaden GmbH, ein Teil von Springer Nature 2020
J. Pfannmöller, *Kreative Volkswirtschaftslehre – Lösungen*,
https://doi.org/10.1007/978-3-658-26678-3_7

7.1   Welche Unternehmen sollten kooperieren oder sich zusammenschließen?

Didaktische Hinweise
Üblicherweise werden die Logos mit Linien verbunden, wobei die Zusammenschlüsse aus zwei, drei oder mehreren Unternehmen gebildet werden können. Alternativ werden die Logos mit Zahlen oder Buchstaben versehen, um Paare zu bilden. Beispiel: Die Unternehmen mit dem Buchstaben A sollten zusammenarbeiten, um ein bestimmtes Unternehmensziel gemeinsam zu erreichen. Manchmal werden die Bilder auch vollständig durchnummeriert, sodass die Unternehmen 1, 5 und 12 zusammenarbeiten.

Binnendifferenzierung: Manchen Schülern fällt es leichter, die Aufgabe zu lösen, wenn die Aufgabe durch den folgenden Zusatz ergänzt wird: „Bitte schreiben Sie unter jedes Logo den Markennamen oder die Art des Unternehmens, um das es sich handelt. Beispiel: Forstbetrieb". Darüber hinaus ist oft ein Beispiel anhand der gegebenen Bilder nützlich, dass zum Beispiel das Sägewerk Edelhölzer für die Innenverkleidung eines Automobilherstellers herstellen könnte.

Die Schüler sind jedoch desto kreativer, je offener die Aufgabenstellung ist und je phantasievoller das erdachte Beispiel ist. Beispielsweise könnte eine Feuerwerksfabrik mit einem Onlineshop zusammenarbeiten, um Feuerwerke für Betriebsfeste zu vermarkten.

Für die Auswertung der Ergebnisse aus dem Plenum eignet sich eine Tabelle wie ◘ Tab. 7.1, in welcher die Unternehmen und die Art der Zusammenarbeit genannt werden. Die dritte Spalte könnte man später hinzufügen, wenn über die Richtung des Zusammenschlusses diskutiert werden soll. Alternativ könnte man im Anschluss an dieses Kapitel versuchen, die Begriffe Fusion, Konzern, Kartell und Interessengemeinschaft den eigenen Beispielen zuzuordnen. Hierfür sollten den Schülern jedoch bestimmte Entscheidungskriterien vorgegeben werden, beispielsweise, dass bei einem Konzern ein großes Unternehmen weitere kleine aufkauft, oder dass bei einer Fusion Produktionszweige oder Kundenstämme zusammengelegt werden, um bei doppelt vorhandenen Abteilungen Personal einzusparen.

◘ **Tab. 7.1**   Unternehmen, die sich zusammenschließen oder kooperieren könnten. (Quelle: Eigene Darstellung)

	Unternehmen	Zusammenschluss bzw. Art der Zusammenarbeit	Zusammenschluss*
a	Forstbetrieb, Sägewerk, Möbelfabrik	Aufeinanderfolgende Unternehmen schließen sich zusammen, um Möbel zu produzieren.	Vertikaler Zusammenschluss Fusion, Konzern
b	Mehrere Handy- oder Tablet-Hersteller	Handyhersteller schließen sich zusammen, um in einem gesättigten Markt einen höheren Marktanteil zu erreichen.	Horizontaler Zusammenschluss Fusion

(Fortsetzung)

	Unternehmen	Zusammenschluss bzw. Art der Zusammenarbeit	Zusammenschluss*
c	Nahrungsmittelunternehmen: Nudeln, Eis, Schokoriegel, Getränke	Ein großes Nahrungsmittelunternehmen könnte kleinere Lebensmittelhersteller aufkaufen, um eine bessere Verhandlungsposition im Einkauf zu erlangen.	Horizontaler Zusammenschluss Konzern
d	Suchmaschine und Onlineversand	Die Suchmaschine könnte die Angebote des Online-Versandhauses in der Ergebnisliste weiter oben einreihen.	Für das Erbringen der Dienstleistung ist kein Zusammenschluss erforderlich
e	Konsolenhersteller	Die Firmen könnten Absprachen treffen für vereinheitlichte Ladekabel.	Normenkartell

*Die Zuordnung der Art des Zusammenschlusses ist interpretationsabhängig

7.2 Ihre Kooperationsvorschläge gängigen Zusammenschlüssen zuordnen

7.2.1 Unternehmenszusammenschlüsse nach der Richtung der Wirtschaftsstufen

? Aufgabe 1

Verbinden Sie jeweils drei der symbolisierten Unternehmen verschiedener Produktionsstufen in horizontaler, vertikaler und diagonaler Richtung und erklären Sie, welche Unternehmen Sie miteinander verbinden.

✓ Lösung

Siehe ◻ Abb. 7.1. Eine Verbindung der drei Forstbetriebe ist ein horizontaler Zusammenschluss und ein Zusammenschluss von Forstbetrieb, Sägewerk und Möbelfirma ist eine vertikale Verbindung. Als anorganische (diagonale) Verbindung kommen beispielsweise der Forstbetrieb, das Pharmaunternehmen und der Getränkehersteller in Frage, wenn man auch optisch eine diagonale Verbindung ziehen möchte. Es können jedoch auch mehrere andere anorganische (diagonale) Zusammenschlüsse eingezeichnet werden, die sich beispielsweise nicht auf einer Diagonalen befinden und die nur aus zwei Unternehmen bestehen.

✓ Aufgabe 2

Was bedeuten die Begriffe Unternehmenskonzentration und Unternehmenskooperation?

✓ Lösung

Unternehmenszusammenschlüsse werden in Konzentration und Kooperation unterschieden (Paprottka 1996, S. 5). Unter Unternehmenskonzentration versteht man einen Unternehmenszusammenschluss mit einer Kapitalverflechtung unter einer gemeinsamen Unternehmensführung (Wöhe 1996, S. 382). Mit einer Unternehmenskooperation ist ein Zusammenschluss von Unternehmen ohne Kapitalverflechtungen gemeint (Wöhe 1996, S. 381 f.). Die Unternehmen bleiben rechtlich selbstständig und

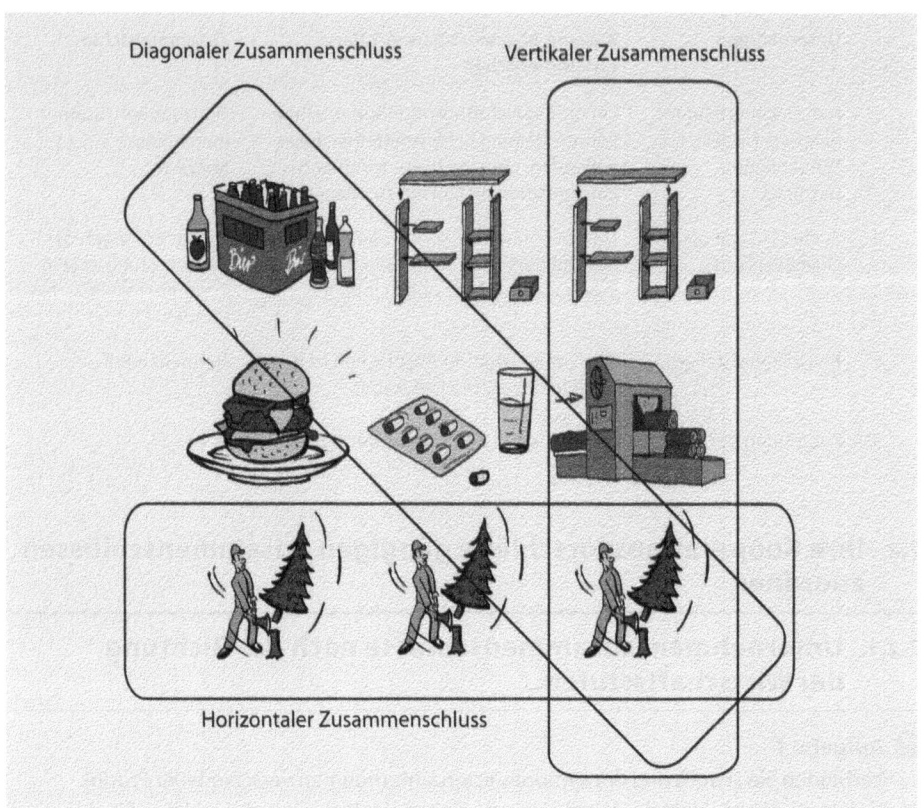

◘ Abb. 7.1   Lösung Aufgabe 1: Unternehmenszusammenschlüsse nach der Richtung der Wirtschafts-stufen. (Quelle: Zeichnung: Alex Rath, ► www.pixuport.com, Grafik: Eigene Darstellung)

die wirtschaftliche Selbstständigkeit ist nur in dem kooperierenden Bereich einge-schränkt (Gischer et al. 2004, S. 105).

7.2.2 Gründe für Unternehmensverbindungen

❓ Aufgabe 3
a) Bitte erläutern Sie, was man unter einer Konzentrations- und Diversifikationsstrate-gie versteht. b) Bitte erklären Sie, was der Begriff Synergie im Zusammenhang mit Unternehmenszusammenschlüssen bedeutet. c) Bitte erläutern Sie die vier Arten von Synergien nach Ansoff.

✅ Lösung
Zu a) Konzentrationsstrategie meint eine Fokussierung auf das Kerngeschäft des Unternehmens. Beispielsweise wird ein anderes Unternehmen derselben Produkt-sparte aufgekauft, um mit der vorhandenen Produktpalette einen höheren Umsatz und Gewinn zu erzielen.
    Mit Diversifikationsstrategie ist gemeint, dass neue Märkte und Produktfelder erschlossen werden sollen, die über das Kerngeschäft hinausgehen (Becker und

Peppmeier 2011, S. 179). So könnte beispielsweise das unternehmerische Risiko verringert werden, indem ein Unternehmen integriert wird, das keine positive Korrelation mit dem Kerngeschäft aufweist. Beispielsweise könnte ein Nahrungsmittelkonzern eine Beteiligung an einem Kosmetikkonzern tätigen, um auf verschiedenen Märkten vertreten zu sein.

Zu b) Das Wort Synergie bedeutet Zusammenwirken. Synergien können positive, aber auch negative Effekte haben oder von der Wirkung her neutral sein. Im Zusammenhang mit Unternehmenszusammenschlüssen wird häufig von positiven Synergien gesprochen, wenn das gemeinsame Handeln einen positiven Mehrwert gegenüber dem eigenständigen Handeln beider Unternehmen hat (Paprottka 1996, S. 53).

Zu c) In der ökonomischen Theorie gibt es zahlreiche verschiedene Erklärungsansätze für Synergien. Ansoff unterscheidet Synergien auf der Ebene von Verkauf, Produktion, Investitionsgütern und Management.

Didaktischer Hinweis

Zu c) In bilingualen Klassen ist die englische Quelle von Ansoff eine Möglichkeit der Binnendifferenzierung, weil das Verständnis der englischen Begriffe rund um die Produktion einen höheren Schwierigkeitsgrad darstellt.

7.3 Fusionen – Würden Sie als Kartellamt einer Fusion im Einzelhandel zustimmen?

❓ Aufgabe 4

Bitte argumentieren Sie, ob Sie aus Sicht des Kartellamtes diese Fusion freigeben oder verbieten würden.

✅ Lösung

Schüler nehmen häufig die Perspektive der Unternehmen und Verbraucher ein und argumentieren dementsprechend für oder gegen die Fusion. Der Blickwinkel der Zulieferer, wie beispielsweise der Süßwarenhersteller, wird von den Schülern selten berücksichtigt.

❓ Aufgabe 5

a) Was ist eine Fusion ganz grundsätzlich? b) Was ist mit „Verschmelzung durch Aufnahme" und „Verschmelzung durch Neubildung" gemeint? c) Bitte definieren Sie, was ein kontrollpflichtiger Zusammenschluss ist. d) Bitte erläutern Sie, was ein relevanter Markt ist. e) Was ist unter einer marktbeherrschenden Stellung gemäß GWB zu verstehen? f) Erläutern Sie anhand der Anzahl der Marktteilnehmer, was Wettbewerb bedeutet.

✅ Lösung

Zu a) Der Begriff „Fusion" leitet sich vom lateinischen Wort „fusio" ab und bedeutet Verschmelzung. Damit ist gemeint, dass sich mindestens zwei Unternehmen zu einem größeren Unternehmen mit einer einheitlichen Führung zusammenschließen.

Zu b) Verschmelzung durch Aufnahme bedeutet, dass mit der Fusion Unternehmen A von Unternehmen B übernommen wird, und dass das fusionierte Unternehmen als

Unternehmen B firmiert. Verschmelzung durch Neubildung meint, dass aus den Unternehmen A und B ein neues Unternehmen, häufig mit dem Namen AB, entsteht. **Zu c)** Ein kontrollpflichtiger Zusammenschluss liegt vor, wenn die beteiligten Unternehmen erstens in dem letzten Geschäftsjahr vor dem Zusammenschluss weltweite Umsatzerlöse von mehr als fünfhundert Millionen Euro erzielt haben und wenn zweitens mindestens eines der beteiligten Unternehmen im Inland Umsatzerlöse von mehr als fünfundzwanzig Millionen Euro erzielt hat.
Zu d) Ein relevanter Markt ist eine räumlich, zeitlich und sachlich eingegrenzte Einheit von Anbietern und Nachfragern (Wied-Nebbeling 2009, S. 13), wie beispielsweise der Lebensmitteleinzelhandel in einem bestimmten Gebiet, mit bestimmten Anbietern und einer gewissen Kundenzahl.
Zu e) Das GWB unterstellt eine marktbeherrschende Stellung im Falle eines Marktanteils von mindestens 40 % eines relevanten Marktes.
Zu f) Ein geringerer Wettbewerb liegt tendenziell dann vor, wenn wenige Unternehmen höhere Marktanteile besitzen.

? Aufgabe 6
Bitte schauen Sie sich noch einmal den Einleitungstext über die angestrebte Fusion im Lebensmitteleinzelhandel an und erzählen Sie Folgen des Zusammenschlusses aus dem Blickwinkel der Konsumenten und Zulieferer.

✓ Lösung
Als Kunden befürchten wir eine geringere Auswahl und höhere Preise, weil sich die Filialen beider Unternehmen in den Ballungsräumen in unmittelbarer Nachbarschaft zueinander befinden, sodass doppelte Filialen geschlossen und die Preise erhöht werden können. Als Lebensmittelhersteller werden wir noch stärker auf das fusionierte Unternehmen angewiesen sein, weil wir weniger Abnehmer unserer Produkte zur Auswahl haben. Außerdem werden wir möglicherweise gezwungen sein, noch stärker auf die Wünsche des fusionierten Unternehmens einzugehen. Eventuell müssen wir sogar unsere Preise senken, weil das Unternehmen einen sehr großen Marktanteil besitzt und weil unsere Produkte leicht gegen die Produkte von Konkurrenten ausgetauscht werden können.

7.4 Konzerne – Wer gehört zu wem? Sie decken Unternehmensverbindungen auf

? Aufgabe 7
Welche Marken gehören zu welchem Konzern? Finden Sie heraus, welche Marken zu den weltweit größten Konzernen gehören, gemessen an Umsatz oder der Marktkapitalisierung des Konzerns. Befassen Sie sich bitte mit den größten Lebensmittel-, Auto- und Mischkonzernen.

✓ Lösung
Siemens (größter deutscher Mischkonzern): Medizintechnik, Energie, Infrastruktur, Elektroartikel und andere. Nestlé (größter Nahrungsmittelkonzern der Welt) – Getränke und Nahrungsmittel diverser Marken. General Electric (größter Mischkonzern der Welt) – GE Oil and Gas, GE Power and Water, GE Energiemanagement und andere.

❓ Aufgabe 8

a) Was ist ein Konzern? b) Was ist damit gemeint, dass die Tochterunternehmen rechtlich selbstständig bleiben? c) Was ist eine Kapitalverflechtung? d) Bitte erläutern sie drei Möglichkeiten der Konzernmutter, die Tochterunternehmen an sich zu binden. e) Bitte lesen Sie den Paragraphen 18 des Aktiengesetzes, um die Konzernarten nach dessen Definition zu unterscheiden.

✓ Lösung

Zu a) Ein Konzern ist eine Zusammenfassung von mindestens zwei Firmen unter einer gemeinsamen Führung. Man unterscheidet innerhalb des Konzerns das herrschende Unternehmen und mehrere abhängige Unternehmen (Konzerntöchter), die unter der Leitung des herrschenden Unternehmens (Konzernmutter) stehen.

Zu b) Trotz des Zusammenschlusses bleiben die Tochterunternehmen des Konzerns in ihrer Rechtsform (AG, GmbH etc.) bestehen, haben eine eigenverantwortliche Geschäftsführung und sie erstellen eine eigene Rechnungslegung, wie einen eigenen Jahresabschluss und eine eigene Gewinn- und Verlustrechnung (Scheffler 2005, S. 1 f.).

Zu c) Mit Kapitalverflechtung ist gemeint, dass eine Firma Unternehmensanteile, wie Aktien, des anderen Unternehmens kauft. Damit ist nicht gemeint, dass die Firmen gemeinsam Geld in Projekte investieren.

Zu d) Erstens ein Beherrschungsvertrag, zweitens mehr als 50 % der Unternehmensanteile kaufen oder drittens eine Mehrheit der Stimmrechte im Unternehmen erwerben.

Zu e) Das Aktiengesetz unterscheidet den Gleichordnungskonzern (§ 18.2 AktG) von einem Unterordnungskonzern (§ 18.1 AktG).

§ 18 AktG: Konzern und Konzernunternehmen

(1) Sind ein herrschendes und ein oder mehrere abhängige Unternehmen unter der einheitlichen Leitung des herrschenden Unternehmens zusammengefaßt, so bilden sie einen Konzern; die einzelnen Unternehmen sind Konzernunternehmen. Unternehmen, zwischen denen ein Beherrschungsvertrag (§ 291) besteht oder von denen das eine in das andere eingegliedert ist (§ 319), sind als unter einheitlicher Leitung zusammengefaßt anzusehen. Von einem abhängigen Unternehmen wird vermutet, daß es mit dem herrschenden Unternehmen einen Konzern bildet.

(2) Sind rechtlich selbstständige Unternehmen, ohne daß das eine Unternehmen von dem anderen abhängig ist, unter einheitlicher Leitung zusammengefaßt, so bilden sie auch einen Konzern; die einzelnen Unternehmen sind Konzernunternehmen. (Quelle: Aktiengesetz 2016).

7.5 Kartelle – die heimliche Macht: Millionenbußgelder für Preisabsprachen

Didaktischer Hinweis

Auf der Internetseite des Kartellamtes finden die Schüler Millionenstrafen gegen Unternehmen, die sie kennen. Die Recherche fördert immer die tagesaktuellen Fälle zu Tage, über welche in den Nachrichten vielleicht noch gar nicht berichtet worden ist.

Beim derzeitigen Aufbau der Homepage (2018) sind es 74 Bußgeldentscheidungen, die bis in das Jahr 2001 zurückreichen. Die PDFs mit den Fällen nennen die Höhe des Bußgeldes meistens bereits im ersten Abschnitt. Horizontale Preisabsprache meint, dass sich Unternehmen der gleichen Produktionsstufe absprechen, beispielsweise Autovermietungen. Vertikale Preisabsprachen könnten beispielsweise zwischen Lebensmittelhersteller und Einzelhandel stattfinden. Da bei manchen Handys allerdings eine Suche in der Datenbank nicht funktioniert, ist eine PC-Recherche möglicherweise vorteilhafter. Damit Schüler Unternehmen finden, welche sie kennen, sollten die Fälle der letzten fünf Jahre untersucht werden.

❓ Aufgabe 9

a) Was ist ein Kartell ganz grundsätzlich? **b)** Bitte erklären Sie die verschiedenen Kartellarten. **c)** Was ist das Kartellamt? **d)** Was ist das GWB? **e)** Was ist mit Kartellkontrolle gemeint? **f)** Aus welchem guten Grund sind bestimmte Kartelle nach dem GWB verboten?

✅ Lösung

Zu a) Ein Kartell ist ein Zusammenschluss von rechtlich selbstständigen Unternehmen, die ein gemeinsames Verhalten absprechen, um auf einem Markt den Wettbewerb untereinander einzuschränken, indem sie beispielsweise die Preise absprechen. Ein bekanntes Kartell ist das Phoebus-Glühbirnenkartell, das in ► Abschn. 14.3.1 des Lehrbuches vorgestellt wird.

Zu b) Ein Preiskartell dient der Preisabsprache. Das Quotenkartell hat das Ziel, die Preise über eine Mengenverknappung in die Höhe zu treiben. Das Gebietskartell hat das Ziel, Absatzgebiete untereinander aufzuteilen. Das Normen- und Typenkartell hat den Zweck, Absprachen über Produktabmessungen, Formen und Qualität (Normen) festzulegen oder eine Vereinheitlichung der Ausführungsformen von Endprodukten (Typen) zu erreichen (Wöhe 1996, S. 407 f.) Preis-, Quoten- und Gebietskartelle sind verboten. Das Normen- und Typenkartell kann vom Kartellamt genehmigt werden.

Zu c) Das Kartellamt ist die Behörde, die für die Wettbewerbsaufsicht verantwortlich ist, und sie versucht beispielsweise, eine Marktbeherrschung durch wenige große Unternehmen zu unterbinden (Paprottka 1996, S. 6).

Zu d) Das Gesetz gegen Wettbewerbsbeschränkungen (GWB), auch Kartellgesetz genannt, ist die gesetzliche Grundlage für das Handeln des Kartellamtes.

Zu e) Damit ist gemeint, dass das Kartellamt versucht, verbotene Kartelle aufzuspüren, zu unterbinden und Bußgelder zu verhängen.

Zu f) Preis-, Quoten- und Gebietskartelle sind verboten, damit Unternehmen untereinander konkurrieren und damit sich die Preise am Markt aus Angebot und Nachfrage bilden.

Didaktischer Hinweis

Zu a) Eine Schülerin wollte wissen, ob sie als Kioskbetreiberin die Preise nicht nach Belieben festsetzen könnte. Antwort: „Natürlich hätte das Kartellamt nichts dagegen, wenn Sie die Cola in Ihrem Kiosk für fünf Euro verkaufen. Allerdings dürften Sie keine Preisabsprachen mit den anderen Anbietern der Region absprechen." Eine weitere Frage: „Wieso darf ich ein Produkt nicht unter dem Einkaufspreis verkaufen?" Antwort:

„Sie würden vermutlich nur deshalb kurzfristig Waren unter dem Einkaufspreis verkaufen, wenn Sie davon ausgingen mit dieser sogenannten Dumpingstrategie andere Konkurrenten vom Markt verdrängen zu können."

7.6 Interessengemeinschaft (Pool) – die Macht einer Vielzahl von Unternehmen

❓ Aufgabe 10

Welche Vorteile könnten erzielt werden, wenn sich die vielen kleinen Unternehmen, bildlich gesprochen, wie ein Schwarm zusammenschließen?

✅ Lösung

Der Zusammenschluss vieler Unternehmen zu einer Interessengemeinschaft (IG) verbessert deren gemeinsame Verhandlungsposition, beispielsweise um Preisnachlässe für die Mitglieder der IG zu bewirken.

❓ Aufgabe 11

a) Was ist eine Interessengemeinschaft ganz grundsätzlich? b) Was macht die Wirksamkeit der Interessengemeinschaft aus? c) Bitte nennen Sie verschiedene Arten von Interessengemeinschaften.

✅ Lösung

Zu a) Eine Interessengemeinschaft ist ein Zusammenschluss mehrerer bis weit über 100.000 Unternehmen, die zwar rechtlich und wirtschaftlich selbstständig bleiben, jedoch ein gemeinsames Verhalten absprechen.
Zu b) Durch den Zusammenschluss vieler kleiner Unternehmen bekommt deren gemeinsames Interesse ein größeres Gewicht.
Zu c) Beispiele sind der gemeinsame Einkauf (Einkaufspool), Versicherungspool, Facharbeiter-Pool, eine Zusammenarbeit in Forschung und Entwicklung, Sonderkonditionen für Rechts- und Unternehmensberatung oder die betriebsärztliche Betreuung für die Mitglieder der IG.

7.7 Überblick über verschiedene Kooperations- und Konzentrationsformen

❓ Aufgabe

Die Verbindung von bisher rechtlich und wirtschaftlich selbstständigen Unternehmen zu einer größeren Wirtschaftseinheit heißt Unternehmenszusammenschluss. Je nach Art der gewählten Kooperation oder Konzentration wirkt sich der Zusammenschluss unterschiedlich auf die rechtliche und wirtschaftliche Selbstständigkeit aus. Erstellen Sie anhand Ihrer Überlegungen aus diesem Kapitel einen Vergleich von Interessengemeinschaft, Kartell, Konzern und Fusion, indem Sie Tab. 7.1 (im Lehrbuch) vervollständigen.

✅ Lösung

Siehe ◘ Tab. 7.2.

7

◨ **Tab. 7.2** Überblick über die Kooperations- und Konzentrationsformen. (Quelle: Eigene Darstellung in Anlehnung an Scheffler 2005; Wöhe 1996)				
	Kooperation		**Konzentration**	
Bindungsin-strument	**Interessenge-meinschaft (Pool)**	**Kartell**	**Konzern**	**Fusion**
Worum handelt es sich?	Zusammenschluss häufig vieler Unternehmen für die Durchsetzung gemeinsamer wirtschaftlicher Interessen	Unternehmen sprechen ein gemeinsames Verhalten ab: Preis-, Quoten-, Gebiets-, Normen- u. Typenkartell	Zusammenfas-sung mindestens zweier rechtlich selbstständiger Unternehmen unter einer gemeinsamen Führung	Verschiedene Unternehmen verschmelzen zu einem
Richtung: horizontal, vertikal, diagonal	Ein in der Regel horizontaler Zusammenschluss	Horizontale oder vertikale Verbindung	Horizontal, vertikal oder diagonal (Mischkonzern)	Horizontal, vertikal oder diagonal
Wirtschaft-liche Selbstständig-keit	**Die Unternehmen bleiben wirtschaftlich selbstständig.**	**Ein Teil der wirtschaftli-chen Selbst-ständigkeit wird aufgege-ben.**	**Die wirtschaft-liche Selbststän-digkeit wird aufgegeben. Beispiel: gemeinsame Rechnungsle-gung.**	**Die wirtschaft-liche Selbst-ständigkeit wird gänzlich aufgegeben, weil das Kapital zusammenge-legt wird.**
Unterneh-mensführung	Jedes Unterneh-men behält die eigene Führung	Jedes Unterneh-men behält die eigene Führung	Die Konzernmut-ter greift in die Führung ein	Eine einheitliche Unternehmens-führung
Freiwilliger oder erzwunge-ner Zusammen-schluss	Freiwilliger Zusammenschluss	Freiwilliger Zusammen-schluss	Freiwillig oder erzwungen	Freiwillig oder erzwungen
Rechtliche Selbstständig-keit	**Die Unternehmen bleiben rechtlich selbstständig.**	**Die Unterneh-men bleiben rechtlich selbstständig.**	**Die Konzern-töchter bleiben rechtlich selbstständige Firmen.**	**Die rechtliche Selbstständig-keit wird aufgegeben.**
Kapitalver-flechtung	Normalerweise ohne Kapitalver-bindung	Ohne Kapital-verbindung	Die Konzernmut-ter besitzt Unternehmens-anteile an den Konzerntöchtern	Das Kapital der Gesellschaften wird zusam-mengelegt
Bindungsin-tensität, Enge der Verbin-dung	Geringe Bindungsintensi-tät, Vertrag	Hohe Bindungs-intensität, wirtschaftliche Selbstständigkeit wird vertraglich eingeschränkt	Sehr enge Bindungsintensi-tät	Es entsteht eine Einheit, ein Unternehmen

Literatur

Aktiengesetz. https://dejure.org/gesetze/AktG/291.html. Zugegriffen am 12.11.2016.

Becker, H. P., & Peppmeier, A. (2011). *Bankbetriebslehre*. Herne: NWB.

Gischer, H., Herz, B., & Menkhoff, L. (2004). *Geld, Kredit und Banken, Eine Einführung*. Wiesbaden: Springer.

Paprottka, S. (1996). *Unternehmenszusammenschlüsse, Synergiepotenziale und ihre Umsetzungsmöglichkeiten durch Integration*. Wiesbaden: Gabler.

Scheffler, E. (2005). *Konzernmanagement, Betriebswirtschaftliche und rechtliche Grundlagen der Konzernführungspraxis* (2. Aufl.). München: Vahlen.

Wied-Nebbeling, S. (2009). *Preistheorie und Industrieökonomik*. Heidelberg: Springer.

Wöhe, G. (1996). *Einführung in die Allgemeine Betriebswirtschaftslehre* (19. Aufl.). Vahlens Handbücher der Wirtschafts- und Sozialwissenschaften. München: Vahlen.

Märkte

© Springer Fachmedien Wiesbaden GmbH, ein Teil von Springer Nature 2020
J. Pfannmöller, *Kreative Volkswirtschaftslehre – Lösungen*,
https://doi.org/10.1007/978-3-658-26678-3_8

8.1 Welche Unternehmen sollten die Preise erhöhen oder die Marktmacht ausnutzen?

❓ Aufgabe 1

Bitte nennen Sie Unternehmen, Güter oder Dienstleistungen, deren Preise steigen, gleichbleiben oder sinken.

✅ Lösung

Die Beispiele zu Anbietern und Gütern können in einer Liste gesammelt werden. Für die Zuordnung zu einem der neun Felder des Marktformenschemas von Stackelberg muss überlegt werden, ob es sich um viele, wenige oder einen Anbieter und Nachfrager handelt. Meistens finden die Schüler Beispiele für die obere Zeile des Marktformenschemas, weil auch sie einer von sehr vielen Nachfragern sind. Meistens sind es Angebotsoligopole mit wenigen Anbietern und vielen Millionen Kunden, beispielsweise die Anbieter von Streaming-Diensten.

Didaktischer Hinweis

Der vielleicht wichtigste inhaltliche Knackpunkt dieses Kapitels ist die Abgrenzung vieler und weniger Anbieter. Siehe hierzu die Erläuterungen der folgenden Aufgabe 2 sowie Aufgabe 5.

8.1.1 Eigene Beispiele dem Marktschema zuordnen

❓ Aufgabe 2

Erstellen Sie eine Blankovorlage des Marktformenschemas nach dem Vorbild von Stackelberg (siehe ◻ Abb. 8.1 im Lehrbuch) und füllen Sie es mit den Märkten, deren Preispolitik Sie in der ersten Aufgabe untersucht haben.
Beispiel: Auf dem Benzinmarkt konkurrieren wenige große Mineralölkonzerne als Tankstellenbetreiber (Anbieter) um sehr viele Autofahrer als Nachfrager. Welchem Feld ordnen Sie den Benzinmarkt zu?

✅ Lösung

Wenige Anbieter, viele Nachfrager: Marktformenschema, oberste Zeile in der Mitte (Angebotsoligopol).

Didaktischer Hinweis

Das Blankoschema sollte visualisiert, beispielsweise angezeichnet, werden, damit die Lösungsvorschläge eingetragen und gemeinsam diskutiert werden können. Erfahrungsgemäß kann die Zuordnung zu den Feldern hitzige Diskussionen auslösen. Für einen wertschätzenden Umgang können abweichende Meinungen durch Pfeile in ebenfalls in Frage kommende Felder kenntlich gemacht werden. **Beispiel:** Benzinmarkt mit vielen Autofahrern als Nachfragern. Schüler A argumentiert, dass es viele

8.1 · Welche Unternehmen sollten die Preise erhöhen oder die Marktmacht ...

85

8

Tankstellen gibt (viele Anbieter). Schüler B weiß, dass achtzig Prozent der Tankstellen zu fünf großen Mineralölkonzernen gehören (wenige Anbieter).

Wied-Nebbeling weist darauf hin, dass es selbst mit guter Kenntnis der Unternehmen und Konzernstrukturen häufig schwierig ist, allein aufgrund der Anzahl „viele" von „wenigen" Unternehmen zu unterscheiden (Wied-Nebbeling 2009, S. 12).

Didaktischer Hinweis

Wann sollten die Namen der Marktformen eingeführt werden? Sobald das Blankoschema diskutiert wird, nennen Schüler Begriffe wie Monopol. Dann könnte die Aufgabe 3 als Exkurs vorgezogen werden. Dabei muss bitte beachtet werden, dass das Marktformenschema mit den Feldern eins bis neun (◨ Abb. 8.2 im Lehrbuch) zu dieser Aufgabe gehört, was im Druckbild nicht intuitiv erkennbar ist. Alternativ könnte diese Aufgabe durch das Eintragen der Buchstaben a) bis i) in ◨ Abb. 8.1 (im Lehrbuch) gelöst werden.

Als Beispiele für das Polypol nennen Schüler häufig fälschlicherweise Discounter oder Friseure in Großstädten: „Aber wenn ich doch durch die Straßen gehe, dann sehe ich doch, dass es viele Friseure gibt ..." Im Sinne des Modells von Stackelberg handelt es sich jedoch nur dann um „viele Anbieter", wenn es sehr viele, sehr kleine Anbieter sind (atomistische Marktstruktur) (Gabler 2014, S. 2492). Und gerade weil die Anbieter so klein und so zahlreich sind, bemerken sie untereinander gar nicht das Verhalten anderer Anbieter, die beispielsweise die Preise verändern (Spürbarkeit der Aktionen). Die Discounter und Friseure würden jedoch deutliche Preissenkungen der Konkurrenten vermutlich sehr wohl wahrnehmen. Bewährt hat sich die Faustregel, dass wenige Anbieter daran zu erkennen sind, dass es bekannte Markenunternehmen gibt, die einen Großteil des Marktumsatzes ausmachen. Binnendifferenziert kann man den Hinweis auf den Großteil des Umsatzes weglassen, um die Faustregel noch zu vereinfachen: Wenn es bekannte Marken gibt, kann es kein Polypol sein.

Für den Wiedereinstieg in das Thema ließe sich der Klassenraum in neun gleich große Felder unterteilen, beispielsweise durch das Verrücken von Tischen, Kreidestriche auf dem Boden oder mithilfe gespannter Paketschnüre.

Anschließend werden Zettel mit den neun Fachbegriffen der Marktformen ausgeteilt (Angebotsmonopol etc.). Die Schüler werden gebeten, sich auf das richtige Feld im Klassenraum zu stellen. Daraus resultieren in der Regel gemeinsame Überlegungen, an welcher Raumseite viele, wenige und ein Nachfrager bzw. Anbieter geschrieben stehen müsste.

Ergänzend könnten Zettel für die Beschriftung der Raumseiten ausgeteilt werden, mit den Worten „Anbieter", „Nachfrager", „viele" (2x), „wenige" (2x) und „einer" (2x). Die Schüler könnten gebeten werden, sich – ohne zu sprechen – in die richtige Aufstellung zu bringen.

Ein etwas phantasievollerer Einstieg für die Aufteilung des Klassenraumes in neun Felder sind die neun BaGua-Zonen des Feng Shui: Nach der Unterteilung in die Felder würde man schauen, wer sich in welcher BaGua-Zone befindet. Ausgehend von der Seite mit der Eingangstür befindet sich oben rechts beispielsweise das Feld für Beziehung und Partnerschaft, was Gruppen eigentlich immer besonders interessiert.

Mit der Bildersuche findet man im Internet sehr leicht die Namen der übrigen BaGua-Zonen. Daran anschließend werden dann die Zettel mit den Namen der neun Marktformen sowie den Blättern für das Raster ausgeteilt.

8.1.2 Die Marktformen dem Marktschema zuordnen

❓ Aufgabe 3
Ordnen Sie bitte nun die Begriffe in ◘ Tab. 8.1 (im Lehrbuch) den Feldern 1 bis 9 von Abb. 8.2 (im Lehrbuch) zu und achten Sie unbedingt darauf, die Begriffe in der vorgegebenen Reihenfolge zu übersetzen. Achten Sie bitte auch auf die Tabellenfußnoten. Jede Zahl taucht nur einmal auf. Tipp: Manchmal ist es hilfreich, die Übersetzung neben die Begriffe zu schreiben oder die Begriffe zu übersetzen. Beispiel: Nachfrageoligopol heißt wenige Nachfrager.

✅ Lösung
Siehe ◘ Tab. 8.1.

Didaktischer Hinweis
Für die Lösung muss unbedingt die Reihenfolge der Aufgaben eingehalten werden und die mit den hochgestellten Buchstaben gekennzeichneten Hinweise unter ◘ Tab. 8.1 (im Lehrbuch) berücksichtigt werden. Alternativ könnten die Buchstaben a) bis i) auch in ◘ Abb. 8.1 (im Lehrbuch) eingetragen werden, weil ◘ Abb. 8.2 (im Lehrbuch) erst auf der Folgeseite abgedruckt ist.

◘ **Tab. 8.1**   Marktformen zuordnen. (Quelle: Eigene Darstellung)

Begriff	Feld
a) zweiseitiges Monopol	9
b) zweiseitiges Oligopol	5
c) Polypol	1
d) Angebotsoligopol[a]	2
e) Nachfrageoligopol[b]	4
f) Angebotsmonopol	3
g) Nachfragemonopol	7
h) beschränktes Angebotsmonopol	6
i) beschränktes Nachfragemonopol	8

[a]viele Nachfrager, [b]viele Anbieter

8.1.3 Die Preisbildung in Abhängigkeit von der Anzahl der Konkurrenten und Kunden

Keine Aufgaben im Kapitel.

8.1.4 Wie sich Polypol und Oligopol gegeneinander abgrenzen lassen

? Aufgabe 4

a) Bitte definieren Sie, was ein Markt ist. b) Was ist eine Marktform? c) Was ist unter einem relevanten Markt zu verstehen? d) Welchen Sinn macht das Marktformenschema von Stackelberg und dessen Einteilung in neun Felder? e) Wie lässt sich Marktmacht definieren? f) Welche Beispiele für das Ausnutzen von Marktmacht kennen Sie aus eigener Erfahrung? g) Wie kann man dieses Modell anwenden?

✓ Lösung

Zu a) Ein Markt ist der Ort, an welchem sich Preise aus Angebot und Nachfrage bilden. Märkte können regional begrenzt, international oder auch im Internet zu finden sein.
Zu b) Eine Marktform ist die Klassifizierung eines Marktes u. a. nach der Anzahl der Marktteilnehmer (Gabler 2014, S. 2113).
Zu c) Damit ist gemeint, wie ein Markt abgegrenzt wird und welche Anbieter und Nachfrager hinzugezählt werden bzw. „welche Güter in sachlicher, zeitlicher und räumlicher Sicht in den betrachteten Markt einbezogen werden sollen und welche nicht" (Wied-Nebbeling 2009, S. 13). Es wird also ein bestimmtes, gleichartiges Produkt oder eine bestimmte Dienstleistung angeschaut.
Zu d) Der Sinn des Marktformenschemas ist es, Märkte einzelnen Marktformen zuzuordnen, beispielsweise nach der Anzahl der Marktteilnehmer und des Marktanteils. Denn jede der (in der Grundform neun) Marktformen weist hinsichtlich der Preisbildung und der Marktmacht bestimmte Gesetzmäßigkeiten auf.
Zu e) Marktmacht beschreibt die Möglichkeit eines Anbieters oder weniger Anbieter bzw. Nachfrager, die Preise, Leistungen und Konditionen zu beeinflussen (Arndt 1982, S. 120 f.). Dabei wird unbewiesen als gegeben angenommen, dass ein größerer Marktanteil eine höhere Marktmacht bedeutet (Wied-Nebbeling 2009, S. 4). Messgrößen für die Marktmacht von Unternehmen sind unter anderem Umsatz, Marktanteil (Umsatz im Verhältnis zum Gesamtmarkt), Anzahl der Konkurrenten, Gewinn und Unternehmenswert (Marktkapitalisierung).
Zu f) In einem Angebotsmonopol kann der Anbieter beispielsweise leichter die Preise anheben, ohne relevante Marktanteile zu verlieren. Allerdings verfügen auch die Nachfrager über Marktmacht. Beispielsweise könnte ein Nachfrager in einem Nachfrageoligopol Produkte eines bestimmten Anbieters boykottieren und einen Showdown provozieren, sofern ihm keine besseren Preise oder Konditionen seitens des Lieferanten eingeräumt werden.
Zu g) Carla: „Wenn ich eine gute Geschäftsidee habe, dann kann ich vorher schauen, ob es viele Anbieter und viele Kunden für meine Idee gibt oder wenige." Oder: „Das Kartellamt kann sich daran orientieren, wenn es überlegt, einer Unternehmensfusion zuzustimmen."

8

❓ Aufgabe 5

a) Erklären Sie die beiden Kriterien, an denen man ein Polypol erkennen kann. b) Bitte überprüfen Sie anhand dieser beiden Kriterien, ob es sich bei den von Ihnen gefundenen Beispielen um Polypole im Sinne des Schemas handelt.

✔️ Lösung

Zu a) Ein Polypol liegt vor, wenn es sich um eine sogenannte *atomistische Marktstruktur* handelt, also sehr viele kleine Anbieter. Deren Marktanteile sind so gering, dass die Preisänderung des Einzelnen von der Vielzahl der Anbieter kaum wahrgenommen wird *(Spürbarkeit der Aktionen)*. Dabei ist zu beachten, dass es sich ausschließlich um sehr kleine Anbieter handelt, weshalb es in einem Polypol keine bedeutenden Markenunternehmen geben kann, oder Unternehmen, die einen sehr großen Umsatz haben oder sogar einen Großteil des Umsatzes ausmachen.

Zu b) Beispiele für Polypole sind Wertpapiermärkte, Arbeitsmarkt, Wohnungsmarkt und Gebrauchtwagenmarkt, weil hier sehr viele Anbieter und sehr viele Nachfrager aufeinandertreffen.

❓ Aufgabe 6

Um welche Marktformen handelt es sich in den Beispielen in ◘ Tab. 8.2 (im Lehrbuch)? Ergänzen Sie die Tabelle.

✔️ Lösung

a) Polypol b) Angebotsoligopol der Mineralölgesellschaften c) Oligopson (Nachfrageoligopol) der Molkereien. Hier verwechseln Schüler häufig Anbieter (viele Bauern) und Nachfrager (wenige Molkereien) d) Zweiseitiges Monopol e) Angebotsoligopol der Stromanbieter f) beschränktes Angebotsmonopol seitens des Erfinders g) Angebotsmonopol des Seilbahnbetreibers h) Angebotsoligopol der Discounter i) beschränktes Angebotsmonopol der einzigen Berghütte j) Angebotsoligopol der wenigen Rolltreppenhersteller, wenn man viele Nachfrager annimmt.

Didaktischer Hinweis

Häufig haben die Schüler bei Aufgabe e) und j) die Schwierigkeit zu erkennen, dass es sich um wenige Anbieter handelt. Um viele Anbieter handelt es sich jedoch nur dann, wenn es sich um sehr viele sehr kleine Unternehmen handelt. Sobald es jedoch bekannte Unternehmen gibt, die einen Großteil des Umsatzes machen, kann keine atomistische Marktstruktur vorliegen. Binnendifferenziert könnte man beispielsweise bei e) vorgeben, dass mit Strommarkt auch viele Millionen Nachfrager gemeint sind.

❓ Aufgabe 7

Bitte vervollständigen Sie ◘ Tab. 8.3 (im Lehrbuch), indem Sie den einzelnen Fällen die Ihrer Meinung nach passende Marktform zuordnen. Die Fälle nennen nur teilweise die Anzahl der Marktteilnehmer, um Freiräume für Ihre Argumentationen zu lassen, was die Zuordnung zu den Marktformen anbetrifft.

8.1 · Welche Unternehmen sollten die Preise erhöhen oder die Marktmacht ...

89   **8**

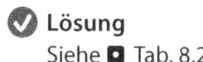 **Lösung**
Siehe ◘ Tab. 8.2.

Didaktischer Hinweis
In dieser Aufgabe ist die Marktform abhängig von der Argumentation, da viele, wenige oder ein Anbieter nicht immer angegeben werden. Manchmal haben die Schüler Schwierigkeiten, sich darauf einzulassen, dass die Lösung von der Argumentation abhängig ist und dass die Lösung nicht eindeutig ist, wie beispielsweise in Aufgabe 6. Auch sollte man die Schüler unbedingt gesondert darum bitten, die Unternehmensnamen zu nennen oder zu recherchieren, weil das sehr häufig vergessen wird.

◘ **Tab. 8.2** Bitte überlegen Sie, um welche Marktform es sich jeweils handelt und nennen Sie die Unternehmen, um die es sich handelt. (Quelle: Eigene Darstellung)

	Markt/Produkt/ Hersteller	Anzahl Anbieter	Anzahl Nachfrager	Marktform
a	Sportübertragungs-rechte für wenige Gastronomen	Ein Anbieter für Fußball oder wenige Anbieter für verschie-dene Sportarten	Wenige Gastronomen	Beschränktes Angebotsmonopol oder zweiseitiges Oligopol
b	Ein Friseur in einer dicht besiedelten ländlichen Gegend	Ein Haarstylist	Viele Kunden	Angebotsmonopol
c	Hersteller von Markensportartikeln	Wenige Hersteller	Viele Kunden	Angebotsoligopol*
d	Make-Up-Hersteller	Wenige Kosmetik-hersteller	Viele Kunden	Angebotsoligopol*
e	Viele Hopfenbauern und wenige Brauereien als Abnehmer	Viele Hopfenbauern	Wenige Brauereien	Nachfrageoligopol
f	Die Concorde war das einzige Passagierflug-zeug im hochpreisigen Markt für Überschall-flüge	Die französische Airfrance war die einzige Fluggesell-schaft, mit Über-schallflugzeugen	Viele Kunden *oder* wenige Kunden	Angebotsmonopol *oder* Beschränktes Angebotsmonopol
g	Messenger-Apps, die plattformübergreifend mobile Text-, Bild- und Videonachrichten verschicken	Es gibt mehrere große Anbieter. Die wichtigsten Marken gehören einem Anbieter.	Viele Millionen Nutzer	Angebotsoligopol* *oder* Teilmonopol
h	Dienstleister mit einem einzigartigen Patent, das nur vom Staat nachgefragt wird	Ein Unternehmen	Nur der Staat	Zweiseitiges Monopol

(Fortsetzung)

◘ Tab. 8.2 (Fortsetzung)

	Markt/Produkt/ Hersteller	Anzahl Anbieter	Anzahl Nachfrager	Marktform
i	Suchmaschinen als Anbieter von Online- werbung für Unterneh- men	Google, Bing, Yahoo	Viele Unterneh- men als Inserenten von Werbung	Angebotsoligopol* *oder* Teilmonopol
j	Onlineversandhäuser	Amazon, Otto, Neckermann, Notebooksbilliger, conrad, Tchibo, Zalando, Ebay	Viele Kunden	Angebotsoligopol* *oder* Teilmonopol
k	Soziale Netzwerke	Wenige relevante Netzwerke oder eines mit überragen- dem Marktanteil	Viele Millionen Nutzer	Angebotsoligopol* *oder* Teilmonopol
l	Viele deutsche Rüstungsunternehmen, die nur den deutschen Staat beliefern dürfen	Viele Rüstungsunter- nehmen: Rheinme- tall, Krauss-Maffei Wegmann, Diehl, Airbus	Staat als einziger Nachfrager (bzw. mit Exportkon- trollen)	Monopson
m	Suchmaschinen als Anbieter von Online- werbung für Unterneh- men	Google, Bing, Yahoo	Viele Unterneh- men als Inserenten von Werbung	Angebotsoligopol* *oder* Teilmonopol
n	Entwicklung und Herstellung des ICE durch die Firma Siemens allein für die deutsche Bahn	Die Firma Siemens	Die Bahn	Zweiseitiges Monopol

*Da es große, sogar weltumspannende Markenunternehmen gibt, kann es sich nicht um ein Polypol handeln, das ausschließlich aus kleinen Unternehmen bestehen würde. Im Falle eines Anbieters mit einem überragenden Marktanteil könnte ggf. auch ein Teilmonopol vorliegen

8.2 Hat eine Tankstellen-App einen einheitlichen Benzinpreis in Ihrer Gegend zur Folge?

Die Tankstellen-App dient lediglich als Vehikel, um sich praxisnah mit den Bedingungen eines vollkommenen Marktes auseinanderzusetzen.

❓ Aufgabe 8
Begründen Sie, inwieweit der Benzinmarkt Ihrer Meinung nach ein vollkommener Markt ist, indem Sie jede Modellannahme einzeln diskutieren.

✅ Lösung
Siehe ◘ Tab. 8.3.

◨ **Tab. 8.3** Die Modellannahmen des vollkommenen Marktes. (Quelle: Neubäumer und Hewel 2001, S. 96)

Modellannahme	Diskussion
Vollständige Markttranspa-renz	Alle Marktteilnehmer verfügen über alle relevanten Marktinformationen. Man könnte argumentieren, dass aufgrund der App alle Autofahrer und Tankstellenbetreiber alle Preise kennen können. Vorausgesetzt, jeder nutzt die App regelmäßig. Die App muss alle Marktteilnehmer anzeigen und ständig aktualisiert sein.
Keine sachlichen Präferenzen	Benzin ist innerhalb einer Qualitätsstufe (95, 98, 102 Oktan) ein homogenes Gut, das bestimmte gesetzliche Bestimmungen erfüllen muss. Je höher die Oktanzahl ist, desto zündfähiger ist der Kraftstoff und desto besser ist dessen Qualität. Allerdings gibt es auch die Meinung, dass sich die Benzinqualität der Anbieter unterscheidet. Das Sortiment des Tankstellenshops ist allerdings ein sachlicher Unterschied, ebenso eine vertragliche Bindung des Arbeitgebers an eine bestimmte Tankstellenmarke.
Keine persön-lichen Präferen-zen	Besonders freundliche Mitarbeiter, die man eventuell persönlich kennt, gehören zu den persönlichen Präferenzen. Eventuell spielt auch Werbung oder das Design des Tankshops eine Rolle, sodass die Vorlieben eine geringfügig höhere Zahlungsbereitschaft bewirken. Auch kann das Image einer Tankstelle eine Rolle spielen, das beispielsweise aufgrund von Umweltskandalen beschädigt sein kann.
Keine zeitlichen Präferenzen	Wer unbedingt tanken muss oder aus anderen Gründen keine Zeit für einen Umweg hat, nimmt insbesondere in abgelegenen Regionen einen etwas höheren Benzinpreis in Kauf. Von den normalen Geschäftszeiten abwei-chende Öffnungszeiten können ebenfalls einen Preiszuschlag bewirken, weil Konkurrenten möglicherweise bereits geschlossen haben. Derzeit, 2017, scheinen die Benzinpreise einem täglichen Zyklus zu unterliegen, mit ab morgens allmählich fallenden Benzinpreisen, die am Abend wieder sprunghaft angehoben werden.
Keine räumlichen Präferenzen	In Deutschland sind Tankstellen an der Autobahn in der Regel einige Cent teurer, weil die Autofahrer Zeit sparen und auf der Strecke bleiben wollen (Überschneidung mit zeitlichen Präferenzen). Ländliche Tankstellen könnten ebenfalls in dem Maße teurer sein, in welchem ein Umweg für Autofahrer nicht lohnend ist.
Unendlich schnelle Reaktionsge-schwindigkeit der Marktteilneh-mer	Die Autofahrer können aufgrund der App schnell reagieren und zum günstigsten Anbieter fahren. Aber auch die Tankstellenbetreiber sehen die Preise der Konkurrenten und können ebenfalls sofort auf Benzinpreisverän-derungen reagieren. Allerdings reagieren die Marktteilnehmer nicht unendlich schnell. An den Aktienmärkten hingegen stellt die Reaktionsge-schwindigkeit einen großen Wettbewerbsvorteil dar, wenn man Sekunden-bruchteile vor den anderen Marktteilnehmern auf Börsennachrichten reagieren kann.

Fazit: Wenn aufgrund der App alle Annahmen erfüllt wären, dann sollte der Benzinpreis an allen Zapfsäulen derselbe sein. Preisunterschiede könnten auf Abweichungen von den Modellannah-men zurückzuführen sein

Didaktischer Hinweis
Der deutsche Benzinmarkt weist sicherlich eine komplexere Struktur auf, als es in dieser Einführung in die Volkswirtschaftslehre abgebildet werden kann. Es wird eine mögliche Argumentation dargestellt.

❓ Aufgabe 9
Was denken Sie, inwieweit Sie auch ohne Tankstellen-App in Ihrem Umkreis immer zu dem günstigsten Benzinpreis tanken?

✔ Lösung
Wenn Sie argumentieren, dass die überwiegende Mehrheit der Marktteilnehmer die Tankstellen-App benutzt, dann dürften die Preise überall gleich sein. Das hätte zur Folge, dass Sie immer zum günstigsten Preis tanken würden, selbst wenn Sie persönlich die App gar nicht benutzen.

Studien, welche die Auswirkungen der App untersuchen, kommen durchaus zu unterschiedlichen Ergebnissen, was einen einheitlichen oder wettbewerbsbedingt tieferen Benzinpreis anbetrifft. Deshalb ist es mitunter interessant, den Tankstellenmarkt in der eigenen Umgebung zu untersuchen, Preise zu vergleichen und Tankstellenpächter zu befragen. Beispielsweise erzählte mir der Pächter einer freien Tankstelle, dass er eine Tankstellen-App nutze, um immer genau einen Cent billiger anzubieten, als die zwanzig Meter entfernte Tankstelle eines Mineralölkonzerns. Die Frage, wieso denn nicht alle Autofahrer zu ihm kämen, erklärte er sich so, dass er nur ein karges Kassenhäuschen auf einer betonierten Gewerbeeinheit habe, keinen optisch ansprechenden Shop habe, nur zehn Stunden öffne und noch nicht einmal Zeitungen anbiete. Die Frage, ob er und die anderen Tankstellen sich nun untereinander in einem Preiswettbewerb befänden, verneinte er. Nach seiner Beobachtung des Marktes mit der App verändert die Nachbartankstelle, an der er sich orientiert, im Gleichschritt mit der nächstgelegenen Tankstelle eines anderen großen Mineralölkonzerns. Die Pächterin einer abgelegeneren Tankstelle, die zu einem mittelständischen Mineralölunternehmen gehört, bestätigte, dass ihre Zentrale, welche die Preise festlegt, sich an den nächstgelegenen Konkurrenten orientiert.

Interessant ist vielleicht noch die Frage, ob die Tankstellen-App *tiefere* Preise bewirkt hat. Herr Dr. Holger Haedrich kommt in einer Mailanfrage von 2017 zu der folgenden Einschätzung:

» „Was wir heute, 4 Jahre nach der Einführung der App beobachten können, ist, dass die großen Konzerne praktisch zeitgleich mit der Verfügbarkeit der Daten (u. a. per App) begonnen haben, die Margen zu optimieren und die Preise im Tagesrhythmus zu verändern (Yield Pricing). Dies wäre ohne die Datengrundlage so nicht möglich. Die Transparenz nutzt also vor allem den Anbietern, um sich besser koordinieren können. Weil die Konsumenten (Nachfrager) sich eben nicht wie homines oeconomici verhalten (ADAC Studie von 2012), nutzen die Konzerne die vorhandenen Preisspielräume noch konsequenter als vorher für sich aus. Das Kartellamt ist damit so etwas wie der ‚Erfüllungsgehilfe' der computergestützten, lokalen Preisoptimierung."

8

8.3 Kann Verhandlungsgeschick auf dem Schwarzmarkt niedrigere Preise bewirken?

Der vollkommene Markt ist ein idealisiertes Modell und schon bei der geringsten Abweichung von den Annahmen liegt ein sogenannter unvollkommener Markt vor. Anhand der in ▶ Abschn. 8.3 geschilderten Situation soll versucht werden, die Kriterien des vollkommenen Marktes auf die Preisbildung auf einem Schwarzmarkt anzuwenden.

? **Aufgabe 10**

a) Bitte nennen Sie die Annahmen des vollkommenen Marktes und geben Sie zu jeder Annahme eine kurze Erklärung, was die Annahme, bezogen auf die oben beschriebene Situation, bedeutet. b) Argumentieren Sie mit den Angaben der Geschichte, inwieweit die einzelnen Annahmen des vollkommenen Marktes in der oben beschriebenen Situation erfüllt sind. c) Bitte ziehen Sie ein Fazit, inwieweit sich die einzelnen Abweichungen von den Idealbedingungen auf den Ticketpreis auswirken, den Sie bezahlen müssen.

✓ **Lösung**

Zu a)

- *Sachliche Präferenzen*: Damit sind Unterschiede bei den Konzerttickets gemeint.
- *Vollständige Markttransparenz*: Alle Marktteilnehmer kennen alle Preise und die angebotenen Kategorien von Eintrittskarten.
- *Räumliche Präferenzen*: Damit ist beispielsweise der Veranstaltungsort gemeint.
- *Keine persönlichen Präferenzen*: Käufern und Verkäufern ist es gleichgültig, mit wem sie ins Geschäft kommen.
- *Unendliche schnelle Reaktionsgeschwindigkeit*: Käufer und Verkäufer reagieren sofort auf jede Preisveränderung.

Zu b) *Sachliche Präferenzen*: Die Innenraumkarten mit freier Platzwahl sind homogene Güter, wohingegen sich die Karten auf den Rängen in Abhängigkeit von Sicht und Entfernung zu der Bühne unterscheiden. Es besteht das Risiko, gefälschte Tickets zu kaufen.

Vollständige Markttransparenz: Die organisierten Verkäufer tauschen untereinander Informationen aus und sie fragen die Zahlungsbereitschaft vieler Käufer ab. Den privaten Verkäufern, die einzelne Tickets übrig haben, fehlt der Überblick über die Zahlungsbereitschaft der Konzertbesucher. Die Kaufinteressenten haben keinen Überblick über die Preisvorstellungen von Verkäufern und anderen Last-Minute-Käufern.

Räumliche Präferenzen: Damit ist neben der Stadt, in welcher das Konzert besucht werden soll, auch der Ort des Ticketkaufs gemeint. Viele Käufer greifen vielleicht direkt bei dem ersten Verkäufer in der Nähe von Parkhaus oder U-Bahn zu, um auf jeden Fall das Konzert besuchen zu können. Die räumliche Entfernung zu der Bühne haben wir den sachlichen Präferenzen zugeordnet.

Keine persönlichen Präferenzen: Während die Verkäufer vermutlich nur auf das Geld schauen, spielt für die Käufer die Echtheit des Tickets und deshalb auch die Vertrauenswürdigkeit des Verkäufers eine Rolle.

Unendliche schnelle Reaktionsgeschwindigkeit: Da Käufer und Verkäufer über sich ändernde Preise nicht informiert sind, können sie auch nicht blitzschnell darauf reagieren.

Zeitliche Präferenzen: Tendenziell steigen die Preise unmittelbar vor Konzertbeginn. Käufer, die unbedingt das Konzert besuchen möchten, werden so schnell wie möglich ein Ticket kaufen wollen und sie akzeptieren einen höheren Preis. Unterschiedliche Wochentage sowie der Anfang oder das Ende der Konzerttournee können ebenfalls Auswirkungen auf den Preis haben.

Zu c) Ein mögliches Fazit: Der Schwarzmarkt für Konzerttickets ist aufgrund der vielen Abweichungen von den Idealbedingungen kein vollkommener Markt. Die wenigen organisierten Schwarzhändler können Preisabsprachen treffen und die fehlende Markttransparenz ausnutzen, um einen möglichst hohen Anteil der Zahlungsbereitschaft der Nachfrager abzuschöpfen.

8.4　Auf welchen Märkten über Gehälter, Miete und Dispozinsen entschieden wird

Didaktischer Hinweis

Mit der einleitenden Frage nach dem Zustandekommen von Mieten, Zinsen und Gehalt, werden die Einflussfaktoren auf das Angebot und die Nachfrage thematisiert. Schüler beantworten die einleitenden Überlegungen zu Arbeitsmarkt (Stundenlohn), Immobilienmarkt (Miete) und Kapitalmarkt (Zinsen) häufig mit Einflussfaktoren auf die Preisbildung, wie beispielsweise die Ausstattung und geografische Lage einer Immobilie.

Erfahrungsgemäß haben Schüler Schwierigkeiten, sich etwas unter dem Geld- und Kapitalmarkt vorzustellen. Deshalb könnte man hier beispielsweise darauf zu sprechen kommen, dass sich die Geschäftsbanken Geld von der EZB zum Leitzins leihen und es zu einem höheren Zinssatz, beispielsweise als Immobilienkredit, an Privatkunden weiter verleihen. Je geringer der Leitzins ist, desto günstiger sind die Immobilienfinanzierungen und desto höher ist die Nachfrage nach Immobilien, was steigende Immobilienpreise und Mieten bewirkt.

Außerdem sind die Börsenkurse von Rohstoffen für Schüler erklärungsbedürftig: Als Beispiel könnte die Entwicklung des Börsenkurses von Rohöl im Internet angeschaut werden, das in Barrel zu 159 Litern in US-Dollar abgerechnet wird.

Zusatzaufgabe

Die Zusatzaufgabe soll den Einstieg in Aufgabe 11 vereinfachen. Bitte ordnen Sie jedem Feld der ersten drei Tabellenzeilen der Tabelle in Aufgabe 11 *einen* der in ❏ Tab. 8.4 stehenden Großbuchstaben zu.

Beispiel Devisenmarkt: Was wird gehandelt? Ausländische Währungen (Devisen und Sorten). Was wird bezahlt? Der Wechselkurs. Einflussfaktoren auf den Preis? Leitzinsen, internationale Geldanlagen und Außenhandel.

✅ **Lösung**

Was wird gehandelt? A, H, O, N, I. Was wird bezahlt? F, M, E, B, K. Einflussfaktoren auf den Preis? C, D, L, G, J.

❏ **Tab. 8.4** Was wird gehandelt? Was wird bezahlt? Einflussfaktoren auf den Preis: Buchstaben zuordnen. (Quelle: Eigene Darstellung)

A) Arbeitsleistung	I) Rohstoffe und Produktionsgüter, wie Maschinen
B) Ladenpreis	J) Wirtschaftliche Lage und Seltenheit
C) Qualifikation	K) Börsenpreis bzw. Preis des Herstellers
D) (Geografische) Lage	L) Laufzeit, Kreditwürdigkeit, Inflation
E) Zinshöhe für Kredite und Sparen	M) Quadratmeterpreis, Miete, Pacht
F) Lohn und Gehalt	N) Dienstleistungen und Güter für Konsumenten
G) Qualität und Saison	O) Geldanlagen und Kredite von Banken, Haushalten, Unternehmen und Staaten
H) Grundstücke und Wohnungen	

✅ **Aufgabe 11**

Bitte benennen Sie, wer die Anbieter und die Nachfrager auf den Märkten sind, indem Sie die Zahlen der unten stehenden Begriffe den beiden unteren Tabellenzeilen zuordnen. Bitte beachten Sie, dass der Arbeitsmarkt eine Ausnahme darstellt.

Beispiel: Als Chemielaborant mit abgeschlossenem Betriebswirt bieten Sie Ihre Qualifikation auf dem Arbeitsmarkt an. Anbieter: Sie und andere Arbeitnehmer; Nachfrager: Arbeitgeber (Beck 2004, S. 55).

1) Eigentümer 2) Käufer, Mieter, Pächter 3) Kapitalnehmer 4) Unternehmen 5) Unternehmen 6) Arbeitgeber 7) Konsument 8) Kapitalgeber 9) Arbeitnehmer 10) Handel.

✅ **Lösung**

Anbieter: 9, 1, 8, 10, 4 (oder 5); Nachfrager: 6, 2, 3, 7, 5 (oder 4).

Didaktischer Hinweis

Die Großbuchstaben erleichtern den Vergleich handschriftlicher Lösungen.

Didaktischer Hinweis

Schüler wissen häufig nicht, wie sie G (Qualität und Saison) und J (Wirtschaftliche Lage und Seltenheit) zuordnen sollen. Deshalb steht in dem einleitenden Text des
▶ Abschn. 8.4, dass es sich bei Investitionsgütern um Maschinen und Rohstoffe (I) handelt, deren Preis von der wirtschaftlichen Lage und Seltenheit (J) abhängig ist.

- **Technisches Detailwissen**

Beachten Sie bitte die Besonderheit, dass Sie als Arbeitnehmer tatsächlich der Anbieter auf dem Arbeitsmarkt sind, und das Unternehmen der Nachfrager. Diese Sichtweise widerspricht ein wenig der Intuition. Deshalb ist der Arbeitnehmer (Chemielaborant) als Ausnahme in der Aufgabenstellung genannt. Der Devisenmarkt ist ein Ableger des Geld- und Kapitalmarktes.

Auf dem Immobilienmarkt sind letztlich die Eigentümer die Anbieter, welche verkaufen, vermieten oder verpachten, auch wenn ein Makler eingeschaltet ist, und auf dem Investitionsgütermarkt handeln Unternehmen untereinander Rohstoffe wie Öl zum Börsenpreis oder Maschinen zum Preis des Herstellers. Konsumenten kaufen beispielsweise beim Einzelhandel oder Fachhandel.

❓ Aufgabe 12

a) Wie werden Gütermärkte unterschieden? **b)** Was sind Faktormärkte? **c)** Was ist eine Immobilie? **d)** Was sind Investitionsgüter? **e)** Was ist der Preis des Geldes?

✅ Lösung

Zu a) Gütermärkte werden unterschieden nach Konsumgütern für Verbraucher und Produktionsgütern für Unternehmen. **Zu b)** Auf den Faktormärkten werden die Produktionsfaktoren Arbeit, Boden und Kapital gehandelt. **Zu c)** Eine Immobilie ist ein Grundstück mit oder ohne Wohnfläche. **Zu d)** Investitionsgüter sind Maschinen und Rohstoffe. **Zu e)** Der Zins ist der Preis des Geldes.

❓ Aufgabe 13

Welcher Markt verbirgt sich hinter den folgenden Beschreibungen? **a)** Der Staat nimmt einen Kredit auf, um fehlende Steuereinnahmen auszugleichen und um Wahlversprechen zu bezahlen. Diese Kredite werden als Staatsanleihen, die auf Teilbeträge dieses Kredites lauten, an Banken, Versicherungen und private Haushalte verkauft. **b)** Ein Unternehmen bestellt eine Maschine in den USA, weil diese aufgrund des niedrigen US-Dollarwechselkurses gerade wesentlich preisgünstiger zu haben ist als ein vergleichbares deutsches Produkt. **c)** Ein Fußballverein zahlt eine hohe Ablösesumme, um einen Spieler aus Spanien abzuwerben. **d)** Die Europäische Union (EU) verhängt Wirtschaftssanktionen gegen Russland: Privatpersonen, Unternehmen und Banken dürfen demnach weder Aktien von russischen Staatsbanken oder bestimmten russischen Unternehmen kaufen noch diesen Institutionen Geld leihen, indem sie deren Anleihen kaufen. **e)** Als Reaktion auf die Wirtschaftssanktionen der EU verhängt die russische Regierung ein Einfuhrverbot für europäisches Obst. Daraufhin fällt der Kilopreis für Äpfel um ein Viertel, was auch auf die gute Ernte zurückzuführen ist, wohingegen der Preis für Walnüsse stark gestiegen ist, aufgrund einer erhöhten US-amerikanischen Nachfrage in Folge einer Missernte in diesem Jahr.

✅ Lösung

Zu a) Geld- und Kapitalmarkt. **Zu b)** Investitionsgütermarkt. **Zu c)** Arbeitsmarkt. **Zu d)** Geld- und Kapitalmarkt. **Zu e)** Konsumgütermarkt.

◘ **Tab. 8.5** Bitte beschreiben Sie kurz die einzelnen Märkte nach Ihren Vorstellungen. (Quelle: Eigene Darstellung)

Marktarten	Wo findet man Güter dieses Marktes?	Welche Faktoren beeinflussen die Preisbildung?
Arbeitsmarkt	Arbeitgeber, Arbeitsagentur, Arbeitsgesuche in Zeitungen und Online-Jobbörsen	Die Lohnhöhe ist abhängig von: Qualifikation, wirtschaftlicher Lage, Branchenbedarf, beispielsweise nach Fachkräften.
Immobilienmarkt	Aushänge von Maklern, Immobilienteil von Zeitungen, im Internet, Gebote und Gesuche an Straßenlaternen	Der Quadratmeterpreis ist abhängig von: Lage und Eigenschaften der Immobilie (Ausstattung, Größe) sowie Angebot und Nachfrage. Letztere ist abhängig von der Höhe der Kreditzinsen, Inflationsrate sowie von Anlagealternativen und der wirtschaftliche Lage.
Geld- und Kapitalmarkt	Börse, EZB, Online-Banking, Finanzportale, Bankschalter, Bundesschuldenagentur (Siehe Geldmarkt und Kapitalmarkt im Glossar des Fachbuches)	Geldanlagen und Kredite werden von Banken gehandelt. Die Zinshöhe wird durch den Leitzins und die von der EZB bereitgestellte Liquidität beeinflusst und je höher die Inflationsrate ist, desto höher ist im Normalfall auch der Zinssatz (Nominalzins).
Konsumgütermarkt	Einzelhandel, Großhandel, Fachhandel, Lagerverkauf, Zeitung, Onlineshops, Schwarzmarkt	Das Angebot ist abhängig von Qualität, Produktionskosten, Gewinn und es ist ernte- bzw. saisonabhängig.
Investitionsgütermarkt	Angebote von Unternehmen, Rohstoffe werden an der Börse gehandelt	Die wirtschaftliche Lage und die Knappheit eines Rohstoffes beeinflussen dessen Preis.

*Die Auswahl ist eine Zusammenstellung häufig im Unterricht genannter Aspekte

? Aufgabe 14

Schauen wir uns nun an, wo diese Märkte zu finden sind: Bitte füllen Sie ◘ Tab. 8.5 (im Lehrbuch) aus, indem Sie die Orte benennen, an denen die betreffenden Waren und Dienstleistungen dieses Marktes gehandelt werden. Beispiel: Arbeitsmarkt – Online-Jobbörse

✔ Lösung

Siehe ◘ Tab. 8.5.

Literatur

Arndt, H. (1982). *Leistungswettbewerb und Partnermacht – eine Klarstellung. Wettbewerbsbeziehungen zwischen Industrie und Handel, Referate des XV. FIW-Symposiums.* FIW-Schriftenreihe, Forschungsinstitut für Wirtschafts-Verfassung und Wettbewerb e. V. Köln, Heft 102. Köln: Carl Heymanns.

Beck, B. (2004). *Wohlstand, Markt und Staat, Eine Einführung in die Volkswirtschaftslehre.* Zurich: Compendio Bildungsmedien.

Gabler Wirtschaftslexikon. (2014). Wiesbaden: Springer Fachmedien.

Neubäumer, R., & Hewel, B. (Hrsg.). (2001). *Volkswirtschaftslehre, Grundlagen der Volkswirtschaftstheorie und Volkswirtschaftspolitik.* Wiesbaden: Betriebswirtschaftlicher.

Wied-Nebbeling, S. (2009). *Preistheorie und Industrieökonomik.* Heidelberg: Springer.

8

Markt und Preis

© Springer Fachmedien Wiesbaden GmbH, ein Teil von Springer Nature 2020
J. Pfannmöller, *Kreative Volkswirtschaftslehre – Lösungen*,
https://doi.org/10.1007/978-3-658-26678-3_9

9.1 Sie gewinnen mehrere Karibikreisen und entscheiden wer mitfliegen darf

❓ Aufgabe 1

a) **Einzelarbeit:** Finden Sie ein faires Zuteilungsverfahren, mit dem jedes Gruppenmitglied einverstanden sein kann. b) **Arbeit im Plenum:** Tragen Sie Ihre Vorschläge zusammen und einigen Sie sich auf ein Verfahren.

Didaktische Hinweise
Zu b) Arbeit im Plenum: Diese Aufgabe eignet sich für Gruppen mit 10 bis zu 30 Personen. Sobald die Situation vorgestellt ist, sollte jeder Spieler zuerst allein nach einer möglichen Lösung suchen, wie in Aufgabe 1 a) vorgeschlagen. Anschließend sollte man maximal zehn bis fünfzehn Minuten Zeit auf die Festlegung eines gemeinsamen Verfahrens verwenden. Dabei ist es hilfreich zu unterstreichen, dass *alle* zustimmen müssen und dass nicht gelost werden darf. Alternativ kann man auf diesen Hinweis verzichten und stattdessen beobachten, wie die Gruppe es schafft, sich an die Aufgabenstellung zu halten. Bei den Tabellen ist es wichtig, darauf zu achten, dass die Gebote in aufsteigender Reihenfolge sortiert werden, damit man später nicht bei der Einteilung in Käufer und Verkäufer durcheinanderkommt, was allerdings mit Gruppen relativ häufig passiert.

Häufig ändere ich das Reiseziel in ein demnächst anstehendes sportliches Großereignis, zu welchem fast jeder gern reisen würde und sei es nur, um einen luxuriösen Urlaub zu machen. Im Falle von Gruppen, die schlecht miteinander auskommen, kann es vorkommen, dass von vornherein nur wenige mitfliegen wollen. Die Schüler, die nicht mitfliegen möchten, können beispielsweise die Einzelspielervariante Aufgabe 4 lösen.

9.1.1 Mit dem Preis-Mengen-Diagramm möglichst viele Leute zufriedenstellen

❓ Aufgabe 2

Jeder schreibt seinen Namen und den fairen Preis für die Reise auf einen Zettel. Fair bedeutet, dass es ihm zu diesem Preis egal ist, ob er mitfliegt und bezahlt oder zuhause bleibt und den Preis als Entschädigung erhält. Damit das Verfahren optimal funktioniert, sollten Sie sich bitte vorstellen, diesen Preis auch wirklich zu bezahlen. Zum jetzigen Zeitpunkt wissen Sie noch nicht, ob Sie Käufer oder Verkäufer eines Tickets sein werden. Am Ende des Verfahrens werden Sie genau die Ticketanzahl erhalten, die aufgrund der Gebote den größtmöglichen Umsatz in der Gruppe ermöglicht, die also möglichst viele Käufer und Verkäufer zufriedenstellt. Bitte wählen Sie einen Betrag mit möglichst krummen Cent-Beträgen, damit jedes Gebot einzigartig ist.

✅ Lösung

Beispiel: Siehe Aufgabe 4.

❓ Aufgabe 3

Wenn jeder seinen Preisvorschlag abgegeben hat, werden alle Gebote in aufsteigender Reihenfolge sortiert. Der Bieter mit dem niedrigsten Gebot ist Verkäufer seines Tickets, der nächsthöhere Bieter ist Käufer usw. (Verkäufer, Käufer, Verkäufer, Käufer etc.).

✅ Lösung

Beispiel: Siehe Aufgabe 4. Die Lösung von Aufgabe 2 und Aufgabe 3 sieht von der Struktur her genauso aus wie die Lösung der folgenden Aufgabe 4.

> **Didaktischer Hinweis**
>
> In der Gruppenaufgabe ist es vom Zufall abhängig, ob derjenige mit der höchsten Zahlungsbereitschaft Käufer oder Verkäufer eines Tickets ist. Bei Gruppen, die diesen Schwachpunkt schnell entdecken, kann man diese Kritik aufgreifen, indem man erläutert, dass dieser Kunstgriff für das Rechnen mit eigenen Werten erforderlich ist.

❓ Aufgabe 4

Einzelleservariante: Jan: 425,23 €, Ivan: 449,38 €, Alexandra: 500,66 €, Nora: 501,59 €, Julian: 600,49 €, Anne: 1000,34 €, Mario: 1000,72 €, Kai: 1200,33 €, Janik: 1200,83 €, Nikola: 1250,32 €, David: 1400,01 €, Marcel: 1444,42 €, Roman: 1500,36 €, Maurice: 1500,54 €, Katja: 1800,11 €, Marius: 2000,22 €, Steffi: 2000,99 €, Denise: 2100,61 €, Patrick: 2500,74 €, Katharina: 2750,44 €.

a) Erstellen Sie nun zwei Wertetabellen für Käufer und Verkäufer und ordnen Sie die Gebote der jeweiligen Tabelle in aufsteigender Reihenfolge, beginnend mit dem geringsten Gebot. Nun können Sie sehen, wer ab welchem Preis kaufen bzw. verkaufen möchte. b) Bitte tragen Sie in der Tabelle der Verkäufer unter „Gesamtanzahl" ein, wie viele Personen zu dem jeweiligen Preis insgesamt verkaufen würden. Notieren Sie die Namen aller Verkäufer, die zu dem jeweiligen Preis auch verkaufen würden. Schauen Sie sich dazu bitte jeden einzelnen Preis an und beantworten Sie die Frage: „Wie viele Personen würden insgesamt zum Preis von … € verkaufen?" c) Vervollständigen Sie nun bitte die Tabelle der Käufer nach der gleichen Vorgehensweise. Bitte beachten Sie, dass Sie nun umdenken müssen. Denn wer eine maximale Zahlungsbereitschaft von 100 € hat, bezahlt keinen Cent mehr … Auch die Tabelle der Käufer betrachten Sie bitte noch für sich genommen. Sie aggregieren also die individuelle Einzelnachfrage zur Gesamtnachfrage des Marktes, die auch als aggregierte Nachfrage bezeichnet wird (Ott 1991, S. 147).

✅ Lösung

Siehe ◼ Tab. 9.1.

❓ Aufgabe 5

a) Zeichnen Sie ein Koordinatensystem auf kariertes Papier nach dem unten stehenden Vorbild. Wählen Sie für die Preisachse einen einheitlichen Maßstab, beispielsweise 500-Euro-Schritte. Orientieren Sie sich für die Unterteilung an der Bandbreite vom geringsten bis höchsten Gebot. b) Tragen Sie die Anzahl der Personen in das Koordinatensystem ein, die zum jeweiligen Preis verkaufen würden und verbinden Sie die Punkte zu einer Kurve und beschriften Sie diese als Angebotskurve. c) Zeichnen Sie ebenfalls die Anzahl der Käufer ein, die zum jeweiligen Preis kaufen wollen und verbinden Sie auch diese Punkte zu einer sog. Nachfragekurve (Beck 2004, S. 41 f.). Der Schnittpunkt beider Kurven heißt Gleichgewichtspreis und zu diesem Preis sind das Angebot und die Nachfrage gleich groß. Jeder Konsument zahlt für jede Einheit des gehandelten Gutes also denselben Preis (Stocker 2014, S. 125). Die dazugehörige Menge heißt Gleichgewichtsmenge (Neubäumer und Hewel 2001, S. 99) und sie besagt, dass der Markt im Gleichgewicht weder eine Überschussnachfrage noch ein Überschussangebot aufweist (Roth 2014, S. 106).

◻ **Tab. 9.1** Verschaffen Sie sich einen Überblick über Angebot und Nachfrage (Quelle: Eigene Darstellung)

Gebote∗	Verkäufername	Gesamtan-zahl∗∗	Gebote∗	Käufer-name	Gesamtan-zahl∗∗
425,23 €	Jan	1	449,38 €	Ivan	alle 10
500,66 €	Alexandra	2	501,59 €	Nora	9
600,49 €	Julian	3	1000,34 €	Anne	8
1000,72 €	Mario	4	1200,33 €	Kai	7
1200,83 €	Janik	5	1250,32 €	Nikola	6
1400,01 €	David	6	1444,42 €	Marcel	5
1500,36 €	Roman	7	1500,54 €	Maurice	4
1800,11 €	Katja	8	2000,22 €	Marius	3
2000,99 €	Steffi	9	2100,61 €	Denise	2
2500,74 €	Patrick	alle 10	2750,44 €	Katharina	1

∗Die Gebote sind in beiden Spalten in aufsteigender Reihenfolge angeordnet. ∗∗Mit Gesamtanzahl ist die Anzahl der Verkäufer bzw. Käufer gemeint, die zu diesem Gebot verkaufen bzw. kaufen möchte

✅ **Lösung**

Siehe ◻ Abb. 9.1. An dem Schnittpunkt ist das Angebot gleich der Nachfrage. Mit den gestrichelten Hilfslinien werden Gleichgewichtspreis und Gleichgewichtsmenge an den Achsen abgetragen. Der Preis mit dem größtmöglichen Umsatz ist folglich 1300 Euro und die Gleichgewichtsmenge beläuft sich auf 5 Personen, denn im Falle einer Kommazahl wird die Gleichgewichtsmenge *auf ganze Tickets abgerundet*. Je größer die auf dem Markt gehandelte Stückzahl ist, desto genauer stimmen die Gleichgewichts- menge und die Anzahl der gehandelten Güter (Tickets) überein. Was die Punkte a) bis d) darstellen: Siehe Aufgabe 8 b).

9.1.2 Auswertung des Marktergebnisses

❓ **Aufgabe 6**

Bitte lesen Sie den einheitlichen Reisepreis ab, mit dem möglichst viele Käufer und Verkäufer einverstanden sind. Zeichnen Sie dazu ausgehend vom Schnittpunkt beider Kurven gestrichelte Linien zu den Achsen ein. Lesen Sie nun den genauen Gleichge- wichtspreis und die genaue Gleichgewichtsmenge an den Achsen ab. Die Gleichge- wichtsmenge ist hier die auf ganze Tickets abgerundete Ticketanzahl und der Gleich- gewichtspreis ist die Höhe der Entschädigung, welche die Mitfliegenden als Entschädigung an die zuhause bleibenden Verkäufer bezahlen müssen.

✅ **Lösung**

Gleichgewichtspreis: ca. 1300 Euro, Gleichgewichtsmenge: 5 (abgerundet).

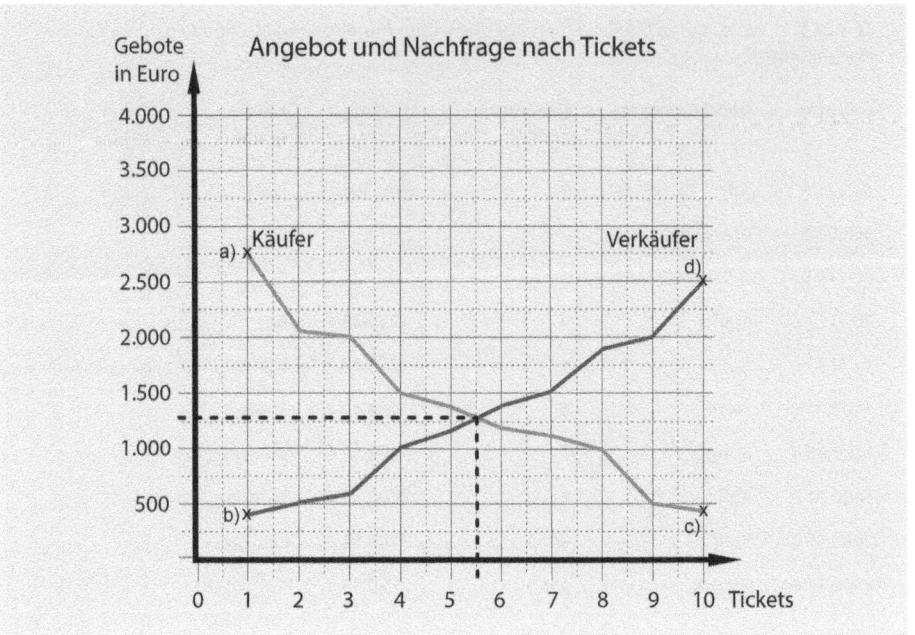

■ **Abb. 9.1**   Lösung Aufgabe 5: Gleichgewichtspreis und Gleichgewichtsmenge. (Quelle: Eigene Darstellung)

? **Aufgabe 7**

a) Nennen Sie die Namen der Verkäufer, die eine Entschädigung in Höhe des Gleichgewichtspreises erhalten. b) Nennen Sie bitte die Namen der Käufer, die eine Entschädigung in Höhe des Gleichgewichtspreises bezahlen. c) Welche Käufer und Verkäufer sind leer ausgegangen, weil Sie zu wenig bezahlen oder eine zu hohe Entschädigung haben wollten? d) Bitte beurteilen Sie, ob Sie das Ergebnis als fair erachten.

✓ **Lösung**

Zu a) Jan, Alexandra, Julian, Mario und Janik verkaufen ihre Tickets für jeweils 1300 Euro.

Zu b) Marcel, Maurice, Marius, Denise und Katharina bezahlen 1300 Euro und erhalten ein Ticket.

Zu c) David, Roman, Katja, Steffi und Patrick verlangen einen höheren Preis als 1300 Euro und sie hätten ihre Tickets deshalb behalten und wären selbst geflogen. Jedoch hatten wir in der Aufgabe die Annahme getroffen, dass nur die Gleichgewichtsmenge in Höhe von fünf Tickets zugeteilt wird. Ivan, Nora, Anne, Kai und Nikola waren nicht dazu bereit, 1300 Euro für die Reise zu bezahlen, und sie fliegen deshalb nicht mit. Da das Rechnen mit eigenen Werten im Vordergrund stehen sollte, vernachlässigen wir, dass gelost worden ist, wer Käufer und Verkäufer ist.

Zu d) Wenn wir in diesem kleinen Experiment angenommen hätten, dass *allen* Verkäufern ein Ticket zugelost worden wäre, dann wäre lediglich die Gruppe der nicht mitfliegenden Käufer benachteiligt gewesen. Zu Recht merken Sie jedoch an, dass bereits zu Beginn mit der Einteilung in Käufer und Verkäufer gelost worden ist. Jedoch war dieser kleine Kunstgriff für einen regelmäßigen Kurvenverlauf und die Bildung eines Schnittpunktes erforderlich. Hätte man die tatsächliche Zahlungsbereitschaft mit diesem Experiment feststellen können, ohne dass sich jemand einen Vorteil durch ein exorbitant hohes Gebot hätte ausrechnen können, dann hätten die Tickets ab dem Höchstbietenden zugeteilt werden müssen.

? Aufgabe 8

a) Welche Gesetzmäßigkeiten stecken hinter dem Verlauf von Angebotskurve und Nachfragekurve? b) Was sagen beide Kurven bei der Anzahl Eins und der maximalen Anzahl aus? c) Welcher Käufer und welcher Verkäufer haben bei diesem Marktergebnis den größten Nutzen? d) Wie viel Geld haben die Käufer insgesamt „gespart", weil sie weniger als die maximale Zahlungsbereitschaft ausgeben mussten? Und wie viel Geld haben die Verkäufer insgesamt mehr bekommen, als sie gefordert haben?

✔ Lösung

Zu a) Je höher der Preis, desto höher ist das Angebot und umgekehrt. Deshalb hat die Angebotskurve einen steigenden Verlauf. Je geringer der Preis, desto höher die Nachfrage und umgekehrt. Deshalb hat die Nachfragekurve einen fallenden Verlauf.

Zu b) Punkt a stellt Katharina als einzige Käuferin dar und Punkt c alle zehn Käufer inklusive Katharina. Folglich stellt jeder Punkt auf der Nachfragekurve ab einem Ticket immer auch Katharina dar, zu der sich mit jedem höheren Preis weitere Käufer hinzugesellen. Wollte man diese Nachfragekurve mit Personen darstellen, bräuchte man folglich zehn Personen (und nicht 55 Personen, also eine Person mit einer Preisvorstellung von 2750,44 Euro, zwei andere Personen mit einer Zahlungsbereitschaft von 2100,61 Euro usw. bis zehn Personen, die für 449,38 Euro mitfliegen würden). Der Punkt b stellt Jan als einzigen Verkäufer dar und der Punkt d) alle zehn Ticketanbieter, inklusive Jan, der auch zu jedem höheren Preis verkaufen würde.

Zu c) Den größten Nutzen haben Katharina und Jan, welche wesentlich mehr bezahlt, bzw. wesentlich weniger als den Gleichgewichtspreis verlangt hätten. Der imaginäre Gewinn, den ein Käufer einstreicht, weil er etwas günstiger als zu dessen maximale Zahlungsbereitschaft bekommt, heißt Konsumentenrente. Katharina erzielt eine Konsumentenrente in Höhe von 1450,44 Euro. Jan erzielt als Anbieter eine sogenannte Produzentenrente in Höhe von 874,77 Euro, welche dem Mehrwert entspricht, den er aufgrund des Gleichgewichtspreises erzielt hat.

Zu d) Die Produzentenrente beläuft sich auf insgesamt 2772,07 Euro (1300 − 425,23 + 1300 − 500,66 + 1300 − 600,49 + 1300 − 1000, 72 + 1300 − 1200, 83). Die Konsumentenrente beträgt insgesamt 3296,23 Euro (1444, 42 − 1300 + 1500, 54 − 1300 + 2000, 22 − 1300 + 2100, 61 − 1300 + 2750, 44 − 1300). In Abb. 9.1 (im Lehrbuch) entspricht die Konsumentenrente der gelben Fläche links des Gleichgewichtspreises, unterhalb der Nachfragekurve bis hinab zu der gestrichelten Linie. Die blaue Fläche oberhalb der Angebotskurve bis zu der gestrichelten Linie heißt Produzentenrente. Wenn man die Größe beider Flächen vergleicht, dann kann man eine Aussage darüber treffen, welche Gruppe den größeren Nutzen aus dem Marktergebnis zieht.

Didaktischer Hinweise

In der Arbeit mit Gruppen sollte man die Punkte a) bis d) in das Gruppenergebnis einzeichnen (siehe ◼ Abb. 9.1 damit die Aufgabe leichter verständlich ist.

❓ Aufgabe 9

a) Bitte tragen Sie die allgemeinen Informationen zusammen, die Sie über den Gleichgewichtspreis und die Gleichgewichtsmenge erhalten haben. b) Inwieweit lassen sich Ihrer Meinung nach mit dem Preis-Mengen-Diagramm (Beck 2004, S. 42) Rückschlüsse auf die Preisbildung ziehen?

✅ Lösung

Zu a) Der Gleichgewichtspreis ist grafisch gesehen der Schnittpunkt aus Angebots- und Nachfragekurve. Zu diesem Preis sind das Angebot und die Nachfrage gleich hoch und es gibt keinen Preis, der einen höheren Umsatz ermöglichen würde. Dabei ist zu beachten, dass alle den einheitlichen Gleichgewichtspreis bezahlen, obwohl die Käufer teilweise mehr bezahlt hätten und die Verkäufer teilweise schon zu einem deutlich geringeren Preis verkauft hätten. Das bedeutet, dass nur die Anbieter und Nachfrager links von dem Schnittpunkt zum Gleichgewichtspreis verkauft bzw. gekauft haben.

Zu b) Das Modell zeigt, wie Preise aufgrund von Angebot und Nachfrage zustande kommen. Gegenbeispiele sind Höchst- und Mindestpreise (siehe Glossar).

- **Thematische Einordnung**

Das Ereignis, auf das in der Einleitung angespielt wird, ist ein Jahrhundertfund, den deutsche Archäologen 1912 in Ägypten gemacht haben. Dieser ist in zwei wertgleiche Hälften aufgeteilt worden. In dem Stapel, der den deutschen Archäologen zugesprochen wurde, befand sich die mittlerweile weltberühmte Büste der Nofretete, die bis heute Stein des Anstoßes zwischen Ägypten und Deutschland ist.

9.2   Wie kommt der Preis saftiger Clementinen zustande?

❓ Aufgabe 10

a) Verschaffen Sie sich einen Überblick über das Angebot mit einer Wertetabelle, indem Sie Tab. 9.1 (im Lehrbuch) ausfüllen. b) Stellen Sie das Gesamtangebot an Clementinen in einem Koordinatensystem grafisch dar. c) Bitte leiten Sie das sogenannte Gesetz des Angebots her, das eine Aussage über das Verhältnis von Preis und angebotener Menge beinhaltet. d) Wie kommt der einheitliche Preis zustande? e) Bitte leiten Sie anhand der Überlegungen zum Angebot an Clementinen die sogenannten Bestimmungsfaktoren des Angebotes her, also die Faktoren, die das Angebot beeinflussen.

✅ Lösung

Zu a) Siehe ◘ Tab. 9.2.
Zu b) Siehe ◘ Abb. 9.2.
Zu c) Je höher der Preis, desto höher ist das Angebot bzw. die angebotene Menge.
Zu d) Der Preis kommt durch Angebot und Nachfrage zustande.
Zu e) Das Angebot ist unter anderem abhängig von der Anbieteranzahl und der Konkurrenzsituation sowie von Preis, Produktionskosten und dem Preis vergleichbarer Güter. Ab einem bestimmten Preis lohnt es sich für die Anbieter, selbst weniger ertragreiche Lagen zu bewirtschaften und Erntekapazitäten von anderen Obstsorten abzuziehen, die eine vergleichsweise geringere Gewinnspanne erwirtschaften. Ab einer zu geringen Gewinnspanne werden die Clementinen untergepflügt. Da die Clementinen aus Spanien stammen, sind außerdem Import- bzw. Exportbedingungen relevant sowie die Vorlieben der Kunden hinsichtlich Beschaffenheit und Größe.

◻ **Tab. 9.2** Ab welchem Preis werden welche Mengen auf dem Markt angeboten? (Quelle: Eigene Darstellung)

Preis pro Kilo	7 Euro	8 Euro	9 Euro	10 Euro	11 Euro
Einzelmengen der Produzenten	10.000	7500	17.500	7500	2500
Gesamtangebot zum jeweiligen Preis	10.000	17.500	35.000	42.500	45.000

*Bitte sortieren Sie die Angebote in aufsteigender Reihenfolge

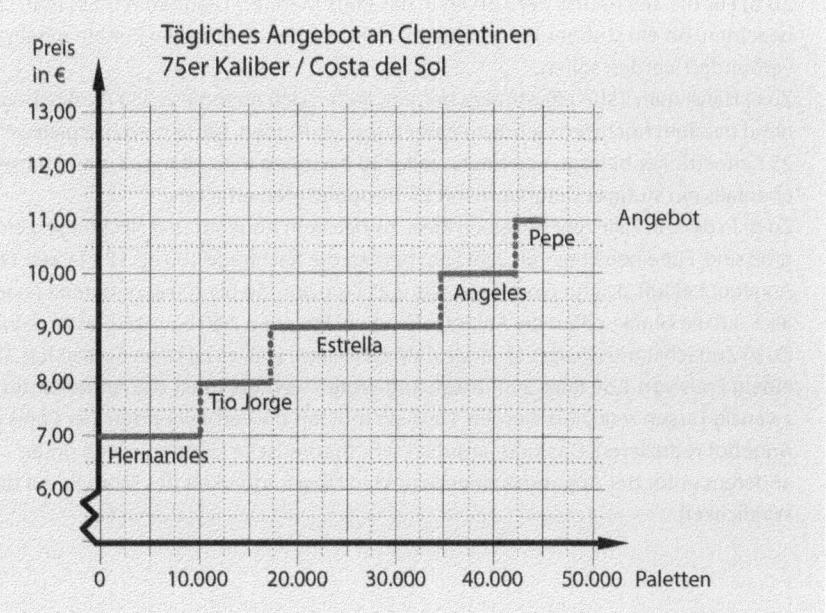

◻ **Abb. 9.2**   Lösung Aufgabe 10: Grafische Darstellung Gesamtangebot. (Quelle: Eigene Darstellung)

9.3   Geheime Preisabsprachen: Welcher Preis verspricht den größten Kaffeeumsatz?

Aufgabe 11

Gastronom Rainer geht die Frage pragmatisch an: „Liebe Feinschmecker! Wir sollten uns als erstes überlegen, wer ab welchem Preis profitabel anbieten kann. Ich erstelle schnell eine Tabelle für das Angebot. Jeder bietet so ungefähr 50 Tassen an ..." **a)** Bitte vervollständigen Sie die Tab. 9.2 (im Lehrbuch). **b)** Bitte zeichnen Sie das Kaffeeangebot und die Nachfragekurve mit stufigen Intervallen mit Sprungstellen in das Diagramm „Kaffeemarkt in der Innenstadt" ein und sagen Sie, welche Kurve das Angebot und welche die Nachfrage darstellt. **c)** Befragen Sie eine Gruppe von Kaffeetrinkern nach deren Preisvorstellung, setzen Sie die Anzahl der Befragten mit 250 Tassen gleich und zeichnen Sie das Ergebnis als stufige Nachfragekurve in das Diagramm ein. Beispiel: Wenn Sie 25 Leute befragen, repräsentiert jede Person eine Nachfrage nach zehn Tassen. Je größer die

Anzahl der befragten Personen ist, desto mehr wird die treppenstufige Gestalt der Kurve geglättet (Reip und Ulshöfer 1978, S. 80). **d)** Wie hoch sind Gleichgewichtspreis und Gleichgewichtsmenge? **e)** Bitte beschreiben Sie, wie sich dieser einheitliche Preis auf Anbieter und Gesamtangebot auswirkt.

✅ Lösung

Zu a) Siehe ◘ Tab. 9.3. Da der günstigste Anbieter „Kölscher Jung" auch für jeden höheren Preis anbieten würde, ist er ab einem Preis von einem Euro Bestandteil jedes höheren Gesamtangebotes. Zu einem Preis von 4 Euro bieten alle zusammen 250 Tassen an, da jeder Gastronom in einer bestimmten Zeitspanne mit einer gewissen Bestuhlung 50 Tassen anbieten kann.

Zu b) Für die Zeichnung der Kurven in das Preis-Mengen-Diagramm muss man stets beachten, ob ein stufiges Diagramm gezeichnet oder ob einzelne Punkte miteinander verbunden werden sollen.

Zu c) Hätte man 250 Kaffeetrinker befragt, ließen sich ebendiese 250 Punkte beginnend bei dem höchsten Gebot zu einer Kurve verbinden. Hätte man beispielsweise nur 25 Kaffeetrinker befragt, von denen jeder 10 Personen darstellen soll, dann hätte man ebenfalls ein stufiges Diagramm mit 25 Treppenstufen erhalten.

Zu d) In diesem Falle gibt es keinen Preis, zu welchem Angebot und Nachfrage gleich groß sind: Für einen Preis von 2,50 Euro beträgt die Nachfrage 100 bis 180 Tassen. Das Angebot beläuft sich für einen Preis von 2,25 Euro auf 150 bis 200 angebotene Tassen. Mit Blick auf die Grafik sollten die Anbieter für einen Preis von 2,50 Euro 180 Tassen anbieten.

Zu e) Zunächst müsste das teuerste Café schließen, weil es zu hohe Kosten hat. Da zu einem Preis von 2,50 Euro 200 Tassen angeboten werden, muss das Angebot um zwanzig Tassen reduziert werden. Deshalb müssen die verbleibenden vier Cafés das Angebot reduzieren. Das sind natürlich sehr theoretische Überlegungen unter anderem unter der Annahme einer perfekten Übertragbarkeit des Modells auf die Wirklichkeit.

◘ **Tab. 9.3** Mindestpreis, ab welchem die Wirte auf dem Teilmarkt Innenstadt Kaffee anbieten könnten. (Quelle: Eigene Darstellung)

Preis pro Tasse in Euro	1,00 €	1,25 €	1,50 €	2,25 €	4,00 €
Nennen Sie alle Anbieter, die ab diesem Preis anbieten würden.	Kölsche Jung	Kölsche Jung, Café Orange	Kölsche Jung, Café Orange, Florentine	Kölsche Jung, Café Orange, Florentine, Love-Café	Kölsche Jung, Café Orange, Florentine, Love-Café, Palazzo Prozzo
Gesamtangebot des Marktes*	50	100	150	200	250

*Mit jedem Preisschritt addieren Sie folglich 50 weitere Tassen

Aufgabe 12

a) Während die übrigen Gastronomen den Gleichgewichtspreis austüfteln, macht Herr Kaiser einen Vorschlag: „Wieso nehmen wir nicht einfach alle vier Euro? Dann machen wir doch alle den größten Umsatz und den höchsten Gewinn!" Welchen Standpunkt vertreten Sie? **b)** Bitte diskutieren Sie die These: „Wir können uns den ganzen Aufwand sparen und einfach den Mittelwert als Gleichgewichtspreis festlegen."

Lösung

Zu a) Zu einem Preis von 4 Euro liegt kein Marktgleichgewicht vor, weil 250 Tassen angeboten, allerdings nur 20 Tassen nachgefragt werden. Im Preis-Mengen-Diagramm liest man das Angebot zu einem bestimmten Preis ab, indem man eine waagerechte, gestrichelte Linie ab dem gewünschten Preis abträgt. An den Schnittpunkten mit der Angebots- und Nachfragekurve fällt man das Lot auf die Mengenachse, um die jeweiligen Mengen abzulesen. Ein Preis von 4 Euro hätte aufgrund der geringen Nachfrage sinkende Preise zur Folge.

Zu b) Wenn der Gleichgewichtspreis genau dem Mittelwert entspräche, so wäre dies reiner Zufall. Denn ein einzelner, sehr teurer Anbieter, der einen Kaffeepreis von beispielsweise 100 Euro verlangt, würde den Mittelwert stark verändern. Deshalb kann der Gleichgewichtspreis kein Mittelwert sein, wie von Schülern sehr oft fälschlicherweise angenommen.

Aufgabe 13

a) Was spricht Ihrer Meinung nach gegen das Vorhaben der Gastronomen, einen einheitlichen Kaffeepreis abzusprechen? **b)** Nennen Sie die theoretischen Voraussetzungen, unter denen sich auch ohne Absprachen ein einheitlicher Kaffeepreis herausbilden würde. **c)** Vergleichen Sie die Gruppe der Gastronomen und Kaffeetrinker: Für welche Gruppe hätte der Einheitspreis den größeren Nutzen? **d)** Bitte schraffieren Sie die Flächen von Produzenten- und Konsumentenrente in Ihrem Diagramm und berechnen Sie deren Werte in Euro.

Lösung

Zu a) Gegen die Preisabsprache spricht, dass es sich um ein verbotenes, sogenanntes „Frühstückskartell" handelt. Dieser Kartelltyp ist so definiert, dass Preisabsprachen ohne schriftlichen Vertrag getroffen werden. Es hat also nichts damit zu tun, dass die Absprachen, wie hier rein zufällig, während des Frühstückens getroffen werden (siehe ▶ Abschn. 7.5).

Zu b) Für einen einheitlichen Marktpreis müssten die Annahmen des vollkommenen Marktes erfüllt sein (siehe ▶ Abschn. 8.2). Der Kaffee müsste also in jedem Café dieselbe Qualität haben (Homogenität des Gutes), es dürfte keine Vorlieben für einen Anbieter mit einem schöneren Ambiente, keine besseren Lagen, gleiche Entfernungen sowie einheitliche Öffnungszeiten geben.

Zu c) Für eine Vergleichbarkeit von Produzentenrente und Konsumentenrente sind identische Bedingungen der Cafés hinsichtlich der Kaffeeeigenschaften, Einrichtung, Lage usw. erforderlich.

Für einen Verkaufspreis von 2,50 Euro ist die Produzentenrente insgesamt 195 Euro: 50 *Tassen* × 1, 50 *Euro* + 50 *Tassen* × 1, 25 *Euro* + 50 *Tassen* × 1 *Euro* + 30 *Tassen* × 0,

25 *Euro*. Die Konsumentenrente beläuft sich auf 100 Euro: 20 *Tassen* × 1,
50 *Euro* + 60 *Tassen* × 1 *Euro* + 20 *Tassen* × 0, 50 *Euro*. Für einen Preis von 2,25 Euro
verringerte sich die Produzentenrente um 45 Euro zugunsten der Konsumentenrente.
Denn: $(4,00 - 2,25) \times 20 + (3,50 - 2,25) \times 60 + (3,00 - 2,25) \times 20 + (2,50 - 2,25) \times 80$
$= 35 + 75 + 15 + 20 = 145$ *Euro*.

Für die Berechnung der Konsumentenrente muss beachtet werden, dass eine
Gruppe von 20 Personen mit einer Zahlungsbereitschaft von 4 Euro Teil der 80
Personen ist, die eine Zahlungsbereitschaft von 3,50 Euro haben. Deshalb wird oben
mit 60 Tassen gerechnet (siehe ◘ Tab. 9.3).

Vor dem Hintergrund des sogenannten Rentenkonzeptes aus Konsumentenrente
und Produzentenrente erkennt man, wie sich die unterschiedlichen Preise auf die
Wohlfahrt von Anbietern und Nachfragern auswirken. Die Rentenbetrachtung ist ein
Teilgebiet der sogenannten Wohlfahrtsökonomie, welche den gesamtwirtschaftlichen
Nutzen eines Marktergebnisses untersucht.

Allerdings ist die Höhe der Produzentenrente in dieser Aufgabe aufgrund der
Wortwahl nicht genau zu ermitteln, weil beispielsweise der günstigste Anbieter sagt,
er könne ab einem Euro anbieten. Der teuerste Anbieter hingegen sagt, dass er zu vier
Euro verkauft, was keine Rückschlüsse auf dessen Kosten oder mindestens zu erzielen-
den Preis zulässt. Alle Anbieter müssten dafür genau den kostendeckenden Preis ohne
Gewinn genannt haben.

Zu d) Siehe ◘ Abb. 9.3.
Konsumentenrente: $(4,00 - 2,50) \times 20 + (3,50 - 2,50) \times 60 + (3,00 - 2,50) \times 20 = 30$
$+ 60 + 10 = 100$ *Euro*.

Produzentenrente: $(2,50 - 1,00) \times 50 + (2,50 - 1,25) \times 50 + (2,50 - 1,50) \times 50 = 7$
$5 + 62, 50 + 50 + 7, 50 = 195$ *Euro*.

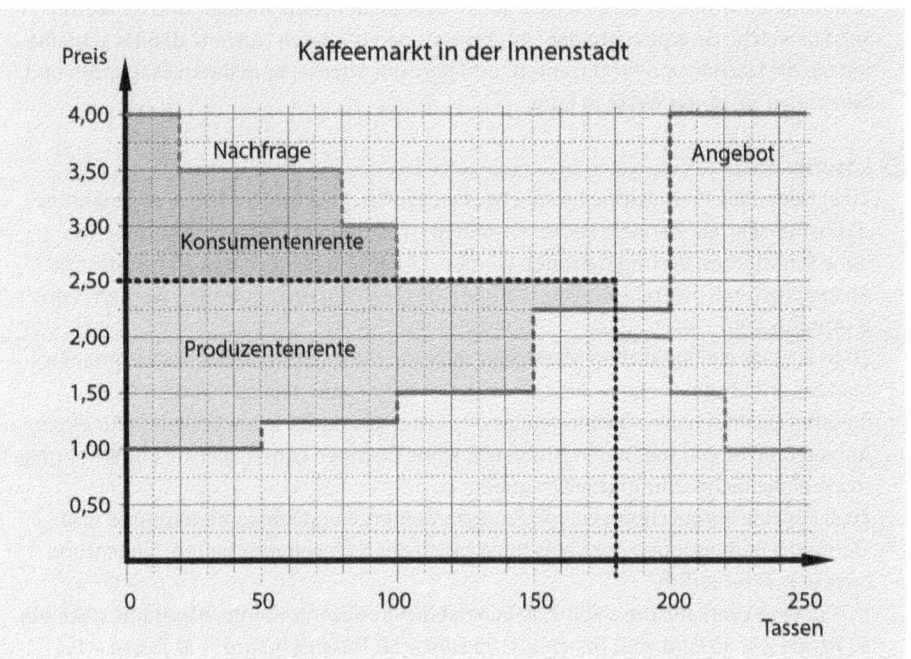

◘ **Abb. 9.3**   Lösung Aufgabe 13: Produzenten- und Konsumentenrente. (Quelle: Eigene Darstellung)

9.4 Messerscharf kalkuliert: optimale Bestellmengen in der Gastronomie

? Aufgabe 14

Vervollständigen Sie die Tab. 9.4 (im Lehrbuch): **a)** Wie viele Steaks können Sie aus den möglichen, täglichen Liefermengen jedes Anbieters schneiden? **b)** Berechnen Sie den Einkaufspreis der einzelnen Steaks jedes Anbieters. **c)** Führen Sie anschließend die Verkostung durch, indem Sie gute Qualität mit Plus und geringe Qualität mit Minus kennzeichnen.

✓ Lösung

Siehe ◻ Tab. 9.4.

? Aufgabe 15

a) Bitte zeichnen Sie die Angebotskurven für die Steakanbieter mit guter und geringer Qualität als stufige Angebotskurven in die passenden Marktschemata mit der Studentennachfrage ein. **b)** Bitte ermitteln Sie grafisch den Gleichgewichtspreis und die Gleichgewichtsmenge für gute und schlechte Qualität mithilfe der Koordinatensysteme. Wie lauten Gleichgewichtspreis und Gleichgewichtsmenge einerseits für die gute und andererseits für geringe Steakqualität? **c)** Die Gleichgewichtsmenge entspricht der eingekauften Steakanzahl und der Gleichgewichtspreis ist der Verkaufspreis in der Mensa. Mit jedem Steak werden zwei Beilagen, wie Salat, Gemüse oder Pommes, verkauft, die extra bezahlt werden und die einen Deckungsbeitrag von jeweils 20 Cent aufweisen. Wie viele Steaks guter bzw. schlechter Qualität würden Sie zu welchem Preis anbieten?

◻ **Tab. 9.4** Lösung: Preisspiegel mit Mengenangaben und Qualitätsurteil der Verkostung. (Quelle: Eigene Darstellung)

Anbieter	Liefermenge in kg	Kilopreis	maximale Steakanzahl	Einkaufspreis (200 Gr.)	Herkunftsland	Alter des Bullen	Qualität +/−
			a)	b)			c)
A	40 kg	8,75 €	200	1,75 Euro	Brasilien	2 ½ Jahre	−
B	60 kg	10,00 €	300	2,00 Euro	Deutschland (TK)	2 ½ Jahre	−
C	50 kg	10,00 €	200*	2,50 Euro*	Argentinien	2 ½ Jahre	+
D	100 kg	12,50 €	500	2,50 Euro	Deutschland	1 Jahr	−
E	80 kg	15,00 €	400	3,00 Euro	Irland	2 ½ Jahre	+
F	40 kg	16,25 €	200	3,25 Euro	Deutschland	2 ½ Jahre	+

*1 Kilo von Lieferant C = 4 Steaks á 200 Gr. wegen 20 % Abschnittsverlust, also 10 € ÷ 4 *Steaks* = 2, 50 €

✓ Lösung

Zu a) Siehe ◻ Abb. 9.4.

Zu b) Geringe Qualität: Gleichgewichtspreis: 2,50 Euro, Gleichgewichtsmenge: 600 Stück. Gute Qualität: Gleichgewichtspreis: 3,00 Euro, Gleichgewichtsmenge: 300 Stück.

Zu c) Sie bieten diejenige Menge Steaks an, die aus dem Schnittpunkt mit der Nachfragekurve resultiert, also 600 Steaks geringer Qualität der Lieferanten A, B und D für 2,50 Euro. Die letzten einhundert Steaks von D verkaufen Sie zwar zum Einstandspreis, erzielen jedoch mit den Beilagen einen Gewinn von vierzig Euro (100 Essen mit zwei Beilagen, die jeweils 20 Cent Deckungsbeitrag erzielen). Da die Fettauflage der argentinischen Rinder Abschnittsverlust ist, können aus Lieferung C nur vier Steaks je Kilo geschnitten werden.

❓ Aufgabe 16

Bitte beurteilen Sie Ihre Entscheidung vor dem Hintergrund der Produzentenrente. Grafisch gesehen handelt es sich hierbei um die Fläche zwischen der Angebotskurve und dem Preis mit dem größten Umsatz, der Gleichgewichtspreis heißt. Bitte schraffieren Sie die zugehörige Fläche und berechnen Sie deren Größe.

✓ Lösung

Die Produzentenrente ist in der obigen Abbildung grau hinterlegt. An den Produzentenrenten sieht man, dass es vorteilhafter ist, schlechte Qualität anzubieten. Alternativ könnten 300 Steaks guter Qualität zu 3,00 Euro verkauft werden, mit denen jedoch nur einhundert Euro Gewinn erzielt werden (50 *Cent* × 200 *Steaks*) sowie für die Beilagen weitere 120 Euro. Die Produzentenrente der Steaks schlechter Qualität beläuft sich auf 300 Euro (200 × 0, 75 € + 300 × 0, 50 €). Hinzukommt ein Deckungsbeitrag in Höhe von 240 Euro durch den Verkauf von Beilagen (600 × 0, 4 = 240 €), sodass sich der Gesamtgewinn auf 540 Euro beläuft. Auch die Konsumentenrente ist im Falle geringer Qualität höher. So heißt der hypothetische Gewinn jedes Konsumenten, der weniger bezahlen muss, als er zu zahlen bereit gewesen wäre. Da es sich um rechtwinklige Dreiecke

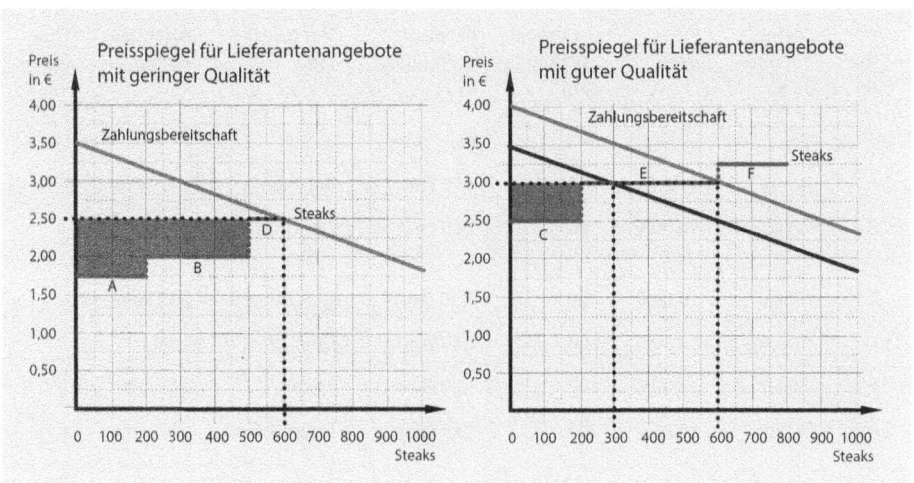

◻ **Abb. 9.4**   Lösung Aufgabe 15: Angebotskurve für Lieferangebote mit geringer und guter Qualität. (Quelle: Eigene Darstellung)

handelt, entspricht die Höhe der Konsumentenrente der halben Rechteckfläche: 300 Euro für geringere Qualität (1, 00 Euro × 600 Essen ÷ 2) und 75 Euro für geringere Qualität (0, 50 Euro × 300 Essen ÷ 2).

❓ Aufgabe 17

Bitte schauen Sie sich noch einmal das Marktschema für Steaks guter Qualität an (Abb. 9.2 im Lehrbuch). Angenommen, alle Studenten hätten eine um 50 Cent höhere Zahlungsbereitschaft für ein Steak guter Qualität. Würden Sie in diesem Falle Steaks guter Qualität anbieten?

✅ Lösung

Trotz einer um 50 Cent höheren Zahlungsbereitschaft für gute Qualität wäre der Gewinn dennoch mit 440 Euro um 100 Euro geringer als wenn schlechte Qualität angeboten würde.

▪ Nachtrag

Eine Großküche hat die Schwierigkeit, täglich frisches Obst, Gemüse, frische Backwaren und eventuell Aufschnitt zuverlässig durch den Berufsverkehr geliefert zu bekommen. Da das Fleisch vielfach nicht täglich frisch geliefert werden muss und ausländisches Fleisch vakuumverpackt importiert wird, wird die Großküche wahrscheinlich einen einzigen Anbieter auswählen. Der tatsächliche Abschnittsverlust bei argentinischem Rindfleisch beträgt nur ungefähr 10 Prozent. Allerdings lässt sich die Aufgabe mit 20 Prozent leichter berechnen.

9.5 Planspiel: einen Energy-Drink-Hersteller an die Weltspitze führen

> **Didaktischer Hinweis**
> Die folgende Aufgabe 9.5.1 ist als Übung für den Umgang mit den Tabellen des Planspiels gedacht. Dadurch üben die Schüler die Berechnung der Unternehmenskennzahlen, sodass das Spiel anschließend reibungsloser abläuft.

9.5.1 Wie Sie das Angebot an den Einzelhandel erstellen

Keine Aufgaben im Kapitel.

9.5.2 Ab welchem Preis bieten Sie wie viele Getränkepaletten an?

Keine Aufgaben im Kapitel.

9.5.3 Planspiel Wettbewerb: Spielanleitung

Keine Aufgaben im Kapitel.

9.5.4 Preisbildung durch Abzählen oder im Markt-und-Preis-Diagramm

Keine Aufgaben im Kapitel.

9.5.5 Die Wirtschaftsnachrichten für jeden Spielmonat als Kopiervorlage

Diese Aufgabe ist als Übung für das Planspiel in ▶ Abschn. 9.5 gedacht, in welchem Sie Getränkepaletten herstellen und an den Einzelhandel verkaufen. In dem Planspiel selbst werden Sie Löhne, Umweltkosten und Gewinn selbst festlegen. Hier ist es vorgegeben:

Beispiel: Im Beispielmonat sollen die Zutaten 12 Euro kosten, die gesamten Herstellungskosten 31 Euro betragen und der Gewinn pro Palette soll 14 Euro sein. In dem Planspiel können Sie die Lohnkosten von 3 bis 9 Euro und die Umweltkosten von 0 bis 10 Euro festlegen. Im Beispielmonat sind es die jeweils die höchsten Werte.

9

Zusatzaufgabe

Bitte erstellen Sie aufgrund der folgenden Angaben den Angebotspreis für die Monate August bis Dezember, indem Sie die Tabellen vervollständigen. a) **August** Zutaten: 11 Euro, die Herstellungskosten sollen 30 Euro betragen. Der Gewinn soll 12 Euro betragen. Die Löhne sollen einen Euro geringer sein als die Umweltkosten. Sie produzieren zehn neue Paletten und verkaufen davon fünf Stück. b) **September** Zutaten: 13 Euro, die Umweltkosten sollen 10 Euro betragen und die Löhne 5 Euro. Der Gewinn soll 10 Euro betragen. Sie produzieren zehn neue Paletten und verkaufen alle bis auf sieben, die gelagert werden müssen. c) **Oktober** Zutaten: 10 Euro, der Gewinn soll 10 Euro betragen, die Löhne sollen 9 Euro betragen und der Angebotspreis soll 39 Euro betragen. Sie produzieren zehn neue Paletten und verkaufen alle bis auf zwei, die gelagert werden müssen. d) **November** Zutaten: 12 Euro, Gewinn, Umweltkosten und Löhne sollen jeweils 7 Euro betragen. Sie produzieren zehn neue Paletten und verkaufen alle bis auf vier, die gelagert werden müssen. e) **Dezember** Zutaten: 9 Euro, die Löhne 6 und der Angebotspreis soll 39 Euro betragen. Der Gewinn soll doppelt so hoch sein wie die Umweltkosten. Sie produzieren zehn neue Paletten und verkaufen alle.

✅ **Lösung**
Siehe ◘ Tab. 9.5, ◘ 9.6, und Lösungen in ◘ Tab. 9.7 und ◘ 9.8.

- **Gewinn- und Verlustrechnung sowie die Bewertung des Lagerbestandes**

Im Monat August erhalten Sie einmalig ein Startkapital in Höhe von 500 Euro als Bargeld. In jedem Monat rechnen Sie die anfallenden Gewinne hinzu oder ziehen Verluste ab. Das Endergebnis übernehmen Sie bitte als neuen Bargeldbestand für den Folgemonat.

◻ **Tab. 9.5** Kosten und Gewinn je Palette: Den Angebotspreis kalkulieren. (Quelle: Eigene Darstellung)

Monat	Beispiel	Aug	Sep	Okt	Nov	Dez
Kosten für Zutaten	12					
Anteilige Lohnkosten	+9					
Anteilige Umweltkosten	+10					
gesamte Herstellungskosten	31					
Gewinn pro Palette	+14					
Angebotspreis*	45					

*Alle Angaben in Euro pro Palette

◻ **Tab. 9.6** Die Gewinn- und Verlustrechnung sowie die Bewertung der Lagerbestände. (Quelle: Eigene Darstellung)

Monat	Beispiel	Aug	Sep	Okt	Nov	Dez
Umsatz (*Preis × erkaufte Paletten*)*	45 × 8 = 360					
Herstellungskosten *aller* neuen Paletten	31 × 10 = 310					
Gewinn (*Umsatz – Herstellungskosten*)	360 – 310 = 50 Gewinn					
Bargeld** plus Gewinn oder minus Verlust	500 + 50 = 550					
Anzahl der Paletten im Lager	4					
Herstellungskosten der Paletten	31					
Wert des Lagerbestandes (*Palettenanzahl im Lager × Herstellungskosten pro Palette*)	124					

*Bitte zählen Sie die Anzahl der gelagerten Paletten zu den neu hergestellten Paletten hinzu
**Im August erhalten Sie einmalig 500 Euro

Beispiel: 500 *Euro Startkapital* + 50 *Euro Gewinn im August*
= 550 *Euro Bargeldbestand für den Folgemonat September*
− 10 *Euro Verlust im September*
= 540 *Euro für den Folgemonat Oktober usw.*

■ **Die Bewertung des Lagerbestandes nach dem First-In–First-Out-Prinzip**

Da die Monate zusammenhängen, werden die Paletten, die Sie nicht verkaufen können, gelagert und im Folgemonat verkauft. Das bedeutet, dass Sie beispielsweise 10 neu produzierte Paletten und 2 gelagerte anbieten können.

▣ Tab. 9.7   Kosten und Gewinn je Palette: Ab welchem Preis bieten Sie welche Palettenanzahl an? (Quelle: Eigene Darstellung)

Monat	Aug	Sep	Okt	Nov	Dez
Kosten für Zutaten	11	13	10	12	9
Anteilige Lohnkosten	9	5	9	7	6
Anteilige Umweltkosten	10	10	10	7	8
gesamte Herstellungskosten	30	28	29	26	23
Gewinn pro Palette	12	10	10	7	16
Angebotspreis*	42	38	39	33	39

*Alle Angaben in Euro pro Palette

Die gelagerten Paletten werden mit den jeweiligen Herstellungskosten bilanziert. Dabei gehen Sie nach dem First-in-first-out-Prinzip vor: Das bedeutet, dass die zuerst eingelagerten Paletten auch zuerst verkauft werden.

Beispiel: Sie haben zwei Paletten des Vormonats im Lager mit Herstellungskosten von 30 Euro. Im Beispielmonat haben Sie zehn zusätzliche Paletten mit Herstellungskosten von 31 Euro produziert. Wenn Sie acht Paletten zu 45 Euro verkaufen können, dann haben Sie im Beispielmonat nun vier „neue" Paletten zu 31 Euro im Lager, weil Sie die „alten" Paletten zuerst verkauft haben.

- **Die Gewinn- und Verlustrechnung**

Didaktischer Hinweis

Mit dem Planspiel können die Ermittlung des Gleichgewichtspreises geübt werden, die Preisbildung im Oligopol thematisiert werden, die Auswirkungen des Wettbewerbs auf Löhne und Umweltstandards hinterfragt werden, und das auch vor dem Hintergrund der Globalisierung, wenn die mitspielenden Unternehmen in unterschiedlichen Ländern angesiedelt werden. Die Wirtschaftsnachrichten sprechen Konzentration und Kooperation an, weil die Unternehmen fusionieren können. Außerdem können Mindestpreise und Höchstpreise festgelegt werden.

9.5.6 Auswertung des Planspiels: Wettbewerb und Preisbildung im Oligopol

❓ Aufgabe 18

Bitte erstellen Sie einen Überblick über Ihre Unternehmenszahlen. Vervollständigen Sie Tab. 9.10 (im Lehrbuch) mit den Informationen zu a) der Entwicklung der Herstellungskosten, b) Output und c) der Entwicklung des Angebotspreises an den Einzelhandel. d) Nach welcher Formel wird der Umsatz berechnet? e) Bitte notieren Sie die monatlichen Umsätze sowie den Gesamtumsatz hinter dem Summenzeichen (Σ). f) Erheben Sie die monatlichen Gesamtkosten sowie die Gesamtkosten der gesamten Produktionsphase (Σ). g) Welchen Gewinn/Verlust hat Ihre Getränkefirma monatsweise und insgesamt erzielt?

◘ Tab. 9.8 Die Gewinn- und Verlustrechnung sowie die Bewertung der Lagerbestände (Quelle: Eigene Darstellung)

Monat	Aug	Sep	Okt	Nov	Dez
Umsatz (Preis × verkaufte Paletten)*	$5 \times 42 = 210$	$8 \times 38 = 304$	$15 \times 39 = 585$	$8 \times 33 = 264$	$14 \times 39 = 546$
Herstellungskosten aller neuen Paletten	$10 \times 30 = 300$	$10 \times 28 = 280$	$10 \times 29 = 290$	$10 \times 26 = 260$	$10 \times 23 = 230$
Gewinn (Umsatz – Herstellungskosten)	$210 - 300 = -90$ Verlust	$304 - 280 = 24$ Gewinn	$585 - 290 = 295$ Gewinn	$264 - 260 = 4$ Gewinn	$546 - 230 = 316$ Gewinn
Bargeld** plus Gewinn oder minus Verlust	$500 - 90 = 410$	$410 + 24 = 434$	$434 + 295 = 729$	$729 + 4 = 733$	$733 + 316 = 1049$
Anzahl der Paletten im Lager	5	7	2	4	0
Herstellungskosten der Paletten	30	28	29	26	23
Wert des Lagerbestandes	150	196	58	104	0

*Bitte zählen Sie die Anzahl der gelagerten Paletten zu den neu hergestellten Paletten hinzu

**Im August erhalten Sie einmalig 500 Euro

✅ **Lösung**

Beispiel für vier gespielte Monate siehe ◨ Tab. 9.9: als kurze Wiederholung und zur Kontrolle der Kalkulationen.

❓ **Aufgabe 19**

a) Wie hat sich der Wettbewerb im Spielverlauf auf die Angebotspreise pro Palette ausgewirkt? b) Wie hat der Wettbewerb Löhne, Umweltstandards und den Gewinn Ihres Unternehmens beeinflusst? c) Inwieweit halten Sie diese Beobachtung für übertragbar auf die tatsächlichen wirtschaftlichen Gegebenheiten? d) Woran erkennen Sie beim Einkauf das Einhalten von Lohn- und Umweltstandards? Und wie wird Ihr Kaufverhalten dadurch beeinflusst?

✅ **Lösung**

Zu a) Da die vier Unternehmen um die geringen Abnahmemengen des Einzelhandels konkurrieren, sinken die Preise gewöhnlich von Monat zu Monat.

Zu b) Die Unternehmen versuchen, ihre Gewinne zu maximieren, indem Sie die Kosten für Löhne und Umweltstandards immer weiter senken.

Zu c) Manchmal argumentieren Schüler, dass Löhne nicht sinken würden. Tatsächlich können Löhne gesenkt werden, indem Mitarbeiter in Gesellschaften mit geringeren Tariflöhnen angestellt werden oder indem Mitarbeiter abgebaut, das Arbeitspensum des einzelnen erhöht wird oder indem die Arbeitszeiten verlängert werden. Außerdem wird oft kontrovers diskutiert, ob die Getränkehersteller gegeneinander austauschbar sind und ob die Marke eine Rolle spielt.

Zu d) Viele Schüler geben an, nicht darauf zu achten und es auch nicht zu wissen, weil die Lohnkosten nicht an dem Produkt abgelesen werden können. Wenn ein T-Shirt allerdings nur drei Euro kostet, dann kann man daraus sehr wohl Rückschlüsse auf die Produktionsbedingungen ziehen.

❓ **Aufgabe 20**

a) Die Preisbildung in einem Oligopol zeichnet sich durch vier typische Verhaltensvarianten der Marktteilnehmer aus. Welche Strategien decken sich mit Ihren eigenen

◨ **Tab. 9.9**   Vereinfachtes Beispiel ohne gelagerte Paletten. (Quelle: Eigene Darstellung)

Monat	Aug	Sep	Okt	Nov	Dez	
a) Herstellungskosten pro Palette	25	25	26	22,80	–	
b) Anzahl hergestellter Paletten	8	12	10	20	–	
c) Angebotspreis pro Palette	31	32	32	28,80	–	
d) Umsatz (*Preis* × *Menge*)	248	384	320	576	–	Σ 1528
e) Gesamtkosten	200	300	260	456	–	Σ 1216
f) Gewinn/Verlust	48	84	60	120	–	Σ 312

In der letzten Runde noch eingelagerte Paletten können entweder zu Herstellungskosten bilanziert oder als unverkäuflich abgeschrieben werden

Erfahrungen? 1) Preisabsprachen unter den wenigen Konkurrenten. 2) Preisstarrheit: Konsumentenrente wird von den Unternehmen abgeschöpft. 3) Preisführerschaft: Die Oligopolisten orientieren ihre Preispolitik an einem Unternehmen, das aufgrund von Marktanteil oder Größe eine von den anderen anerkannte Signalfunktion hat. 4) Verdrängungsstrategie: Mindestens ein Oligopolist verzichtet vorübergehend auf die Gewinnmaximierung und verfolgt stattdessen eine aggressive Strategie, nämlich „die anderen Anbieter vom Markt zu verdrängen" (Neubäumer und Hewel 2001, S. 118 ff.). **b)** Gibt es Anbieter, die eine sogenannte Dumpingstrategie verfolgt haben? Unter Dumping versteht man das Anbieten von Waren für einen geringeren als den Herstellungspreis. Dumping wird allerdings vom Kartellamt untersagt (§ 20 (4) GWB), weil dadurch der Wettbewerb der Unternehmen verfälscht wird.

✅ Lösung

Zu a) In dem Planspiel wird häufig der Anbieter mit den höchsten Produktionskosten, die Getränkeoma, vom Markt verdrängt. In der ersten Version des Planspiels ist eine Handelsschülerin in einer Lehrprobe entrüstet aufgesprungen und hat gerufen: „Aber dann hat die Getränkeoma doch gar keine Chance!" Deshalb habe ich diese Firma beibehalten, obwohl der Name nicht unbedingt zu einem Getränkehersteller passt. In manchen Spielrunden zählt diese Anbieterin, trotz einer schlechteren unternehmerischen Ausgangslage, dennoch zu den Gewinnern.

Zu b) Aufgrund des Startkapitals von 500 Euro hätten die Unternehmen eine Dumpingstrategie bereits in der ersten Runde verfolgen können.

9.5.7 Spielanleitung für eine Person

Diese Spielanleitung für eine Person ist ein Versucht, die Ergebnisse des Planspiels für einen einzelnen Leser zu simulieren. Deshalb sollten Sie die Fragen in der angegebenen Reihenfolge lösen.

❓ Aufgabe 21

a) Bitte füllen Sie in Tab. 9.5 (im Lehrbuch) die Spalte des Monats August aus: Ab welchem Preis wollen Sie zehn Paletten anbieten, angesichts der fixen Produktionskosten in Höhe von elf Euro? **b)** Zu Ihrem Preis können Sie nur sieben von zehn Paletten verkaufen. Bitte rechnen Sie in der ersten Spalte der Tab. 9.6 (im Lehrbuch) den Gewinn Ihres Unternehmens aus. **c)** Die drei gelagerten Paletten können Sie nun im Monat September zusätzlich zu den zehn Paletten anbieten, die Sie in diesem Monat herstellen können. Bitte kalkulieren Sie ein neues Angebot für den Monat September. Zu welchem Preis bieten Sie wie viele Paletten an? **d)** Als der größte Getränkehersteller die Preise deutlich senkt, bieten auch Ihre Konkurrenten die Paletten günstiger an. Deshalb bleiben Sie, trotz eines sehr ambitionierten Tiefpreises, auf zwei Paletten sitzen, die Sie erneut einlagern müssen. Bitte berechnen Sie den Unternehmensgewinn und kalkulieren Sie ein neues Angebot für den Monat Oktober. **e)** Aufgrund einer Werbekampagne verkaufen Sie alle Paletten. Berechnen Sie den Gewinn.

✅ **Lösung**

Zu a) Als Beispiel siehe ◧ Tab. 9.10. **Zu b)** Als Beispiel siehe ◧ Tab. 9.10. **Zu c)** Es können also 13 Paletten zum Angebotspreis verkauft werden. **Zu d)** Üblicherweise wird ein neues Angebot zu tieferen Preisen kalkuliert. **Zu e)** Siehe ◧ Tab. 9.9.

❓ **Aufgabe 22**

a) Bitte beschreiben Sie, wie sich der Wettbewerb bisher auf Ihre Angebotspreise ausgewirkt hat. Wie planen Sie weiter vorzugehen? **b)** Welche Folgen hatte der Wettbewerb auf die Löhne, Umweltstandards und den Gewinn Ihres Unternehmens? **c)** Inwieweit denken Sie, lässt sich diese Beobachtung auf die tatsächlichen wirtschaftlichen Gegebenheiten übertragen? **d)** Ist es Ihnen wichtig, dass die Unternehmen, von denen Sie Produkte kaufen, Umwelt und Lohnstandards einhalten? Ändern Sie ggf. Ihr Konsumverhalten?

✅ **Lösung**

Zu a) Üblicherweise werden die Preise gesenkt, weil die Konkurrenten die Preise ebenfalls gesenkt haben.
Zu b) Gewöhnlich wird den Arbeitern ein geringerer Lohn gezahlt und die Umweltstandards werden gesenkt. Meistens sinkt der Gewinn aufgrund der sinkenden Verkaufspreise.
Zu c) Da Unternehmen auf die Preisveränderungen der Konkurrenten reagieren, könnte der Wettbewerb geringere Löhne und Umweltstandards zur Folge haben.
Zu d) In der Regel argumentieren Schüler, dass es ihnen wichtig sei, sie jedoch tatsächlich beim Kauf nur selten darauf achten.

❓ **Aufgabe 23**

Mit der kurzen Simulation konnten Sie möglicherweise den typischen Spielverlauf ein wenig nachvollziehen. Welche der folgenden in einem Oligopol typischen Strategien, seitens der Oligopolisten, könnten am besten zum Spielgeschehen passen? Die Preisbildung in einem Oligopol zeichnet sich durch vier typische Verhaltensvarianten der Marktteilnehmer aus. Welche Strategien decken sich mit Ihren Erfahrungen? 1) *Preisabsprachen* unter den wenigen Konkurrenten. 2) *Preisstarrheit*: Die Unternehmen halten die Preise hoch, um Konsumentenrente abzuschöpfen. 3) *Preisführerschaft*: Die Oligopolisten orientieren ihre Preispolitik an einem Unternehmen, das aufgrund von Marktanteil oder Größe eine von den anderen anerkannte Signalfunktion hat. 4) *Ruinöse Konkurrenz*: Mindestens ein Unternehmen verzichtet vorübergehend auf eine Gewinnmaximierung und es unterbietet die Wettbewerber, um so Konkurrenten vom Markt zu verdrängen.

◧ **Tab. 9.10** Werttabelle für das Angebot an Paletten. (Quelle: Eigene Darstellung)

Preis pro Palette	35 €	40 €	45 €	50 €
Einzelmengen	10	10	10	10
Gesamtstückzahl[a]	10	20	30	40

[a]Bitte notieren Sie das zu diesem Preis am Markt verfügbare Gesamtangebot

✅ Lösung
Als Beispiel siehe Lösung zu Aufgabe 20 a.

❓ Aufgabe 24
a) Vier Unternehmen bieten jeweils zehn Paletten zu den folgenden Preisen an: 35 €, 40 €, 45 € und 50 €. Bitte vervollständigen Sie die Wertetabelle Tab. 9.11 (im Lehrbuch).
b) Zeichnen Sie die Angebotskurve in das Koordinatensystem ein. **c)** Für 80 € beträgt die Nachfrage 10 Paletten und für einen Preis von 10 € ließen sich 35 Paletten verkaufen. Bitte zeichnen Sie die lineare Nachfragekurve ein, die als Gerade zwischen diesen beiden Punkten im Koordinatensystem verläuft. Lesen Sie den Gleichgewichtspreis ab.

✅ Lösung
Zu a) Siehe ◘ Tab. 9.10. **Zu b)** Siehe ◘ Abb. 9.5. **Zu c)** Der Gleichgewichtspreis beträgt ungefähr 42 Euro und die Gleichgewichtsmenge ist ungefähr 23.

❓ Aufgabe 25
Börsenticker von heute: „Fusionsfieber in der Getränkebranche". Sie haben die Möglichkeit, sich mit einem anderen Unternehmen zusammenzuschließen, um Synergien zu nutzen. Als größeres Unternehmen können Sie beispielsweise bessere Einkaufskonditionen durchsetzen und die Produktionskapazitäten der einzelnen Unternehmen zusammenlegen, wodurch Größenkostenvorteile (Skaleneffekte) wirksam werden.
a) Wie lauten die neuen Produktionskosten nach einem Unternehmenszusammenschluss, wenn Ihr Fusionspartner nur sieben Euro für die Zutaten und Aromen bezahlen muss. Bitte legen Sie die folgende Formel zugrunde:

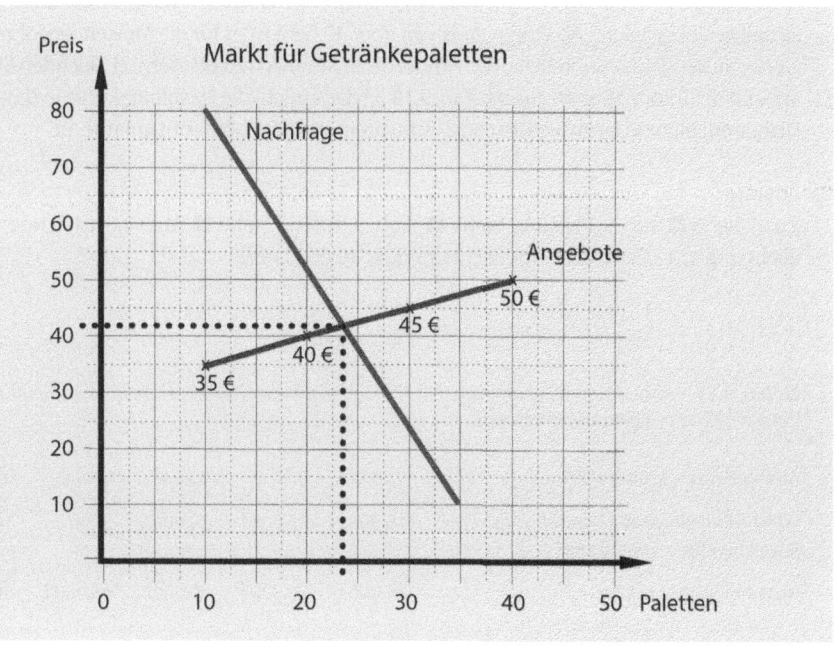

◘ **Abb. 9.5** Lösung Aufgabe 24. Angebotskurve Getränkepaletten. (Quelle: Eigene Darstellung)

$$\textit{Zutatenkosten}\,(\textit{neu}) = \frac{\left(\textit{Summe der Kosten für die Zutaten der beteiligten Unternehmen}\right)}{\left(\textit{Anzahl der Unternehmen}\right)} - \textit{Anzahl der Unternehmen}$$

b) Wenn Sie sich zu einer Fusion entschließen, sparen Sie aufgrund von Synergien ein Drittel Ihrer Belegschaft ein, die Sie kündigen, um Kosten zu sparen. Bitte begründen Sie mit Blick auf die Wettbewerbssituation aus der Simulation, ob Sie sich für eine Fusion entscheiden.

✅ **Lösung**

Zu a) Ihre fixen Produktionskosten betragen 11 Euro (siehe Aufgabe 21 a). Ihr Fusionspartner bezahlt 7 Euro. ((11 + 7)/2) − 2 = 7 Euro. Durch die Fusion sinken die gemeinsamen Produktionskosten aufgrund von Synergien auf 7 Euro.
Zu b) Da Ihre Konkurrenten die Preise immer weiter absenken, könnten Sie dazu gezwungen sein, zu fusionieren, um angesichts des Wettbewerbs den Fortbestand Ihres Unternehmens zu sichern.

9.6 Wütende Bauernproteste: Sie entscheiden über einen Mindestpreis für Milch

9.6.1 Auswertung: Die ökonomischen Folgen Ihrer Entscheidung zum Mindestpreis

❓ **Aufgabe 26**
a) Bitte fassen Sie die Informationen über das Angebot in einer Tabelle zusammen (vgl. Tab. 9.12 im Lehrbuch). **b)** Bitte zeichnen Sie die stufig verlaufende Angebotskurve in das Preis-Mengen-Diagramm ein: Die Milch wird an große Molkereien verkauft, die den Einzelhandel beliefern. Ab einem Preis von über 40 Cent ist es für die Molkereien lohnenswerter ausländische Kuhmilch durch importierte Kuhmilch zu ersetzen. **c)** Zeichnen Sie anhand der Informationen aus der Tab. 9.13 (im Lehrbuch) die Nachfragekurve in das Diagramm ein und lesen Sie Gleichgewichtspreis und Gleichgewichtsmenge ab.

✅ **Lösung**
Zu a) Siehe ◻ Tab. 9.11. **Zu b)** Siehe ◻ Abb. 9.6. **Zu c)** Siehe ◻ Abb. 9.6: Gleichgewichtspreis: 20 Cent, Gleichgewichtsmenge: 30.000 Liter.

◻ **Tab. 9.11** Angebotene Milchmengen in Abhängigkeit vom jeweiligen Milchpreis (stufiger Verlauf). (Quelle: Eigene Darstellung)

Abnahmepreis je Liter Milch	0,15 €	0,20 €	0,25 €	0,35 €	0,40 €
Welche Einzelmengen werden zum jeweiligen Preis angeboten?	15.000 l	15.000 l	10.000 l	5000 l	5000 l
Gesamtangebot in Litern	15.000 l	30.000 l	40.000 l	45.000 l	50.000 l

Bitte ordnen Sie die Angebotspreise in aufsteigender Reihenfolge

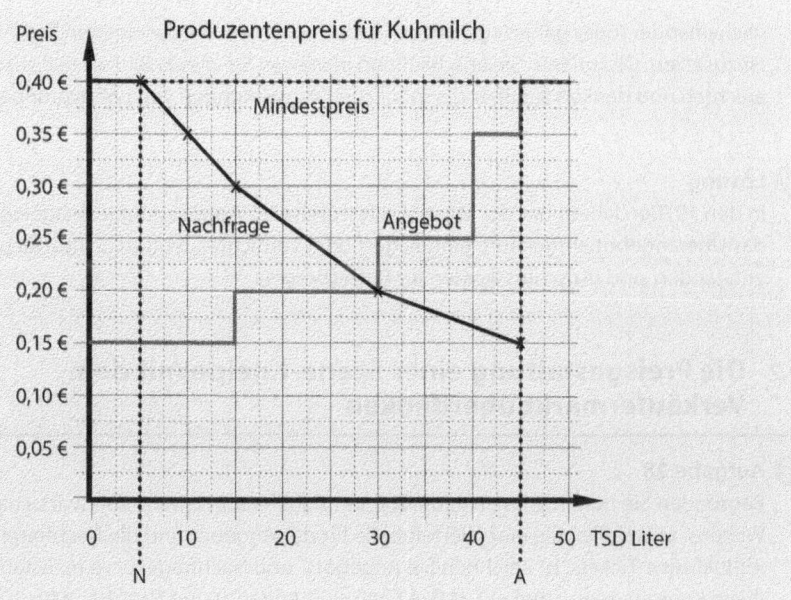

? **Aufgabe 27**

a) Zeichnen Sie den Mindestpreis von 40 Cent (oder Ihren eigenen) als waagerechte Linie in die Skizze ein, beginnend an der Preis-Achse bei 40 Cent (bzw. dem beschlossenen Cent-Betrag). Wie hoch sind die angebotene und die nachgefragte Menge zu diesem Preis? **b)** Bitte erläutern Sie die ökonomischen Auswirkungen Ihrer Entscheidung. **c)** Bitte erklären Sie die Wirkung von Mindestpreisen im Allgemeinen.

✓ **Lösung**

Zu a) Der Mindestpreis liegt immer über dem Gleichgewichtspreis. Hier ist der Mindestpreis als gepunktete, waagerechte Linie ab 0,40 Euro dargestellt, damit sich die Linie optisch besser von der Angebots- und Nachfragekurve abhebt.
Zu b) Schnittpunkt mit der Nachfragekurve: 5000 Liter; Schnittpunkt mit der Angebotskurve: 45.000 bis 50.000 Liter. Der Mindestpreis hat folglich einen Angebotsüberhang von 40.000 bis 45.000 Litern zur Folge, der nicht am Markt verkauft werden kann.
Zu c) Mindestpreise werden von den Politikern mit der Absicht festgelegt, den Anbieter zu schützen. Da Mindestpreise immer über dem Marktpreis liegen, haben sie einen Angebotsüberhang zur Folge. Außerdem besteht ein großer Anreiz, das Angebot auszuweiten, weil Investitionen, hier in neue Kühe und Weideflächen, sehr rentabel sind. Deshalb wird die Überschusssituation weiter verschärft.

Zusatzaufgabe für Gruppen

Wählen Sie einige Personen aus, von denen jede eine andere Gruppe von Lobbyisten vertritt. Bitten Sie jeden, sich eine Forderung zu überlegen. Stellen Sie dann die Gruppe der Lobbyisten für ein Abschlussbild vor die Regierung und bitten Sie jeden Lobbyisten nacheinander (oder nahezu gleichzeitig), sich vehement für die eigenen Forderungen einzusetzen. Diskutieren Sie anschließend inwieweit Sie dieses Bild als realistisch erachten und denken Sie über die möglichen Auswirkungen von Lobbygruppen nach.

✅ **Lösung**

In den 1970er-Jahren hat der Staat Mindestpreise für Agrarprodukte festgelegt und das Überangebot aufgekauft, eingelagert oder vernichtet, wodurch zusätzliche Kosten entstanden sind (Anschlusskosten für Butterberge).

9.7 Die Preisgestaltung einer Szene-Kneipe mit dem Verkäufermarkt überdenken

❓ **Aufgabe 28**

Begründen Sie nun Ihre Entscheidung unter Zuhilfenahme Ihres volkswirtschaftlichen Wissens: a) Erstellen Sie eine Wertetabelle für das Angebot und die Nachfrage nach All-Inklusive-Tickets. b) Zeichnen Sie Angebots- und Nachfragekurve maßstabsgetreu in ein Koordinatensystem ein. c) Wie hoch sind Angebot und Nachfrage für 10 €, 50 € und 100 €? d) Bitte ordnen Sie den Preisen 10 €, 50 € und 100 € die Begriffe Angebotsüberhang (Angebot > Nachfrage), Nachfrageüberhang (Nachfrage > Angebot) und Marktgleichgewicht (Angebot = Nachfrage) zu.

✅ **Lösung**

Zu a) Siehe ◘ Tab. 9.12 und ◘ 9.13.
Zu b) Siehe ◘ Abb. 9.7.
Zu c und d) 100 €: Angebot 500, Nachfrage 10, Angebotsüberhang, Käufermarkt, weil die Käufer in dieser Situation von sinkenden Preisen profitieren. 50 €: 350 Angebot = 350 Nachfrage, Marktgleichgewicht. 10 €: Angebot 10, Nachfrage 500, Nachfrageüberhang, Verkäufermarkt, weil die Verkäufer in dieser Situation von steigenden Preisen profitieren.

❓ **Aufgabe 29**

a) Bitte erklären Sie die Begriffe Käufermarkt und Verkäufermarkt. b) Bitte finden Sie Beispiele für Käufermarkt und Verkäufermarkt.

✅ **Lösung**

Zu a) *Käufermarkt*: Wenn das Angebot größer als die Nachfrage ist (Angebotsüberhang), dann spricht man von einem Käufermarkt, weil fallende Preise zu erwarten sind (Ott 1991, S. 153 f.). *Verkäufermarkt*: Wenn die Nachfrage größer als das Angebot ist (Nachfrageüberhang), dann spricht man von einem Verkäufermarkt, weil steigende Preise zu erwarten sind (Ott 1991, S. 153 f.).
Zu b) Der Wohnungsmarkt in Großstädten ist sicherlich ein Beispiel für einen Verkäufermarkt, da hunderte Anfragen für eine einzige Wohnung keine Seltenheit sind. Beispiele für einen Käufermarkt sind beispielsweise im Bereich von Lebensmitteln und teilweise auf dem Arbeitsmarkt zu finden.

◘ **Tab. 9.12**   Das Angebot an All-Inklusive-Tickets. (Quelle: Eigene Darstellung)

Preis	100 €	50 €	10 €
Angebotene Menge	500 Karten	350 Karten	10 Karten

◘ **Tab. 9.13**   Die Nachfrage nach All-Inklusive-Tickets. (Quelle: Eigene Darstellung)

Preis	100 €	50 €	10 €
Nachgefragte Menge	10 Karten	350 Karten	500 Karten

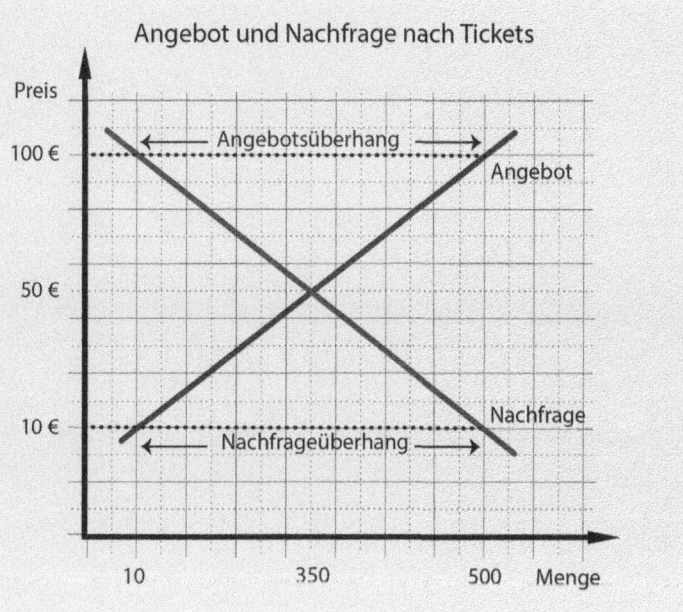

◘ **Abb. 9.7**   Lösung Aufgabe 28: Käufer- und Verkäufermarkt. (Quelle: Eigene Darstellung)

Didaktischer Hinweis

Die Eingangsfrage lautet, wie Sie die Situation lösen. Das Marktgleichgewicht ist offensichtlich ein Preis von 50 Euro und eine Ticketanzahl von 350. Allerdings ist die Datenlage in der Realität nicht so offensichtlich. Außerdem beziehen sich Käufermarkt und Verkäufermarkt auf ganze Märkte. Was jedoch den Kultfaktor anbetrifft, könnte es sein, dass bewusst versucht wird, einen Nachfrageüberhang aufrechtzuerhalten, um eine gewisse Knappheit durch lange Warteschlangen zu suggerieren. Das würde eventuell gegen die Einführung von All-Inklusive-Tickets sprechen, weil die Veranstaltung dann schlicht ausverkauft wäre. Hier könnte sich der Nachfrageüberhang in hohen Schwarzmarktpreisen für diese Tickets spiegeln.

Literatur

Beck, B. (2004). *Wohlstand, Markt und Staat, Eine Einführung in die Volkswirtschaftslehre*. Zürich: Compendio.

Neubäumer, R., & Hewel, B. (2001). *Volkswirtschaftslehre, Grundlagen der Volkswirtschaftstheorie und Volkswirtschaftspolitik*. Wiesbaden: Betriebswirtschaftlicher.

Ott, A. E. (1991). *Grundzüge der Preistheorie* (3. Aufl.). Göttingen: Vandehoeck & Ruprecht.

Reip, H., & Ulshöfer, W. (1978). *Volkswirtschaftslehre in Problemen, Lehrbuch zur Einführung in die Volkswirtschaftslehre und zur Einübung ihrer Denktechnik*. Bad Homburg vor der Höhe/Berlin/Zürich: Gehlen.

Roth, S. (2014). *VWL für Einsteiger*. Konstanz/München: UVK.

Stocker, F. (2014). *Moderne Volkswirtschaftslehre, Logik der Marktwirtschaft*. München: Oldenbourg.

9

Staat und Kapitalmarkt

Ich danke Maximilian Frenken, der sich besonders verdient um die Anpassung der Schülerperspektive gemacht hat, indem er alle Aufgaben gelöst und überdacht hat.

© Springer Fachmedien Wiesbaden GmbH, ein Teil von Springer Nature 2020
J. Pfannmöller, *Kreative Volkswirtschaftslehre – Lösungen*,
https://doi.org/10.1007/978-3-658-26678-3_10

10.1 Wie hoch ist der deutsche Schuldenberg in 50-Euro-Scheinen?

Didaktischer Hinweis

Für die Berechnung der Höhe des Schuldenberges lasse ich meistens die Fläche des Schulhofes mit einem Zollstock ausmessen oder mit Schritten abschätzen. Die unterschiedlichen Grundflächen können anhand der Volumina der Papierstapel dennoch leicht miteinander verglichen werden. Deshalb sollte man im Anschluss an die Rechnung die Zusatzaufgabe stellen: „Bitte berechnen Sie das Volumen des von Ihnen gestapelten Geldes." Beispiel: 57 m × 58 m × 7, 20 m = 51.470 m³. Die Hauptschwierigkeit besteht für die Schüler in der Regel darin, die eigenen Überlegungen wie in ◼ Tab. 10.1 zu strukturieren und den Überblick zu behalten. Binnendifferenziert kann die Aufgabe vereinfacht werden, wenn die einzelnen Bestandteile der Rechnung wie „Anzahl der benötigten Scheine", „Länge der Längsseite der Grundfläche" etc. wie in ◼ Tab. 10.1 vorgegeben werden. Die Angaben könnten jedoch auch ohne bestimmte Reihenfolge aufgelistet werden, damit zuerst ein Rechenweg überlegt werden muss.

E-Mail an den Stadionverwalter
Betr. Schulden in Ihrem Stadion stapeln

Sehr geehrter Herr Grass,

vielen Dank für Ihre Rückmeldung zu der Größe des Spielfeldes.

Selbstverständlich ist die Idee, den deutschen Schuldenberg auf Ihrem Stadionrasen zu stapeln, völlig unrealistisch.

Hierfür würden ungefähr 43,4 Milliarden 50-Euro-Scheine benötigt. Allerdings gibt es in der gesamten Eurozone nur ca. 780 Milliarden Euro gedrucktes Bargeld, das zu

◼ **Tab. 10.1**   Die Höhe des Schuldenberges berechnen. (Quelle: Eigene Darstellung)

Rechnung	Ergebnis	In Worten
Deutsche Staatsschulden	2170.000.000.000	2,17 Billionen Schulden
Benötigte 50-Euro-Scheine	43.400.000.000	43,4 Milliarden 50-Euro-Scheine
Scheine auf der Längsseite	750	750 Scheine auf 105 m Längsseite
Scheine auf der Querseite	883,12	883 Scheine (abgerundet) auf der Querseite 68 m
Scheine auf der Grundfläche	662.250	662.250 Scheine liegen auf der Grundfläche
Anzahl der Stapellagen	65.534	65.534 Geldscheinschichten
Höhe in Millimetern	7208,76	Höhe des Schuldenberges 7,21 m
Volumen*	51.470	51.470 m³
Gewicht	3514.000.000	35.154 t

*Anhand des Volumens können Schuldenberge auf unterschiedlichen Grundflächen verglichen werden

10.2 · „Ich kann mich nicht erinnern, zwei Billionen Euro als Kredit ...

129

10

ungefähr einem Drittel aus Fünfzigern besteht. Außerdem hätte das Papier ein Gewicht von mindestens 35.000 Tonnen und das selbstverständlich auch nur dann, wenn druckfrische Geldscheine verwendet würden.

Aufgrund dieser ungünstigen Umstände werden wir uns mit einer Fotomontage behelfen. Damit erübrigt sich der Termin.

Vielen Dank für Ihre freundlichen Auskünfte!

Mit freundlichen Grüßen

Jürgen Pfannmöller

10.2 „Ich kann mich nicht erinnern, zwei Billionen Euro als Kredit aufgenommen zu haben ..."

Es ist manchmal gar nicht so einfach, den reellen Bezug zu Zahlen dieser Größenordnung zu behalten. Außerdem denken Schüler häufig, dass „schwarze Null" frei von Staatsschulden meint, zumal Schüler selten überhaupt etwas von der Staatsverschuldung gehört haben. Tatsächlich besagt die schwarze Null lediglich, dass die Staatsausgaben genauso hoch sind wie die Staatseinnahmen, ohne dass *neue* Kredite für die Finanzierung der Ausgaben aufgenommen werden müssen (Quelle Bundesfinanzministerium 2016).

> **Didaktischer Hinweis**
> Wenn die Überschrift diskutiert wird, kann überlegt werden, wie viele Nullen zwei Billionen Euro haben und um wie viele Millionen es sich handelt. Alternativ könnte vorab gemeinsam überlegt werden, welche Zahl die Zukunft der Schüler am stärksten beeinflussen wird, und die Ergebnisse können dann mit den Folgen der Staatsverschuldung verglichen werden. Wenn die Schüler die Tab. 10.1 (im Lehrbuch) mit identischen Werten berechnen sollen, dann kann ein Jahreseinkommen von beispielsweise 10.000 Euro wie in der Musterlösung (vgl. ◘ Tab. 10.2) vorgegeben werden.

■ **Zu ◘ Tab. 10.2**

(2) Die Differenz beträgt 6,2 Mrd. Euro und es handelt sich um einen Budgetüberschuss, weil die Staatseinnahmen größer als die Staatsausgaben sind.

(3) Welchem Prozentsatz entsprechen 6,2 Mrd. Euro im Verhältnis zu den Gesamteinnahmen? Wenn Sie den gleichen Anteil Ihres Einkommens gespart hätten, wären die Konsumausgaben 9804,66 Euro gewesen.

■ ■ **Rechenwege:**

$6,2\,Mrd.Euro \div 317,4\,Mrd.Euro \times 100 = 1,9534\,\%$

Ersparnisanteil an den Gesamteinnahmen (3)

Ihr Einkommen $\times 1,9534 \div 100 = 195,34\,Euro\ Ersparnis\,(4)$

Einkommen $(1) - Ersparnis\,(4) = Konsumausgaben\,(5):$

$10.000\,Euro - 195,34\,Euro = 9804,66\,Euro\,(5)$

◘ **Tab. 10.2**   Vergleichen Sie den deutschen Staatshaushalt 2016 mit Ihrer eigenen Finanzlage. (Quelle: Bundesfinanzministerium 2016; Eurostat 2016)

Gesamteinnahmen des Staates	Ihr jährliches Einkommen
317,4 Mrd. Euro	(1) 10.000,00 Euro
Gesamtausgaben des Staates	Ihre jährlichen Ausgaben
311,2 Mrd. Euro	(5) 9804,66 Euro
Defizit bzw. Budgetüberschuss	Ersparnis bzw. Dispokredit
(2) 6,2 Mrd. Euro (3) 1,9534 %	(4) 195,34 Euro
Gesamte Staatsverschuldung	langfristiges Darlehen
2152 Mrd. Euro	(6) 67.800 Euro
Zinslast des Staates	Zinslast für das langfristige Darlehen
23,7 Mrd. Euro	(7) 746,68 Euro

(6) Der Staat würde 6,78 Jahre benötigen, um die Schulden zurückzuzahlen. Rechnung:

$$2152 \, Mrd.Euro \div 317,4 \, Mrd.Euro = 6,78 \, Jahre$$

$$Gesamte \; Einnahmen \times 6,78 \, Jahre = 10.000 \, Euro \times 6,78 = 67.800 \, Euro \; Schulden$$

Der deutsche Staat würde ca. 7 Jahre benötigen, um die gesamten Staatsschulden zurückzuzahlen, vorausgesetzt, es würden keine neuen Schulden gemacht und die Staatseinnahmen wären weiterhin 317,4 Mrd. Euro. Zu den Veränderungen der Staatseinnahmen und -ausgaben erstellt das Bundesfinanzministerium Prognosen, die Sie im Internet recherchieren können.

(7) $23,7 \div 2152 \times 100 = 1,1013$ % lautet der ungefähre Zinssatz.

Didaktischer Hinweis
Schüler wenden häufig ein: „Sieben Jahre klingt aber wenig …" oder: „Es kommt ja auch darauf an, wie lange es gedauert hat, diese Schulden aufzutürmen." In diesem Falle könnte man beispielsweise wie in Aufgabe 1 d) fragen, was passiert, wenn der deutsche Staat sieben Jahre lang keinen Cent mehr ausgibt. Die Idee ist selbstverständlich völlig abwegig, weil der Staat beispielsweise Gehälter und Sozialausgaben auszahlt, in den Erhalt und Ausbau der Infrastruktur investiert usw.

Didaktischer Hinweis
Aufgrund des EZB-Leitzinses von null Prozent in der Phase nach 2016 ist die Zinsbelastung des Staates zu dieser Zeit sehr gering, sodass Schüler für die Zinslast kein Problembewusstsein entwickeln. Deshalb könnte die Zinsbelastung im Falle von zwei, drei und vier Prozentpunkten berechnet werden, um sich zu vergegenwärtigen, wie sich ansteigende Zinsen auf den Ausgabenspielraum des Staates auswirken.

10.2.1 **Auswertung**

❓ Aufgabe 1

Stellen Sie sich vor, Sie müssten Ihre „imaginären" Schulden in Höhe von 67.800 Euro ab heute zurückzahlen: **a)** Wie viel Geld würden Sie jährlich tilgen? **b)** Wie viel Geld bliebe Ihnen monatlich übrig? **c)** In welchem Alter hätten Sie Ihre Schulden vollständig zurückgezahlt? **d)** Was würde passieren, wenn der deutsche Staat sieben Jahre lang keinen Cent ausgeben würde?

✅ Lösung

Zu a–c) Schüleraussage von David Neidlinger: „Wenn ich mit meinen derzeitigen Einnahmen rechne, dann müsste ich bei gleichem Schuldenstand zu Hause wohnen bis ich 37 bin. Dadurch würde ich das Geld für Essen, Trinken und Wohnen sparen und ich könnte mir noch ein paar Klamotten leisten."

Zu d) „Wir hätten keine Staatsschulden mehr." Beispiele: Die deutsche Infrastruktur, wie der Zustand vieler Straßen und Brücken, würde sich weiter verschlechtern, weil der Staat kein Geld für die Instandhaltung und den Ausbau der Infrastruktur ausgeben würde. Beamten würden nicht entlohnt, weder Richter noch Polizisten, Lehrer, aber auch keine Kindergärtner usw. Die Bürger würden keine Sozialleistungen bekommen, kein Kindergeld oder BAföG, kein Hartz IV, kein Arbeitslosengeld und die Unternehmen keine Subventionen usw. Aus dieser rein hypothetischen Betrachtung resultierten übrigens auch sinkende Staatseinnahmen. Was geschieht, wenn eine Regierung kein Geld mehr ausgeben kann, finden Sie im Internet am Beispiel der US-amerikanischen Regierung unter den Schlagworten: „Government Shutdown USA" (Stilllegung der Regierung). Im Zusammenhang mit der „schwarzen Null" wird häufig diskutiert, inwiefern diese durch einen Substanzverlust beispielsweise der Infrastruktur erkauft wird, weil erforderliche Instandhaltungen nicht realisiert würden, um Geld zu sparen.

❓ Aufgabe 2

a) Was spüren Sie persönlich von der deutschen Staatsverschuldung? **b)** Was meint der Finanzminister, wenn er sagt, dass er für den kommenden Staatshaushalt eine „schwarze Null" anstrebt? **c)** „Ich bin überrascht, wie wenig man von der Schuldenhöhe merkt und eigentlich hatte ich vorher davon auch noch nie etwas gehört …" (David, Schüler). Bitte unternehmen Sie einen Erklärungsversuch, woran es liegen könnte.

✅ Lösung

Zu a) In der Regel sagen die Schüler: „Nichts."

Zu b) Das bedeutet, dass die Staatseinnahmen gleich den Staatsausgaben sind. Es heißt also nur, dass keine neuen Kredite zu der Finanzierung der Staatsausgaben aufgenommen werden sollen (Bundesfinanzministerium 2016). Die 2152 Mrd. Euro Schulden bleiben jedoch bestehen.

Zu c) Typische Antworten: „Die Darstellung des Staatshaushaltes auf den Seiten des Bundesfinanzministeriums finde ich schwierig zu verstehen.", „Vielleicht konzentriert sich die Regierung derzeit auf das Erreichen einer ‚schwarzen Null' und nicht so sehr auf eine Schuldentilgung.", „Der Staat prahlt nicht mit seinen Schulden" (Malte, Schüler), „Als Privatperson können wir die Staatsschulden nicht an unserem Kontostand ablesen.", „Allerdings könnten wir hohe Staatsschulden an schlechten Straßenverhältnissen erkennen (Infrastruktur) oder an der Einführung neuer oder höherer Steuern" (Jenni, Schülerin).

❓ Aufgabe 3

a) Angenommen, Sie haben einen achtstündigen Arbeitstag und eine einstündige Mittagspause. Ihr Einkommenssteuersatz soll 30 % betragen. Wie viele Stunden und Minuten arbeiten Sie dann täglich, um Ihre Einkommenssteuer zu bezahlen? **b)** Der Staat plant zusätzliche Bildungsausgaben in Höhe von 10 Mrd. Euro. Wie lange müssen Sie rein rechnerisch für Ihren Pro-Kopf-Anteil an diesen Staatsausgaben arbeiten, wenn wir von 40 Mio. Erwerbstätigen und einem Stundenlohn von 20 Euro ausgehen?

✅ Lösung

Zu a) 8 Stunden in Minuten (also mal 60) = 480 Minuten, 480 × 30 ÷ 100 = 144 Minuten (120 Minuten plus 24 Minuten), also 2 Stunden und 24 Minuten. „Wenn ich um 7 Uhr zu arbeiten beginne, dann arbeite ich bis 9:24 Uhr nur, um meine Steuern zu bezahlen." Natürlich muss im Falle des Spitzensteuersatzes länger gearbeitet werden, um die Steuerlast zu tilgen.

Zu b) $10\ Mrd.Euro\ Kosten \div 40\ Mio.Erwerbst\ddot{a}tige = 250\ Euro$ Pro-Kopf-Anteil. $250\ Euro \div 20\ Euro\ Stundenlohn = 12,5\ Stunden\ Arbeitszeit.$

Didaktischer Hinweis

Die Aufgabe ist insofern nicht ganz eindeutig gestellt, weil die Angaben zu der Mittagspause fehlen. Ich habe die Erfahrung gemacht, dass die damit zusammenhängenden Rückfragen den Einstieg in die Aufgabe erleichtern.

10

10.3   Rating – das Geschäft mit der Wahrscheinlichkeit

Didaktischer Hinweis

In den Nachrichten wird häufig über Ratings berichtet, besonders in Krisenzeiten. In der Nachrichtensuche finden Sie unter „Rating", „Regierung" und „Italien" Nachrichten zu diesem Inhalt. Informationen zu den Auswirkungen von Ratings finden Sie in ▶ Abschn. 10.8. In ▶ Abschn. 16.5 arbeiten Sie als Mitarbeiter einer Rating-Agentur und Sie erstellen selbst ein Rating.

❓ Aufgabe 4

a) Was ist ein Rating? **b)** Wie heißen Ratingveränderungen? **c)** Bitte nennen Sie Aspekte, die in die Ratingbeurteilung von Staaten einfließen. **d)** Bitte erläutern Sie, weshalb Ratings umstritten sind. **e)** Bitte erläutern Sie, inwieweit die Rating-Agenturen für ihre Testate haften. **f)** Nennen Sie Vorteile und Nachteile von Ratings.

✅ Lösung

Zu a) Ein Rating ist eine Einschätzung der *aktuellen* Kreditwürdigkeit eines Schuldners durch eine Rating-Agentur. Allerdings ist es keine Prognose über die *zukünftige* Kreditwürdigkeit. Das ist ein ganz wichtiger Unterschied und ein häufiges Missverständnis: Aufgrund verschiedener Informationen trifft die Rating-Agentur mit dem Rating lediglich eine *aktuelle* Einschätzung, inwieweit sie glaubt, dass Kredite an den jeweiligen Schuldner unter *derzeitigen* Bedingungen riskant oder sicher seien. Dafür vergibt sie, vergleichbar mit Schulnoten, eine Buchstabenkombination von der Bestnote AAA bis zum anzunehmenden Totalausfall D (Bleser 2009, S. 30).

Zu b) Sie heißen Rating-Herabstufung oder Rating-Heraufstufung.

Zu c) Die Rating-Agentur wertet beispielsweise die Aussagen der Regierung eines Staates und Informationen zu der wirtschaftlichen Entwicklung (Konjunkturindikatoren) aus. Allerdings wird der genaue Rechenweg, den eine Rating-Agentur zugrunde legt, von den Rating-Agenturen nicht veröffentlicht.

Zu d) Rating-Agenturen haften nicht für ihre Testate, weil sie sich als Finanzjournalisten verstehen, die Meinungen veröffentlichen. Rating-Agenturen sind privatwirtschaftliche, gewinnorientierte Unternehmen und die Rating-Agentur wird häufig von demjenigen bezahlt, über dessen Kreditwürdigkeit zu entscheiden ist. Außerdem handelt es sich um keine Prognose der zukünftigen Kreditwürdigkeit unter Berücksichtigung möglicher Wirtschaftskrisen.

Zu e) Rating-Agenturen verstehen sich als Finanzjournalisten, die eine Meinung veröffentlichen, die der Meinungsfreiheit unterliegt.

Zu f) *Vorteil:* Investoren bekommen schnell einen Überblick über die Kreditwürdigkeit anhand der „Schulnote", weshalb die Investoren selbst keine zeitaufwändigen und teuren Prüfungen vornehmen müssen. Da sich alle Marktteilnehmer an den Ratings derselben drei großen Rating-Agenturen orientieren, besteht eine gewisse Transparenz, welche Informationen in die Börsenkurse eingepreist werden.

Nachteil: Rating-Agenturen sind nicht unabhängig. Es sind privatwirtschaftliche Unternehmen mit dem Ziel, Gewinne zu machen (Bleser 2009, S. 6). Zudem kann es zu Interessenkonflikten kommen, weil häufig die Schuldner das Rating selbst in Auftrag geben. Derjenige, der sich Geld am Kapitalmarkt leihen möchte, bezahlt in manchen Fällen selbst für die Einschätzung seiner Kreditwürdigkeit. Ein weiterer Nachteil ist, dass im Wesentlichen auf drei große US-amerikanische Rating-Agenturen – Moody's, Standard & Poor's und Fitch – geschaut wird (Bleser 2009, S. 6). Das bedeutet, dass deren Ratingveränderungen von den Marktteilnehmern beachtet und in die Börsenkurse und Zinsen eingepreist werden, weil jeder weiß, dass sich die anderen Marktteilnehmer auch danach richten. Deswegen können es sich weder Investoren noch Banken leisten, diese zu ignorieren, da die anderen Marktteilnehmer sich bei der Kursfindung danach richten.

10.4 Schuldenquartett: Wirtschaftskraft und Verschuldung gegeneinander ausspielen

„Durch das Quartett kenne ich jetzt den Schuldenstand vieler Länder und ich kann deren wirtschaftliche und finanzielle Lage beurteilen" (Steffen, Abiturient).

Didaktischer Hinweis

Die zentralen Inhalte des Quartetts sind die Staatsschulden und das Bruttoinlandsprodukt, welches jedoch erst im 15. Kapitel „Konjunktur und Wachstum" ausgiebig erläutert wird. Das Spiel kann man sowohl als Vorbereitung als auch als Nachbereitung des BIPs spielen oder im Zusammenhang mit den Mitgliedsstaaten des Euroraums.

Im Spielgeschehen taucht häufig die Frage auf, wie oft Ratings angepasst und verändert werden: Das ist davon abhängig, ob sich die wirtschaftliche Lage der bewerteten Kreditnehmer verändert oder ob die Regierung beispielsweise sagt, sie wolle (oder könne) die Schulden nicht wie geplant zurückzahlen. In der Folge geben Rating-Agenturen häufig binnen kürzester Zeit eine Einschätzung zu der veränderten Situation ab und nehmen ggf. eine Rating-Herabstufung vor.

❓ Aufgabe 5

a) Vielleicht haben Sie sich beim Durchlesen der Spielanleitung gefragt, wie es sein kann, dass Deutschland eine höhere Verschuldung als Griechenland haben kann. Bitte schauen Sie sich die beiden Spielkarten Deutschlands und Griechenlands etwas genauer an und finden Sie die Lösung für diesen scheinbaren Widerspruch. b) Spielen Sie das Quartettspiel und lösen Sie anschließend die folgende Auswertung.

✔ Lösung

Zu a) Deutschland hat *absolut* gesehen, also in Milliarden Euro, derzeit (2016) tatsächlich die ca. siebenfache Staatsverschuldung Griechenlands. Die Höhe der absoluten Verschuldung errechnen Sie mit den Werten der Spielkarten, indem Sie das BIP in Milliarden Euro mit der Staatsverschuldung in Prozent des BIPs multiplizieren.

Rechenweg

$Deutschland\ BIP\ 3025\ Mrd.Euro \times 0,712 = 2153\ Mrd.Euro\ Staatsschulden.$

$Griechenland\ BIP\ 176\ Mrd.Euro \times 1,769 = 311,34\ Mrd.Euro\ Staatsschulden.$

Jedoch ist die Schuldenlast der deutschen Volkswirtschaft viel geringer, weil Deutschland über eine viel höhere Wirtschaftskraft verfügt, also mit viel mehr Einwohnern eine höhere Gütermenge (BIP) herstellt. Die *relative* Staatsverschuldung im Vergleich mit der hergestellten Gütermenge (BIP) ist für Deutschland mit 71,2 % des BIPs wesentlich geringer als die griechische in Höhe von 176,9 % des BIPs.

Beispiel: Könnte Deutschland den Erlös aller Waren und Dienstleistungen, die es innerhalb eines Jahres herstellt, in den Schuldendienst stecken, dann wäre es ungefähr Mitte August schuldenfrei. In Griechenland würde die Schuldentilgung bis ungefähr Mitte August des Folgejahres andauern.

Rechenweg

$Deutschland : 12\ Monate \times 0,712 = 8,54\ Monate$

$Griechenland : 12\ Monate \times 1,769 = 21,22\ Monate$

Deshalb ist die Schuldenbelastung der griechischen Volkswirtschaft deutlich höher und auch die von der Ratingagentur festgestellte Kreditwürdigkeit deutlich geringer.

Auf das Quartettspiel bezogen „gewinnt" Deutschland beim prozentualen (relativen) Schuldenvergleich und Griechenland liegt beim Vergleich der absoluten Schulden in Mrd. Euro vorn, der allerdings auf den Spielkarten nicht genannt ist.

In der Volkswirtschaftslehre ist es eine übliche Vorgehensweise, Größenordnungen über relative Vergleiche zu bemessen. Beispielsweise werden Haushaltsdefizite des Staates ebenfalls in Relation zum BIP angegeben und die relative Performance einer Aktienanlage wird häufig mit der Veränderung eines Leitindex verglichen.

Didaktischer Hinweis

Manche Schüler kennen Quartettspiele nicht und die einzelnen Gruppen spielen auch unterschiedlich schnell, sodass manche früher mit der Auswertung beginnen können.

❓ Aufgabe 6

a) Welche 19 Länder gehören zum Euroraum, der umgangssprachlich auch als Eurozone bezeichnet wird? Damit ist das Euro-Währungsgebiet gemeint, in welchem der Euro als offizielles Zahlungsmittel eingeführt ist. Es gibt aber auch noch einige kleine Staaten außerhalb der Europäischen Union, die im Rahmen eines Abkommens den Euro als Währung eingeführt haben. **b)** Nun geht es um einen Überblick über einzelne Länder der Eurozone (siehe Tab. 10.2 im Lehrbuch). Gesucht sind jeweils die großen Vier, die Sie bitte in absteigender Wertigkeit von links nach rechts notieren. Legen Sie bitte jedes Mal ein besonderes Augenmerk auf die Einheit, mit welcher die Kennzahl gemessen wird und schreiben Sie diese jedes Mal hinzu.

✅ Lösung

Zu a) Der Währungsraum, in welchem der Euro als offizielles Zahlungsmittel eingeführt wurde, umfasst: Belgien, Deutschland, Estland, Finnland, Frankreich, Griechenland, Italien, Irland, Lettland, Litauen, Luxemburg, Malta, die Niederlande, Österreich, Portugal, die Slowakei, Slowenien, Spanien und Zypern.
Zu b) Siehe ◘ Tab. 10.3.

◘ **Tab. 10.3** Wichtige wirtschaftliche Kennzahlen europäischer Volkswirtschaften (Quelle: Eigene Darstellung)

1. Die vier Euroländer mit der größten Wirtschaftskraft (BIP)			
Land	Deutschland	Italien	Frankreich	Spanien
Wirtschaftskraft/BIP	3025 Mrd. €	2636 Mrd. €	2190 Mrd. €	1042 Mrd. €

2. Die vier Euroländer mit dem stärksten BIP pro Kopf			
Land	Luxemburg	Irland	Niederlande	Österreich
BIP pro Kopf	89.900 €	55.100 €	40.000 €	39.400 €

3. Die vier größten Schuldner des Euroraums im Verhältnis zur Wirtschaftsleistung (BIP)			
Land	Griechenland	Italien	Portugal	Zypern
Schulden in % BIP	176,9 % BIP	132,7 % BIP	129,0 % BIP	108,9 % BIP

4. Die vier größten Schuldner des Euroraums gemessen an der absoluten Schuldenhöhe			
Land	Italien	Deutschland	Frankreich	Spanien
Schulden in Euro	2171 Mrd. €	2153 Mrd. €	2098 Mrd. €	1034 Mrd. €

Die Höhe der absoluten Verschuldung errechnen Sie mit den Spielkarten, indem Sie das BIP in Milliarden Euro mit der Staatsverschuldung in Prozent des BIPs multiplizieren.
Rechenweg: *Deutschland BIP 3025 Mrd. Euro* × 0,712 = 2153, 8 *Mrd. Euro Staatsschulden.* Die Punkte in den Milliardenbeträgen der Musterlösung grenzen die Billionenbeträge ab.

5. Alle Triple-A Ratings in der EU ohne Großbritannien im Euroraum: Die Schweiz und Großbritannien haben andere Währungen.

Land	Deutschland	Luxemburg	Niederlande	Schweden

Bitte überprüfen Sie, ob Sie die Recheneinheiten wie Mrd. €, % des BIP etc. angegeben haben

> **Didaktischer Hinweis**
> In Aufgabe 5 der Tab. 10.2 (im Lehrbuch) sind es mittlerweile nur noch drei Triple-A-Ratings. Nach dem Austritt Großbritanniens aus der EU sind es dann mit Schweden jedoch vier innerhalb der EU.

❓ Aufgabe 7

a) Mit welchen Kennzahlen wird die Wirtschaftskraft eines Landes gemessen? b) Wieso vergleichen Sie auf den Spielkarten die Staatsverschuldung in Prozent des BIPs? c) Welche anderen Kennzahlen sind Ihnen bekannt, die in Prozent des BIPs angegeben werden? d) Wieso werden wichtige ökonomische Kennzahlen überhaupt zum BIP ins Verhältnis gesetzt?

✅ Lösung

Zu a) Absolutes BIP in Mrd. Euro, BIP pro Kopf und das Wirtschaftswachstum, also die Veränderung des BIPs zum Folgejahr oder Quartal, in Prozent. Da das BIP die Wirtschaftskraft einer Volkswirtschaft misst, werden viele ökonomische Kennzahlen zum BIP ins Verhältnis gesetzt, also in Prozent des BIPs angegeben (siehe Aufgabe 7 c).
Zu b) Das BIP zeigt die Wirtschaftskraft eines Landes an und deshalb werden wirtschaftliche Kennzahlen häufig in Prozent des BIPs angegeben, damit ein Vergleich möglich ist. Das gilt beispielsweise auch für die Staatsverschuldung, die in Prozent des BIPs angegeben wird. Denn Staatsschulden von beispielsweise 100 Mrd. Euro sagen nichts über die Belastung für die Volkswirtschaft aus.
Zu c) Staatsverschuldung, Nettoneuverschuldung (Haushaltsdefizit), Wirtschaftswachstum. Und obwohl jedes EZB-Ratsmitglied gleichberechtigt eine Stimme hat, spielt das BIP jedoch für die turnusmäßige Ausübung des Stimmrechts in der EZB eine Rolle (siehe Rotationsprinzip in ▶ Abschn. 12.2). Aber auch wenn man versucht, sich den Wohlstand reicher historischer Persönlichkeiten vor Augen zu führen, dann wird deren Vermögen oft zu den damals insgesamt produzierten Gütern ins Verhältnis gesetzt.
Zu d) Siehe hierzu Aufgabe 1 a): Vergleich der absoluten und relativen Staatsverschuldung Deutschlands und Griechenlands: Nur anhand der Verschuldung in Prozent des BIPs kann man erkennen, weshalb Griechenland so hoch verschuldet ist. Die absolute Verschuldung in Mrd. Euro ist hierfür weniger geeignet.

❓ Aufgabe 8

a) Durch eine Veränderung welcher ökonomischen Variablen lässt sich die relative Staatsverschuldung im Verhältnis zum BIP verringern? b) Wie kommt das bessere Rating Deutschlands im Vergleich zu Griechenland zustande?

✅ Lösung

Zu a) Steigt das BIP, dann sinken auch die Staatsschulden, ausgedrückt in Prozent des BIP. Eine verschlechterte wirtschaftliche Lage und ein sinkendes BIP erhöhen dementsprechend die relative Verschuldung in Prozent des BIP. Natürlich verringert auch eine Rückzahlung der Staatsschulden die Verschuldung in Prozent des BIPs, sofern das BIP unverändert bleibt oder ansteigt.
Zu b) Das Rating Deutschlands ist trotz einer höheren absoluten Verschuldung besser, weil dessen relative Verschuldung im Verhältnis zum BIP viel geringer ist.

10.5 Cartoon: Gewähren Sie dem Staat einen Kredit mit Staatsanleihen

Bitte schauen Sie sich den Cartoon an und sammeln Sie in einem Brainstorming Ihre Fragen zu Staatsanleihen. Auch als einzelner Leser ist es empfehlenswert, sich ein wenig Zeit für das Entwickeln eigener Fragen zu nehmen, weil die Informationen aufgrund von selbst gestellten Fragen eingängiger sind. Verständnisvoraussetzungen sind die Inhalte EZB, Leitzinsen und Inflation.

> **Didaktischer Hinweis**
> In der Arbeit mit Gruppen werden die Fragen gesammelt und anschließend mit den Folgeseiten gelöst. Vorher könnten Fragen zu einzelnen Kategorien zusammengefasst und für die Lösung auf Gruppen aufgeteilt werden. Fragen, die nicht zu den Kapitelinhalten passen, sollten im Anschluss an das Brainstorming vorerst vom Lehrer ausgeklammert werden. Weitere Fragen könnten hinzugefügt werden.

Der Cartoon regt gewöhnlich einige der folgenden Fragen an:
- **Markt**: Wo kaufe ich Staatsanleihen? Dürfte eine Person oder Institution alle Staatsanleihen eines Staates vollständig aufkaufen?
- **Allgemeines**: Was machen Staaten mit dem geliehenen Geld und woher stammt das Geld, das sie zurückzahlen? Seit wann gibt es Staatsanleihen? Wie viele deutsche Staatsanleihen werden jährlich gekauft? Welchen Anteil ihres Vermögens legen Sparer in Staatsanleihen an?
- **Rentabilität**: Aus welchem guten Grund sollen wir dem Staat Geld leihen? Lohnt sich eine Geldanlage in Staatsanleihen? Gibt es günstige Zeitpunkte, Anleihen zu kaufen?
- **Zinssatz**: Wie kommt der Zinssatz zustande? Wird dieser gesetzlich festgelegt?
- **Laufzeit**: Wie lange „muss" ich das Geld verleihen? Wer bestimmt die Laufzeit der Anleihe? Kann ich Anleihen wieder vorzeitig verkaufen?
- **Sicherheit**: Worin besteht das Risiko, wenn ich einem Staat Geld leihe und woran kann ich das Risiko erkennen? Kann ich Geld verlieren? Können Staaten Pleite gehen? Wieso sind deutsche Staatsanleihen sicherer als andere? War Deutschland jemals zahlungsunfähig?
- **Börsenkurs**: Wie kommen Anleihekurse zustande? Wie kann es sein, dass die verliehenen 100 Euro in dem Cartoon plötzlich weniger wert sind? Wie verliert eine Staatsanleihe an Wert, wenn ich doch am Ende der Laufzeit die geliehenen 100 Euro zurückbekomme? Und: Wie kann es sein, dass die spanische Anleihe nur noch 92 Euro und die deutsche Staatsanleihe hingegen 102 Euro wert ist? Dann würde der Kursverfall der spanischen Anleihe von 8 Euro ja ein Verlustgeschäft für mich bedeuten usw.

Die Höhe der im Lehrbuch genannten Zinssätze ist nach derzeitiger Marktlage (2018) selbstverständlich illusorisch hoch. Dennoch ist es anschaulicher, mit den höheren Zinsen zu rechnen, um sich nicht die ganze Zeit die Sinnfrage dieser Aufgabe zu stellen. Alternativ könnte man durch einen Vergleich mit den aktuell niedrigen Zinsen den Anreiz, neue Schulden zu machen, thematisieren.

10.6   Sind Staatsanleihen eine lohnende Geldanlage?

❓ Aufgabe 9

a) Was ist eine Staatsanleihe ganz grundsätzlich? b) Was ist der Nominalzins? c) Bitte erklären Sie, was eine Festzinsanleihe ist und schildern Sie ein Zahlenbeispiel für den Zahlungsstrom einer fünfjährigen Anleihe. d) Welche Faktoren beeinflussen die Höhe der Anleiheverzinsung? e) Wie können Sie eine Staatsanleihe erwerben?

✅ Lösung

Zu a) Eine Anleihe ist ein Kredit und eine Staatsanleihe ist demzufolge ein Kredit an den Staat. Der Mantel verbrieft den Nennwert, also den Kreditbetrag des verliehenen Geldes. Der Bogen besteht aus den Zinsscheinen (Kupons, Coupons), welche die Zinszahlungen verbriefen. Heutzutage existieren Anleihen in der Regel nur noch auf Konten und die Zinszahlungen werden ebenfalls automatisch auf das Konto gebucht, ohne dass effektive Stücke gedruckt oder Zinsscheine abgetrennt werden müssen.

Zu b) Das ist der Zinssatz, den die Anleihe bezahlt und welcher in der Beschreibung der Anleihe zu lesen ist: „Eine fünfprozentige spanische Staatsanleihe mit der Fälligkeit 10.01.2030". Dieser Zinssatz ist auf der gedruckten Anleihe Abb. 10.2 (im Lehrbuch) zu sehen.

Zu c) Eine Festzinsanleihe ist ein Kredit zu einem festgelegten Zinssatz, beispielsweise an einen Staat. Ich leihe dem Staat also Geld, bekomme während der Laufzeit Zinsen und am Ende der Laufzeit das Geld zurück. Folglich: Minus 100 Euro beim Kauf, plus 5 Euro Zinsen (vier Mal), Laufzeitende plus 105 Euro. Am Laufzeitende erhalten Sie den Kaufpreis, genauer gesagt : einhundert Euro, zurück. Denn auch wenn Ihnen jemand die spanische Anleihe aus dem Cartoon für 92 Euro abkauft, bekommt er am Laufzeitende 100 Euro zurück, obwohl der Kaufpreis acht Euro geringer gewesen ist. Beim Anleihekauf sollte man die Kreditwürdigkeit (Rating) und beispielsweise die Vertrauenswürdigkeit des Schuldners aufgrund seiner bisherigen Zahlungsmoral berücksichtigen.

Zu d) Der Zinssatz, den ein Schuldner bezahlen muss, ist desto höher, je schlechter dessen Kreditwürdigkeit (Bonität) ist und umgekehrt. Die Kreditwürdigkeit wird beispielsweise von Rating-Agenturen überprüft und in einer Art Schulnote (Rating) ausgedrückt. Beispiel: Der spanische Staat muss aufgrund des vergleichsweise schlechteren Ratings höhere Zinsen als der deutsche Staat bezahlen. Außerdem wird die Zinshöhe von der Laufzeit der Anleihe beeinflusst. Je länger die Laufzeit der Anleihe ist, desto länger muss ich auf mein Geld verzichten und desto höher ist auch das Risiko. In normalen wirtschaftlichen Zeiten ist der Zinssatz höher, je länger man das Geld verleiht. Werden allerdings für die Zukunft geringere Inflationsraten als in der Gegenwart angenommen, dann kann es sein, dass die langfristigen Zinsen geringer als die kurzfristigen Zinsen sind. Diese sogenannte inverse Zinsstrukturkurve (Inverse) kommt dadurch zustande, dass eine sich abschwächende wirtschaftliche Lage erwartet wird, in welcher Preissteigerungen als rückläufig erwartet werden. Geldanleger schauen neben dem Nominalzins einer Anleihe insbesondere auf den Realzins, der nach Abzug der Inflationsrate übrig bleibt.

Zu e) Jonas: „Ich hätte nicht gedacht, dass man da dran kommt ..." Theoretisch wenden Sie sich einfach an Ihre Bank und sagen, dass Sie eine Staatsanleihe kaufen möchten und schon können Sie fast jedem Staat der Erde Geld leihen. Die Anleihen sehen Sie anschließend in demselben Wertpapierdepot, in welchem Ihre Aktien verbucht sind.

10.7 · Wann ist der beste Zeitpunkt, Anleihen wieder an der Börse zu verkaufen?

139   **10**

10.7 Wann ist der beste Zeitpunkt, Anleihen wieder an der Börse zu verkaufen?

❓ Aufgabe 9

Bitte berechnen Sie die Veränderungen des Börsenkurses der unteren beiden Staatsanleihen von Irland und Deutschland und dokumentieren Sie Ihr Ergebnis, indem Sie die Tab. 10.3 (im Lehrbuch) ausfüllen.

✅ Lösung

Siehe ◘ Tab. 10.4. Finanzmathematisch ist die Kursberechnung in Tab. 10.3 (im Lehrbuch) selbstverständlich ungenau und es handelt sich nur um eine grobe Schätzung unter der vereinfachenden Annahme einer Restlaufzeit von einem Jahr. Tatsächlich werden Anleihen nicht in 100-Euro-Schritten sondern als Kurs in Prozent angegeben. Das bedeutet, dass Sie beispielsweise „eine" Anleihe mit einem Kurs von 100,15 Prozent und einem Nennwert von 12.500 Euro für 12.518,75 Euro plus Bankgebühren kaufen. Für Börsenneulinge ist die Betrachtung von einzelnen Anleihen zu einhundert Euro anfänglich vielleicht leichter nachzuvollziehen.

❓ Aufgabe 10

a) Was ist der Unterschied zwischen Nominalzins und Rendite? b) Bitte beschreiben Sie, wie sich veränderte Zinsen auf den Börsenkurs von Anleihen auswirken.

✅ Lösung

Zu a) Die Rendite ist quasi die Verzinsung (Nominalzins) der Geldanlage, allerdings wird zu der Verzinsung noch der Kursgewinn bzw. Kursverlust hinzugerechnet bzw. davon abgezogen. Die Rendite setzt sich folglich zusammen aus dem Nominalzins, der auf der Anleihe zu lesen ist, und dem Kursgewinn bzw. Kursverlust, je nachdem, ob Sie mehr oder weniger als 100 Prozent für die Anleihe bezahlt haben. Für eine finanzmathematisch genaue Berechnung: Siehe Renditeformel im Internet.
Zu b) Fallen die Zinsen, dann steigt der Börsenkurs der Anleihe. Steigen die Zinsen, dann fällt der Anleihekurs. Denn wenn Sie heute für eine Anleihe desselben Schuld-

◘ **Tab. 10.4** Wie sich veränderte Zinsen auf den Anleihekurs auswirken (Quelle: Eigene Darstellung)

	Nominalzins der Anleihe	Rendite (a)	Börsen-kurs (a)	Rendite (b)	Börsen-kurs (b)	Rendite (c)	Börsen-kurs (c)
	Spanien 5,0 % je 100 €	5 %	100,00	2 %	103,00	7 %	98,00
a)	Irland 3,5 % je 100 €	3,5 %	100,00	2,5 %	101,00	5,5 %	98,00
b)	Deutschland 2,5 % je 100 €	1,5 %	101,00	1,0 %	101,50	6,0 %	96,50

Zur Vereinfachung der Rechnung nehmen wir an, dass die Restlaufzeit der Anleihe immer ungefähr ein Jahr beträgt, damit sich die Preisveränderungen leichter berechnen lassen

ners mit derselben Restlaufzeit eine höhere (geringere) Verzinsung bekommen als Ihre Anleihe als Nominalzins bezahlt, dann ist Ihre Anleihe vergleichsweise weniger (mehr) wert als zum Kaufzeitpunkt.

❓ Aufgabe 11

a) Was bringt es mir, eine Anleihe vorzeitig zu verkaufen? b) Nehmen wir an, Sie haben alle drei Anleihen in Ihrem Depot. Wann ist der günstigste Moment, die Anleihen wegen des Cabrios zu verkaufen? c) Im Cartoon ist die fünfprozentige spanische Anleihe von 100 € auf 92 € gefallen und die dreiprozentige deutsche Staatsanleihe von 100 € auf 102 € gestiegen. Wie erklären Sie sich diese Entwicklung? d) Worin bestehen die Risiken einer Geldanlage in Anleihen?

✅ Lösung

Zu a) Wenn ich Geld benötige oder wenn ich glaube, dass sich die Kreditwürdigkeit Spaniens verändern wird, kann ich die beispielsweise spanischen Anleihen vorzeitig zum aktuellen Börsenkurs verkaufen. Denn der Börsenkurs ist der Preis der Anleihe, der sich verändert, um den Wert der Anleihe an die veränderten Zinsen anzupassen.

Zu b) Rückblickend betrachtet wäre der Zeitpunkt (b) aufgrund geringerer Zinsen der bessere Verkaufszeitpunkt gewesen, insbesondere wenn die Zinsen in Zeitpunkt (c) wieder angestiegen sind. Allerdings besteht die Schwierigkeit darin, diese Entwicklungen zu erkennen und richtig vorherzusagen.

Zu c) Die Rendite deutscher Anleihen müsste stark gefallen sein, wohingegen die Rendite spanischer Anleihen deutlich angestiegen sein müsste.

Zu d) Ein vorzeitiger Verkauf einer Anleihe vor deren Fälligkeit ist mit einem Kursrisiko verbunden. Weiterhin besteht ein Bonitätsrisiko, also die Gefahr einer Verschlechterung der Kreditwürdigkeit, welche Kursverluste auslöst. Einen Extremfall stellen Schuldner dar, bei denen das Risiko besteht, dass Anleihen teilweise oder gar nicht zurückgezahlt werden. Das bedeutet aber auch, dass die Aussage „Null Risiko" nicht stimmt: Denn wenn es einen Börsenkurs gibt, dann kann dieser steigen, aber auch fallen, was Verluste für Sie bedeuten könnte. Wenn Sie die Anleihe bis zum Ende der Laufzeit behalten, bekommen Sie das gesamte geliehene Geld zurück. Kursverluste während der Laufzeit heißen deshalb Buchverluste, weil der Verlust nur auf dem Auszug Ihres Wertpapierdepots zu lesen und nicht realisiert worden ist.

Banken und Versicherungen investieren in Anleihen und vielleicht ist es auch für Sie selbst in Hinblick auf Ihre Altersvorsorge von Interesse. Für Banken hat der Kauf von Staatsanleihen mit AAA gemäß den Auflagen der Bankenaufsicht übrigens ein Risiko von Null (Baseler Ausschuss für Bankenaufsicht 2004, S. 17). Folglich sind diese Staatsanleihen für Banken ein sehr attraktives Investment, weil kein Eigenkapital gebunden ist (siehe ▶ Abschn. 16.2.2).

10.8   Wenn die Rating-Herabstufung Ihre Kursgewinne durchkreuzt

Für weitere Informationen zu Ratings siehe ▶ Abschn. 10.3 und ▶ Abschn. 16.5.

❓ Aufgabe 12

a) Bitte beschreiben Sie die Marktmacht der drei großen Rating-Agenturen. **b)** Welches Alternativmodell wäre denkbar, um das Quasi-Monopol der marktführenden Rating-Agenturen zu verändern?

✔️ Lösung

Zu a) Die Beurteilung der Kreditwürdigkeit liegt allein in den Händen dreier US-amerikanischer Rating-Agenturen mit den Namen: Moody's, Standard and Poor's und Fitch, die bei der Erstellung von Ratings einen Marktanteil von 93 % abdecken. Eine Rating-Herabstufung hat für den Schuldner steigende Zinsen zur Folge und kann im Extremfall auch eine Zahlungsunfähigkeit auslösen, wenn der Zinsanstieg für den Staat nicht zu finanzieren ist, sodass der Staat den Zugang zum Kapitalmarkt verliert.

Zu b) Ein alternatives Modell zum Quasi-Monopol der drei großen Rating-Agenturen könnte es sein, Unternehmen und Staaten in einen Pool einzahlen zu lassen, der die Rating-Agenturen finanziert, um so deren finanzielle Unabhängigkeit zu erreichen (Beck und Prinz 2011, S. 27).

Literatur

Baseler Ausschuss für Bankenaufsicht. (2004). *Internationale Konvergenz der Kapitalmessung und Eigenkapitalanforderungen, Überarbeitete Rahmenvereinbarung, Übersetzung der Deutschen Bundesbank*. Basel: Baseler Ausschuss für Bankenaufsicht.
Beck, H., & Prinz, A. (2011). *Staatsverschuldung, Ursachen – Folgen – Auswege*. Nördlingen: C. H. Beck.
Bleser, S. (2009). *Die Subprimekrise und ihre Folgen. Ursachen und Auswirkungen der 2007 ausgelösten Finanzmarktkrise*. Hamburg: Diplomica.
Bundesfinanzministerium. (2016). *Öffentliche Finanzen, Vorläufiger Haushaltsabschluss 2016*, Nummer 2, vom 12.01.2017, Wesentliche Kennziffern, Angaben in Mrd. Euro. https://www.bundesfinanzministerium.de/Content/DE/Pressemitteilungen/Finanzpolitik/2017/01/2017-01-12-pm02.html. Zugegriffen am 27.11.2016.
Eurostat. (2016). *Pressemitteilung euroindikatoren, Bereitstellung der Daten zu Defizit und Schuldenstand 2015 – erste Meldung*. http://ec.europa.eu/eurostat/documents/2995521/7235996/2-21042016-AP-DE.pdf/eff26083-c29f-40b1-ad1f-39dc6f3057be. Zugegriffen am 25.11.2016.

Geld und Geldwert

© Springer Fachmedien Wiesbaden GmbH, ein Teil von Springer Nature 2020
J. Pfannmöller, *Kreative Volkswirtschaftslehre – Lösungen*,
https://doi.org/10.1007/978-3-658-26678-3_11

Didaktischer Hinweis

Schüler haben häufig große Schwierigkeiten, sich die Auswirkungen von Inflation auf das eigene Geld vorzustellen. Zwar fällt es natürlich leicht, Preissteigerungen zu benennen, jedoch ist der Transfer zu einem Kaufkraftverlust des Geldes oft schwieriger nachzuvollziehen: „Habe ich denn bei 2 % Inflation dann im Folgejahr weniger Gehalt?" In der Unterrichtspraxis hat sich die folgende Vorstellung bewährt: Wenn die Inflation 2 % beträgt, heißt das, dass man von 100.000 Euro Einkommen „im Folgejahr für ungefähr 2000 Euro weniger Waren für dasselbe Gehalt bekommt." Man bekommt zwar jedes Jahr denselben Geldbetrag, genannt Nominallohn. Jedoch sinkt die Kaufkraft des Geldes aufgrund der Preissteigerungen. Wird aus dem Nominallohn die Inflation herausgerechnet, erhält man den sogenannten Reallohn. Dieser sagt aus, welche Kaufkraft in Gütern nach Abzug der Inflation erhalten bleibt. Beispiel: Eine jährliche Inflationsrate von 2 % über 10 Jahre verringert die Kaufkraft eines Nominallohnes von 100.000 Euro auf 82.034,83 Euro ($100.000 \div 1,02^{10}$).

Internetrecherche: Als Übung lohnt es sich, die Inflationsraten eines Landes mit bekanntermaßen hohen Inflationsraten im Internet zu recherchieren, beispielsweise als Balkendiagramm in der Bildersuche. Angenommen, die jährlichen Inflationsraten betragen 11 %, 7 % und 13 %. Dann heißt die Rechnung: $1,11 \times 1,07 \times 1,13 = 1,34$. Der Reallohn aus 100.000 Geldeinheiten der Landeswährung beträgt folglich $100.000 \div 1,34 = 74.626,86$ Geldeinheiten (siehe ▶ Kap. 15, Aufgabe 22).

In der Volkswirtschaftslehre wird häufig mit aggregierten Größen gerechnet, welche die gesamte Volkswirtschaft erfassen sollen. Deshalb findet man unter dem Stichwort Reallohn häufig den Reallohnindex, Nominallohnindex und den Preisindex.

11

11.1   Sie empfehlen Königin Isabella, was sie mit einem riesigen Goldschatz tun soll

Die Ursachen von Inflation sind in der wissenschaftlichen Literatur umstritten, und meistens gibt es verschiedene Hypothesen, die jeweils auftretende Inflation zu erklären. Diese sehr komplexe Materie kann im Rahmen einer Einführung deshalb nur ganz grundlegend behandelt werden.

Im Theaterstück über die Eroberung Perus können die Gewaltexzesse ausgespart und durch die folgende Textpassage ersetzt werden: „Als List überreichen die Spanier Atahualpa eine Bibel, die er achtlos in den Staub fallen lässt, weil er deren Bedeutung nicht erkennt. Dies ist das Signal für die Spanier, blitzschnell und gezielt Atahualpa gefangen zu nehmen. Ohne Führung ist das Volk besiegt und es legt die Waffen nieder." Es wird übrigens deshalb von einer List der Spanier gesprochen, weil sie tatsächlich einen Vorwand für einen Angriff gesucht haben (Mondfeld 1981, S. 252–267). Als Regieanweisung kann um das lautlose Nachspielen gebeten werden.

11.1.1   Sie schreiben einen Brief an Königin Isabella von Spanien

❓ **Aufgabe 1**

Verlassen Sie nun die Rollen und schreiben Sie Königin Isabella und Kaiser Karl V einen Brief, in welchem Sie vorschlagen, was mit dem riesigen Gold- und Silberschatz gemacht werden soll. Die Anrede lautet: „Kaiserlich Katholische Majestät" oder einfach nur „Eure

Majestät". Sie verfügen über Ihr heutiges volkswirtschaftliches Wissen und schreiben als die Person, die Sie wirklich sind.

Didaktischer Hinweis

Der Brief entspricht den Neigungen sprachlich interessierter, kreativer Schüler und bringt teilweise ungeahnte Talente ans Licht, die sich ansonsten in Volkswirtschaftslehre vielleicht lieber zurückhalten. Häufig lohnt es sich, jeden einzelnen Brief an das spanische Königshaus vorlesen zu lassen und die Ausgabenbeispiele stichpunktartig zu notieren. Die inhaltliche Prägung der Briefe ist regelmäßig davon abhängig, inwieweit die Rollenidentifikation aus der Schlucht von Cajamarca in die Texte miteinfließt: Daher reichen die Vorschläge von: „Majestät, geben Sie den Goldschatz zurück" bis „Eure Kaiserlich Katholische Majestät, wir brauchen mehr Waffen, um noch mehr Gold für Sie zu erbeuten."

Als spätere Zusatzaufgabe könnte man die Schüler bitten, eine Antwort der Königin zu formulieren, beispielsweise nachdem einige Inflationsursachen besprochen worden sind.

❓ Aufgabe 2

Als Teilnehmer an den Eroberungen oder Betreiber einer Silbermine können Sie nach Abzug des Königsfünftels 80 % der Einnahmen behalten. Bitte listen Sie stichwortartig die Güter auf, die Sie im damaligen Spanien, sofern möglich, gekauft hätten.

Didaktischer Hinweis

Diese Aufgabe fördert sehr ähnliche Überlegungen wie der Brief zu Tage und sie steht in Verbindung mit der durch Nachfragesteigerungen ausgelösten Nachfrageinflation, die in ▶ Abschn. 11.1.2 beschrieben wird.

11.1.2 Die erste Inflation der Neuzeit in Europa

Didaktischer Hinweis

Vor der Preisrevolution sollte unbedingt der Begriff Reallohn geklärt werden, wie beispielsweise am Kapitelanfang beschrieben. Sofern die Quantitätstheorie noch nicht besprochen ist, sollten man den Mittelteil des Textes auf Seite 162 ab: „In seinem 1566 erschienenen Buch …" bis zum Ende des dritten Abschnitts: „(Metz 1990, S. 227)" überspringen.

❓ Aufgabe 3

a) Was versteht man unter dem von Wiebe geprägten Begriff „Preisrevolution" im 16. und 17. Jahrhundert? b) Woher weiß man, wie sich das Preisniveau im 16. und 17. Jahrhundert entwickelt hat? c) Welche der in der Literatur genannten Ursachen für die Preisrevolution sind im Text genannt?

✅ Lösung

Zu a) Preisrevolution meint den starken Preisanstieg im 16. und 17. Jahrhundert in Europa. Als Folge haben sich die Preise mancher Güter des täglichen Bedarfs allein im

16. Jahrhundert vervierfacht (Pieper 1985, S. 56). Für die Bezieher fester Einkommen hatten diese Preissteigerungen empfindliche Konsumeinbußen zur Folge, da die Reallöhne stark gesunken sind.

Zu b) Die Entwicklung des Preisniveaus ist deshalb bekannt, weil über die Preisentwicklung wichtiger Hauptnahrungsmittel wie Weizen oder Getreide detaillierte Aufzeichnungen vorhanden sind, sodass die steigenden Preise sehr gut dokumentiert sind.

Zu c) Erstens der Anstieg der Geldmenge aufgrund der Edelmetallimporte. Zweitens, dass weniger Nahrungsmittel und Güter des täglichen Bedarfs produziert worden sind. Stattdessen sind vermehrt Luxusgüter hergestellt worden. Außerdem stieg aufgrund des Bevölkerungswachstums die Nachfrage an, was im Text nicht genannt ist.

❓ Aufgabe 4

Bitte beantworten Sie die Frage von Johann Nestroy: „Die Phönizier haben das Geld erfunden. Aber warum so wenig?"

✅ Lösung

Jens Weidmann, Präsident der Deutschen Bundesbank: „Die Antwort ist, weil sich das Problem der Knappheit nicht lösen lässt, indem man das Geld vermehrt" (Deutsche Bundesbank 2014). Die Schätzungen der damaligen Geldmengen anhand der überlieferten Quellen sind übrigens äußerst schwierig, da die Produktion der Edelmetalle von spanischen Autoren ausnahmslos übertrieben worden ist (Bonn 1896, S. 172).

11.1.3   Die Inflationsrate aus BHs, Benzin, Fahrstunden und Make-Up-Preisen ermitteln

❓ Aufgabe 5

a) Was versteht man unter dem Warenkorb des Statistischen Bundesamtes? b) Was ist mit Wägungsschema gemeint? c) Bitte erläutern Sie, weshalb der Warenkorb als repräsentativ bezeichnet wird.

✅ Lösung

Zu a) In Deutschland wird die Inflationsrate anhand der Preisveränderungen eines Warenkorbes aus ungefähr 750 Gütern gemessen, welcher die Konsumgewohnheiten privater Haushalte in Deutschland abbilden soll. Dies ist ein Versuch, alle Ausgaben zu berücksichtigen, die in Deutschland getätigt werden, beispielsweise auch von ausländischen Touristen (Inlandskonzept).

Zu b) Die prozentuale Gewichtung der Güteranteile heißt Wägungsschema. Viele Anteile werden in Promille, also in Zehntel Prozent angegeben.

Zu c) Der Warenkorb soll die Konsumgewohnheiten des „Durchschnittsbürgers" abbilden (siehe Aufgabe 5 a).

Didaktischer Hinweis

Mit dieser Aufgabe haben Schüler häufig Schwierigkeiten, weil die Lösung nicht explizit im Text genannt ist und weil sie mit dem Wort repräsentativ oft nicht viel anzufangen wissen. Fabian, ein Schüler, erklärte repräsentativ als: „Der Warenkorb soll uns widerspiegeln."

❓ Aufgabe 6

a) Recherchieren Sie das aktuelle Wägungsschema im Internet („Wägungsschema", „destatis", „PDF"). Bitte beachten Sie, dass die Angaben des Wägungsschemas auf Promille lauten. b) Angaben in Promille: Birne: Obst, frisch oder gekühlt (01161) −7,00 ‰, Brot: Brot und Brötchen (01113) −6,27 ‰, BH: Bekleidung für Damen (03122) −18,95 ‰, Käse: Käse und Quark (01145) −6,78 ‰, Handcreme: Verbrauchsgüter für die Körperpflege (12132) −11,03 ‰, Bier: Bier (0213) −5,97 ‰, Geige: Musikinstrumente (09221) −0,29 ‰, Fisch: Fische und Fischfilets, frisch oder gekühlt (01131) −0,82 ‰. Die Zahlen in den Klammern bezeichnet man als SEA-Kode: Zwei-Steller heißen „Abteilungen", Drei-Steller heißen „Gruppen", Vier-Steller heißen „Klassen" und Fünf-Steller nennt man „Unterklassen".

✅ Lösung

Angaben in Promille: Obst (Birne) −8,76 ‰, Getreideerzeugnisse (Brot) −17,35 ‰, Bekleidungsartikel (BH) −33,20 ‰, Molkereiprodukte und Eier (Käse) −14,33 ‰, Andere Artikel und Erzeugnisse für die Körperpflege (Handcreme) −12,13 ‰ Wein (Wein) −5,90 ‰, Musikinstrumente einschließlich Zubehör (Geige) −0,70 ‰, Fisch und Fischwaren −3,65 ‰. Ab Februar 2018 gilt ein aktualisiertes Wägungsschema, dessen Gewichte dann (leicht) abweichen werden (Statistisches Bundesamt 2017).

❓ Aufgabe 7

Berechnen Sie die Inflationsrate für einen Warenkorb, der aus 100 Packungen Lebensmitteln sowie einem Flacon eines gut riechenden Parfüms besteht. Die Lebensmittel kosten in den Folgejahren unverändert 7,20 € je Packung, wobei der Packungsinhalt von anfänglich 1000 g in jedem der Folgejahre jeweils um 100 g sinkt. Der Inhalt des Parfümfläschchens bleibt zwar unverändert, allerdings steigt der Parfümpreis in jedem der Folgejahre um jeweils 5 €, wie in ◻ Tab. 11.1 (im Lehrbuch) dargestellt.

a) Bitte berechnen Sie die typischen Indexwerte/Messzahlen eines Laspeyres-Preisindex mit dem Basisjahr 2015 für die Jahre 2016 und 2017: Führen Sie bitte zunächst eine Mengenbereinigung des ersten Gutes für die Jahre 2016 und 2017 durch, indem Sie den Preis je 1000 g berechnen. Mit diesen dann mengenbereinigten Preisen des ersten Gutes können Sie die Preisindizes des Basisjahres 2015 auf 2016 und von 2015 auf 2017 berechnen (Baßeler et al. 2006, S. 726 ff.).

b) Bitte berechnen Sie die Höhe der jährlichen Inflationsrate von 2016 auf 2017. Der Indexwert für 2016 soll 111,6 und für 2017 und 126,0 sein (das Statistische Bundesamt gibt Indexwerte üblicherweise auf eine Nachkommastelle gerundet an).

✅ Lösung

Zu a) Mit Hilfe des Dreisatzes wird eine Mengenbereinigung durchgeführt, also die Frage beantwortet, wie viel 1000 Gramm kosten:

- 2015: 1000 Gramm kosten 7,20 Euro.
- 2016: Wenn 900 Gramm 7,20 Euro kosten, dann kosten 1000 Gramm 8,00 Euro $(7,20 \div 900 \times 1000)$.
- 2017: Wenn 800 Gramm 7,20 Euro kosten, dann kosten 1000 Gramm 9,00 Euro $(7,20 \div 800 \times 1000)$.

Zu b) $Veränderung\ in\ Prozent = \dfrac{126,03}{111,64} * 100 - 100 = 112,89 - 100 = 12,89\,\%$

Folglich beträgt die Inflationsrate 12,89 %.

Didaktischer Hinweis

Wenn man die Lösung mit Schülern schrittweise gemeinsam entwickeln möchte, dann kann damit begonnen werden, sich ◘ Tab. 11.1 (im Lehrbuch) anzuschauen und die Frage zu klären, um wie viel Euro die Nahrungsmittel teurer geworden sind, gerechnet auf 1000 Gramm.

Wird anschließend die allgemeine Formel für die Berechnung der Indexzahlen für zwei Güter notiert, dann kann darüber diskutiert werden, welche Werte für die einzelnen Variablen einzusetzen sind. Schüler erkennen relativ schnell, dass mit den Preisen des Basisjahres 7,20 Euro für die Lebensmittel und 10 Euro für das Parfüm gemeint sind. Als nächstes könnte man die Mengen abklären: Unter ◘ Tab. 11.1 (im Lehrbuch) ist zu lesen, dass mit Menge die Packungsanzahl (hier 100 Packungen Lebensmittel) und die Flaconanzahl (hier eine Parfümflasche) gemeint sind. Schüler tendieren jedoch häufig dazu, 1000 Gramm und 100 Milliliter aus der Tabelle zu übernehmen. Mit Blick auf die Preise wird dann oft diskutiert, ob beispielsweise mit einem Lebensmittelpreis von acht oder neun Euro gerechnet werden sollte. Zu diesem Zeitpunkt könnte darauf hingewiesen werden, dass mit dieser Formel zwei Werte auszurechnen sind, nämlich von 2015 auf 2016 und von 2015 auf 2017. Zu diesem Zeitpunkt haben die Schüler genug Informationen, um die Rechnung selbstständig wie folgt auszuführen.

$$Verbraucherpreisindex\,(VPI)\ 2015\ auf\ 2016 = \left(\frac{\mathbf{8,0} * 100 + 15 * 1}{\mathbf{7,2} * 100 + 10 * 1}\right) * 100 = \frac{815}{730} * 100 \approx 111,64$$

$$Verbraucherpreisindex\,(VPI)\ 2015\ auf\ 2017 = \left(\frac{\mathbf{9,0} * 100 + 20 * 1}{\mathbf{7,2} * 100 + 10 * 1}\right) * 100 = \frac{920}{730} * 100 \approx 126,03$$

Didaktischer Hinweis

Die Aufgabe kann anhand der Auswahl der Informationen binnendifferenziert werden. Beispielsweise könnte bereits die Struktur beider Formeln vorgeben werden, sodass der VPI sowohl von 2015 auf 2016 sowie von 2015 auf 2017 auszurechnen ist. Dabei kann man die Formel mit einem unterschiedlichen Abstraktionsgrad angeben, wie hier zu sehen ist:

$$(VPI)\,2015\,auf\,2016 = \left(\frac{\text{Preis(aktuell)} * \text{Menge(Basisjahr)} + \text{Preis(aktuell)} * \text{Menge(Basisjahr)}}{\text{Preis(Basisjahr)} * \text{Menge(Basisjahr)} + \text{Preis(Basisjahr)} * \text{Menge(Basisjahr)}}\right) * 100$$

149 **11**

11.1 · Sie empfehlen Königin Isabella, was sie mit einem riesigen Goldschatz tun ...

$$(VPI)\,2015\,auf\,2017 = \left(\frac{\text{Preis}\,(2017)*\text{Menge}\,(2015) + \text{Preis}\,(2017)*\text{Menge}\,(2015)}{\text{Preis}\,(2015)*\text{Menge}\,(2015) + \text{Preis}\,(2015)*\text{Menge}\,(2015)} \right) *100$$

Für eine Binnendifferenzierung könnte die Aufgabe vereinfacht werden, indem anstelle einer Mengenbereinigung die Preissteigerungen direkt angegeben werden für Gut 1 in Höhe von 7,20 Euro, 8,00 Euro und 9,00 Euro und für Gut 2 in Höhe von 10 Euro, 15 Euro und 20 Euro. Außerdem könnte den Schülern gesagt werden, dass die Mengen 100 Packungen und ein Parfümfläschchen sind. Schwieriger würde die Aufgabe, wenn lediglich ◨ Tab. 11.1 (im Lehrbuch) und die Formeln gegeben wären.

❓ Aufgabe 8

a) Bitte unterscheiden Sie die Begriffe Preisniveau, Inflation und Inflationsrate. b) Wie könnte man den Begriff Inflation mit einem Wort beschreiben? c) Was ist mit den Begriffen Disinflation und Deflation gemeint?

✅ Lösung

Zu a) Der Durchschnitt der Preise aller Waren und Dienstleistungen heißt Preisniveau und dessen Anstieg wird Inflation genannt. Der prozentuale Anstieg des Preisniveaus zwischen zwei Zeitpunkten heißt Inflationsrate (Baßeler et al. 2006, S. 726).
Zu b) Inflation bedeutet Preissteigerung oder Geldentwertung. Das Wort Inflation ist übrigens lateinischen Ursprungs von inflare (aufblähen, ausweiten, ausdehnen), was in der Volkswirtschaftslehre auf die Preise bzw. Geldmenge gemünzt wird. Für die genaue Definition: siehe die vorherige Aufgabe 8 a).
Zu c) *Disinflation* beschreibt einen kontinuierlichen Rückgang der Inflationsraten über einen längeren Zeitraum, jedoch mit positiven Prozentsätzen. Beispiel: Inflationsrate 1,6 %, 1,5 %, 1,3 %, 0,7 % (Baßeler et al. 2006, S. 726). *Deflation* meint, dass das Preisniveau über einen längeren Zeitraum sinkt, sodass das Geld an Wert gewinnt, weil die Waren und Dienstleistungen im Durchschnitt günstiger werden. Beispiel ist eine negative Inflationsrate: −0,3 %, −1,5 %, −0,1 %, −0,5 %. Der prozentuale Preisrückgang zwischen zwei Zeitpunkten heißt Deflationsrate (Baßeler et al. 2006, S. 732).

❓ Aufgabe 9

Recherchieren Sie auf den Seiten des Statistischen Bundesamtes (▶ www.destatis.de) die aktuellen Werte des Verbraucherpreisindex und berechnen Sie aus den Monats-werten die Inflationsrate im Vergleich zum Vorjahresmonat sowie zum Vormonat.

✅ Lösung

Hierzu wird die Formel aus Aufgabe 7 b) benötigt.

11.1.4 Der Harmonisierte Verbraucherpreisindex (HVPI)

Die englische Bezeichnung des HVPI ist HICP (Harmonised Index of Consumer Prices).

❓ Aufgabe 10

a) Worin unterscheiden sich VPI und HVPI? b) Aus welchem Grund und für wen wird die Inflationsrate ermittelt?

✅ Lösung

Zu a) In Deutschland unterscheiden sich VPI und HVPI durch die Ausgaben für selbstgenutztes Wohneigentum und Glücksspiele, die im Wägungsschema des deutschen Verbraucherpreisindex (VPI) zusätzlich berücksichtigt werden (Statistisches Bundesamt 2017).

Zu b) Der Verbraucherpreisindex ist ein wichtiges Argument in Lohnverhandlungen, denn Gewerkschaften begründen höhere Lohnforderungen häufig mit gestiegenen Verbraucherpreisen und fordern einen Inflationsausgleich. Aber auch die Anpassung staatlicher Transferleistungen richtet sich nach der Inflationsrate. Darüber hinaus ist die Inflationsrate Grundlage von Leitzinsentscheidungen der Zentralbank. Sie wirkt sich auf Konsumentscheidungen aus, auf das Sparverhalten und die Bargeldhaltung sowie auf die Kaufkraft des Geldes, das Sie für die Altersvorsorge ansparen, um nur einige Aspekte zu nennen (Hellmeyer 2008, S. 152–154).

11.2   Bewegen Sie sich im Rhythmus des Geldes: Die Quantitätsgleichung von Irving Fisher

11

Didaktischer Hinweis

Die rhythmische Weitergabe der Geldscheine bzw. Geldstücke funktioniert am besten, wenn jemand die Gruppe auf einen gemeinsamen Rhythmus einstimmt.

11.3   Was die Quantitätsgleichung des Geldes aussagt

❓ Aufgabe 11

a) Was ist damit gemeint, wenn man die Verkehrsgleichung als Tautologie bezeichnet?
b) Welche Erkenntnisse lassen sich aus der Quantitätsgleichung ableiten?
c) Wie erklären die Monetaristen das Entstehen von Inflation?

✅ Lösung

Zu a) Die Quantitätsgleichung besagt, dass die Summe aller Verkäufe der Summe aller Zahlungen entspricht. Deshalb ist es eine Tautologie, also eine Aussage, die aus logischen Gründen immer erfüllt ist (Ponta 1973, S. 343).

Zu b) Die Quantitätsgleichung hat den Nachteil, dass sie nichts erklärt, aber den Vorteil, dass die Erklärung für ein höheres Preisniveau in Umlaufgeschwindigkeit, Warenmenge oder Geldmenge zu suchen ist (Holtfrerich 1980, S. 95 f.). Der Grundgedanke der Gleichung ist, dass die Preise durch eine Erhöhung der Geldmenge steigen und durch eine Verringerung der Geldmenge fallen (Metz 1990, S. 224). Nach Joan Robinson kann die Quantitätsgleichung übrigens in zwei Richtungen gelesen werden. Von links nach rechts gelesen ist die Aussage, dass eine höhere Geldmenge höhere Preise bewirkt und von rechts nach links, dass aus höheren Preisen eine höhere Geldmenge folgt (Robinson 1974, S. 83 f.).

Zu c) Die Monetaristen um Milton Friedmann begründen Inflation mit einer übermäßigen Vermehrung der Geldmenge durch die Zentralbank (Baßeler et al. 2006, S. 740). Steigt also die Geldmenge schneller als das gesamtwirtschaftliche Produktionsvolumen (BIP), dann steigt die Inflationsrate (Rogall 2006, S. 224). Die Fiskalisten hingegen erklären das Entstehen von Inflation mit realwirtschaftlichen, also nicht mit monetären (geldlichen) Ursachen (Pieper 1985, S. 68).

11.4 Wie die Schokoladenfabrik Kostensteigerungen an die Konsumenten weiterreicht

Didaktische Hinweise

In den Fällen a) bis d) soll jedes Mal überlegt werden, ob die Gewinnspanne wieder auf mindestens 20 Cent pro Tafel erhöht werden sollte oder ob es günstiger wäre, die Gewinnspanne und damit auch den Preis zu senken. Denn wenn alle restlichen Faktoren unverändert bleiben, dann erhöht sich der Schokoladenpreis um den Anstieg der Gewinnspanne. Der tatsächliche Verkaufspreis ist deshalb in dieser Aufgabe nicht von Bedeutung.

Die Aufgabe ist als Vorbereitung auf die Konjunkturphasen (▶ Abschn. 15.3) sowie das Konjunkturpuzzle (▶ Abschn. 15.4) konzipiert, weil Schüler häufig im Abschwung die Preise erhöhen wollen, um Umsatzeinbußen auszugleichen. Daher kam ich auf die Idee, die Preisgestaltung im Konjunkturzyklus mit der angebotsinduzierten Inflation zu verbinden und in möglichst schlüssige Fälle zu kleiden. Selbstverständlich können die einzelnen Arten der angebotsinduzierten Inflation in unterschiedlichen Konjunkturphasen auftauchen. Die Aufgabe eignet sich als Anbahnung oder Wiederholung der Inhalte Konjunktur, Geldpolitik und Wechselkurs.

? **Aufgabe 12**

Überlegen Sie nun, ob Sie die jeweilige Kostensteigerung an die Verbraucher weitergeben würden. Jede Kostensteigerung ist ein eigenständiges Ereignis, vor welchem die Gewinnspanne wieder genau 20 Cent beträgt. Bitte beachten Sie auch die wirtschaftliche Lage und das Konsumverhalten. Bitte erstellen Sie eine Lösungstabelle nach dem Vorbild von ◘ Tab. 11.2 (im Lehrbuch). Tipp: Sie können die Aufgabe auch dann lösen, wenn die Inhalte noch teilweise neu für Sie sind.

✓ **Lösung**

Siehe ◘ Tab. 11.1.

Didaktischer Hinweis

Mit einer kopierten Blankotabelle 11.2 aus dem Downloadbereich kann Zeit gespart und eine gewisse Ordnung vorgegeben werden. Den Download finden Sie unter ▶ springer.com. Manchmal schlagen Schüler konkrete Cent-Beträge für die Margenveränderung vor. Ziel ist es, dass die Schüler erkennen, dass es im Abschwung in der Regel nicht möglich ist, mit höheren Preisen einen höheren Umsatz zu erzielen, es sei denn, dass Marktmacht und Preiselastizitäten dies ermöglichen.

◘ Tab. 11.1 Bitte entwickeln Sie eine geeignete Preisstrategie für verschiedene Konjunkturphasen. (Quelle: Eigene Darstellung)

Konjunktur-phase	a) Aufschwung	b) Hochkonjunktur	c) Abschwung[a]	d) Tiefstand
Kostenfaktor	Steigende Lohnkosten, die über dem Produktivitäts-fortschritt liegen.	Steigende Zinskosten aufgrund höherer Leitzinsen.	Höhere Gewinner-wartung der Eigentümer und Durchsetzen von Marktmacht.	Steigende Rohstoffkosten aufgrund fallenden Wechselkurses.
Veränderte Gewinn-spanne	minus 10 Cent	minus 5 Cent	minus 10 Cent	minus 12 Cent
Konsumver-halten	Die Arbeitslosig-keit sinkt und die Konsumenten verdienen und konsumieren mehr.	Die Konsumenten verdienen gut und achten nicht sonderlich auf die Preise.	Die Konsumenten kaufen weniger und sie sind preisbe-wusster.	Die Konsumen-ten schränken ihre Ausgaben deutlich ein.
Entschei-dung mit Begründung	Das Unterneh-men kann die Kosten-erhö-hung an die Konsumenten weitergeben und die Preise um 10 Cent oder mehr erhöhen.	Das Unternehmen kann die Kosten-erhöhung an die Konsumenten weitergeben und die Preise um 5 Cent oder mehr erhöhen, um den Gewinn zu erhöhen.	Das Unternehmen sollte die Preise nicht erhöhen, sondern eher senken, um vielleicht so einen höheren Umsatz und Gewinn zu erzielen. Eventuell sollten auch weniger Tafeln hergestellt werden.	Das Unterneh-men hat Schwierigkeiten, die gestiegenen Kosten mittels Preiserhöhungen weiterzugeben. Eventuell ist das Unternehmen sogar von Insolvenz bedroht.

[a] Die höhere Gewinnerwartung ist natürlich kein Kostenfaktor, sondern eine Erhöhung der Gewinnspanne, die vor jedem Ereignis erneut 20 Cent beträgt

? Aufgabe 13

a) Welches Muster der Preisgestaltung ist im Konjunkturverlauf erkennbar? b) Bitte erklären Sie, was unter angebotsinduzierter Inflation zu verstehen ist und verbinden Sie die Definitionen mit Beispielen aus der Praxis.

✓ Lösung

Zu a) In Aufschwung und Hochkonjunktur sind Preiserhöhungen unter Umständen empfehlenswert, um Umsatz und Gewinn zu steigern. In Abschwung und Tiefstand hingegen sind Umsatz und Gewinn wahrscheinlich bereits bei unveränderten Preisen rückläufig.

Zu b) Die *Lohn-Preis-Spirale* ist auf gestiegene Löhne zurückzuführen, deren Kosten von den Unternehmen an die Konsumenten weitergegeben werden. Werden die Kosten von Lohnerhöhungen in verschiedenen Wirtschaftszweigen auf die Produkte aufgeschlagen, dann sind ein höheres Preisniveau und Inflation die Folge, woraufhin erneut Lohnerhöhungen als Inflationsausgleich gefordert werden. Die Lohn- und Preissteigerungen bedingen sich nun gegenseitig.

Bei der *Zinskosteninflation* ist ein gestiegenes Zinsniveau in der Volkswirtschaft der Auslöser der Inflation. Die dadurch erhöhten Finanzierungskosten für die Unternehmen werden auf die Preise aufgeschlagen und so an die Konsumenten weitergegeben. Auslöser für die höheren Zinsen können höhere Leitzinsen sein.

Werden steigende Rohstoffpreise von Unternehmen auf die Preise aufgeschlagen, spricht man von einer *Rohstoffkosteninflation*. Auslöser kann ein fallender Wechselkurs beispielsweise des Euro gegenüber dem US-Dollar sein, wodurch der Preis dollarfakturierter Rohstoffe wie Öl ansteigt. Dollarfakturiert bedeutet, dass verschiedene Rohstoffe in Dollar gehandelt und bezahlt werden müssen, sodass zuerst Euro in Dollar getauscht werden müssen. Das Wort factura ist lateinischen Ursprungs und es heißt Rechnung.

Mit *Gewinninflation* ist gemeint, dass Unternehmen die beispielsweise Marktmacht ausnutzen, um mit höheren Preisen einen höheren Gewinn zu erzielen.

Von *angebotsinduzierter Inflation* wird deshalb gesprochen, weil der Impuls für den Anstieg des Preisniveaus von den Unternehmen ausgeht, die den Kostendruck oder Gewinndruck über die Preise auf die Konsumenten abwälzen.

11.5 Die Staatsfinanzen nach dem ersten Weltkrieg wieder in Einklang bringen

Was wollen Sie tun, um die Staatsfinanzen wieder in Einklang zu bringen?

Es handelt sich um ein Dilemma: Entweder es werden die Ausgaben gekürzt, um Steuererhöhungen und die Aufnahme neue Kredite zu vermeiden. Dann kann der Staat allerdings seine sozialen Aufgaben beispielsweise nicht wahrnehmen. Oder die Geldmenge wird aufgrund der Kreditaufnahme bei der Notenbank erhöht, um beispielsweise den sozialen Verpflichtungen nachzukommen, wodurch allerdings Inflation entsteht.

Anzumerken bleibt, dass auch die Ursachen der Hyperinflation von 1923 in der Literatur kontrovers diskutiert werden (siehe folgendes Kapitel: Aufgabe 14 b).

11.5.1 Geschwindigkeiten der Geldentwertung und die Hyperinflation von 1923

❓ **Aufgabe 14**
a) Bitte unterscheiden Sie die Inflationsarten nach der Stärke der Preissteigerungen, dem sogenannten „Grad der Inflation" (Baßeler et al. 2006, S. 729). **b)** Bitte sagen Sie, welche Ursachen als Erklärung für die große Inflation von 1923 in Deutschland angesehen werden. **c)** Worin bestehen die Schwierigkeiten des Deutschen Reiches, die zu der Ausweitung der Geldmenge geführt haben?

✅ **Lösung**
Zu a) Inflationsarten nach der Geschwindigkeit: Schleichende Inflation: kleiner 5 % p.a.; trabende Inflation: zwischen 5 % und 50 % p.a.; galoppierende Inflation (Hyperinflation): über 50 %ige Preissteigerungen im Monat (Cagan 1956, S. 25), was einer jährlichen Inflationsrate von 13.000 % p.a. entspricht.

Zu b) Die Vertreter der Quantitätstheorie führen die Geldentwertung auf die Vermehrung der Geldmenge zurück, insbesondere die Defizitfinanzierung des Reichshaushaltes, wohingegen die Vertreter der sogenannten Zahlungsbilanztheorie die Ursachen in einer passiven Handelsbilanz des Deutschen Reiches sehen (Holtfrerich 1980, S. 154).
Zu c) Der deutsche Staat hatte sehr hohe Ausgaben für die Rückzahlung der Kriegsanleihen, also der Kredite, mit denen die Kriegsführung bezahlt worden ist. Außerdem mussten Reparationszahlungen geleistet und die Kriegsopfer unterstützt werden. Aufgrund der schlechten wirtschaftlichen Lage konnten allerdings keine höheren Staatseinnahmen erzielt werden.

11.5.2   Jeder freut sich doch, wenn er mehr für sein Geld kaufen kann …

? **Aufgabe 15**
Bitte überlegen Sie sich eine Antwort für die Sprechblase des jungen Mannes.

✔ **Lösung**
Die Antwort des jungen Mannes im Cartoon soll die negativen Auswirkungen einer Deflation auf die wirtschaftliche Lage verdeutlichen: „Ich würde mein altes Auto solange weiterfahren, bis es fast auseinander fiele. Erst dann würde ich mir einen Neuwagen kaufen. Es sei denn, die Preise stiegen allmählich wieder an."

11.5.3   Wieso eine Deflation trotz des steigenden Geldwertes gefährlich ist

11

Die Folge kontinuierlich sinkender Preise widerspricht ein wenig der ersten Eingebung, der zufolge es vorteilhaft ist, wenn man für dasselbe Geld, beispielsweise 100 Euro, von Jahr zu Jahr mehr kaufen kann. Denn wenn alle Konsumenten ihre Konsumausgaben immer weiter in die Zukunft verschieben, dann kauft niemand mehr die gegenwärtig hergestellten Güter.

Unter einer Deflation versteht man einen breit angelegten Preisverfall verschiedenster Waren und Dienstleistungen, der auf eine ausgeprägte Nachfrageschwäche zurückzuführen ist (Stocker 2014, S. 240). Davon ist eine vorübergehende, negative Inflationsrate zu unterscheiden, die beispielsweise allein auf einen stark gefallenen Ölpreis zurückzuführen ist. Denn wenn die Energiekosten sinken, kann mehr konsumiert werden, ohne dass ein Anreiz zur Kaufzurückhaltung besteht, weil die Güterpreise und das Preisniveau weiterhin allmählich ansteigen.

? **Aufgabe 16**
a) Was ist das Problem einer Deflation? **b)** Stellen Sie sich vor, die Konsumenten und Unternehmen verschieben Konsumausgaben bzw. Investitionen aufgrund der ständigen Preissenkungen immer weiter in die Zukunft. Inwieweit glauben Sie, könnte die EZB die Deflation mit sinkenden Leitzinsen erfolgreich bekämpfen (Anmerkung: Private Haushalte konsumieren, Unternehmen investieren)?

✅ Lösung

Zu a) Das Problem besteht darin, dass die Konsumenten abwarten, bis alles noch günstiger wird, weshalb weniger Waren und Dienstleistungen hergestellt werden müssen. Die Deflation löst deshalb eine wirtschaftliche Abwärtsspirale weiter fallender Preise aus. Konsum und Investitionen werden in der Erwartung stetig günstigerer Güter weiter in die Zukunft verschoben, sodass eine Rezession die Folge ist.

Zu b) Diese Aufgabe nimmt einige Überlegungen zu Geldpolitik und Zentralbanken aus ▶ Kap. 12 vorweg: Im beschriebenen Szenario stellen selbst sinkende oder sehr niedrige Zinsen häufig keinen Anreiz dar, mehr zu konsumieren. Deshalb ist eine Deflation für die Geldpolitik schwierig zu bekämpfen, da geringe Zinsen für Unternehmen nur bedingt einen Investitionsanreiz darstellen, wenn aufgrund der wirtschaftlichen Lage keine Gewinne zu erwarten sind. Außerdem wächst der reale Wert der Schulden aufgrund der Deflation an, weil die in Kaufkraft gemessenen Schulden anwachsen. Deshalb ist häufig davon die Rede, dass eine Deflation so schwierig zu bekämpfen sei.

❓ Aufgabe 17

Bitte stellen Sie die Auswirkungen von Inflation und Deflation in einer Tabelle dar. Zeigen Sie, wie sich der reale Wert von Einkommen, Ersparnissen, verliehenem Geld, Schulden und Immobilien verändern. Sagen Sie bitte auch, wie die Staatsschulden und die Konjunktur beeinflusst werden. Erstellen Sie eine Tabelle wie Tab. 11.4 (im Lehrbuch).

✅ Lösung

Siehe ◘ Tab. 11.2.

◘ Tab. 11.2 Welche Auswirkungen haben Inflation und Deflation auf den Wert bzw. die Kaufkraft *Ihrer* …. (Quelle: Issing 2011, S. 234 f. und 259; Dubs 1998, S. 247; Holtfrerich 1980, S. 10)

Wirtschaftliche Größen	Inflation (allgemeiner Preisanstieg)	Deflation (allgemeiner Preisverfall)
Bezieher fester Einkommen	Der Lohn, den Sie verdienen, verliert an Kaufkraft, sodass Sie sich in jedem weiteren Jahr immer weniger dafür kaufen können. Deshalb fordern Sie Lohnerhöhungen als Inflationsausgleich.	Die Kaufkraft Ihres Lohnes wächst, sodass Sie sich aufgrund von Preissenkungen jedes Jahr mehr Güter für denselben Nominallohn kaufen können.
Ersparnisse	Gespartes Geld verliert aufgrund des ansteigenden Preisniveaus in jedem weiteren Jahr ein wenig von seiner Kaufkraft. Deshalb ist es Ihnen wichtig, dass die nominale Verzinsung Ihrer Ersparnisse höher als die Inflationsrate ist, weil Sie ansonsten schleichend enteignet werden (Issing 2011, S. 259) (siehe unten: Verliehenes Geld).	Geld zu sparen ist sehr lohnend, weil Sie aufgrund des sinkenden Preisniveaus für den gesparten Geldbetrag in der Zukunft mehr Güter kaufen können. Zusätzlich wird Ihr Geld verzinst.

(Fortsetzung)

◘ Tab. 11.2   (Fortsetzung)

Wirtschaftliche Größen	Inflation (allgemeiner Preisanstieg)	Deflation (allgemeiner Preisverfall)
Verliehenes Geld	Für das Geld, das Sie verliehen haben, können Sie sich nach der Rückzahlung weniger kaufen als zu dem Zeitpunkt des Verleihens. Sollte die Inflationsrate höher als die Verzinsung sein, dann spricht man von einer negativen Verzinsung, weil das Geld jedes Jahr an Kaufkraft verliert.	Für das verliehene Geld können Sie sich bei der Rückzahlung mehr Güter als vorher kaufen, selbst dann, wenn Sie keine Verzinsung erhalten.
Schulden/Kredite	Die Inflation verringert den realen Gegenwert Ihrer Schulden, sodass Sie diese in Zukunft beispielsweise aufgrund von Lohnerhöhungen zwecks Inflationsausgleich leichter tilgen können.	Die Deflation erhöht den Schuldenberg, weil sich die Kaufkraft des Geldes erhöht. Dadurch muss ich mehr abbezahlen.
Staats-schulden	Staatsschulden verlieren durch Inflation an Wert. Deshalb bringt sie Staaten auch Vorteile. Daher sollten Zentralbanken unabhängig von staatlicher Einflussnahme entscheiden können.	Die Staatsschulden steigen im Wert, und es wird immer schwieriger, diese zurückzuzahlen. Eine Überschuldung des Staates könnte die Folge sein, welche einen Schuldenschnitt erforderlich macht.
Immobilien (Sachwerte)	Der Wert des Geldes nimmt ab, sodass der Wert der Sachanlagen wie Immobilien steigt (Holtfrerich 1980, S. 10).	Sachwerte verlieren an Wert, weil der Wert des Geldes steigt, weshalb es zu einer Flucht aus Sachwerten kommen kann (Dubs 1998, S. 274).
Konjunktur (wirtschaft-liche Lage)	„Zusammenhang zwischen Inflation und realem Wirtschaftswachstum gehört zu den umstrittensten Problemen der Ökonomie. Während extreme Inflationsraten das Wachstum beeinträchtigen, gibt es die These, dass eine schleichende Inflation das Wachstum begünstige." (Issing 2011, S. 234 f.).	Die Konsumenten halten sich aufgrund sinkender Preise zurück. Unternehmen müssen die Kosten senken, um die Güter noch günstiger anbieten zu können und um Lagerbestände abzubauen. Die Kosten werden gesenkt und Arbeitskräfte entlassen.

11

Literatur

Baßeler, U., Jürgen, H., & Utecht, B. (2006). *Grundlagen und Probleme der Volkswirtschaft* (18. Aufl.). Stuttgart: Schäffer-Poeschel.

Bonn, M. J. (1896). *Spaniens Niedergang während der Preisrevolution des 16. Jahrhunderts, Ein induktiver Versuch zur Geschichte der Quantitätstheorie*. Stuttgart: Münchener Volkswirtschaftliche Studien, Verlag der Cotta'schen Buchhandlung Nachfolger.

Cagan, P. (1956). *The monetary dynamics of hyperinflation, studies in the quantity theory of money* (S. 23–117). Chicago: University of Chicago Press.

Deutsche Bundesbank. (2014). *Stabiles Geld für Europa, Rede als Ehrengast bei der 470. Bremer Schaffermahlzeit, 14.02.2014 in Bremen*. https://www.bundesbank.de/de/presse/reden/stabiles-geld-fuer-europa-663958. Zugegriffen am 24.04.2019.

Dubs, R. (1998). *Volkswirtschaftslehre, Eine Wirtschaftsbürgerkunde für höhere Schulen, Erwachsenenbildung und zum Selbststudium*. Bern: Haupt.

Hellmeyer, F. (2008). *Endlich Klartext*. München: FinanzBuch.

Holtfrerich, C.-L. (1980). *Die deutsche Inflation 1914–1923, Ursachen und Folgen in internationaler Perspektive*. Berlin: de Gruyter.

Issing, O. (2011). *Einführung in die Geldtheorie*. München: Vahlen.

Metz, R. (1990). *Geld, Währung und Preisentwicklung, Der Niederrheinraum im europäischen Vergleich 1350–1800*. Frankfurt a. M.: Fritz Knapp.

zu Mondfeld, W. (1981). *Blut, Gold und Ehre, Die Conquistadoren erobern Amerika*. München: Bertelsmann.

Pieper, R. (1985). *Die Preisrevolution in Spanien (1500–1640), Beiträge zur Wirtschafts- und Sozialgeschichte*. Wiesbaden: Franz Steiner.

Ponta, W. (1973). *Systemische Darstellung. Lehrbuch der Wirtschaftswissenschaften* (Bd. I). Wiesbaden: Gabler.

Robinson, J. (1974). *Ökonomische Theorie als Ideologie, Über einige altmodische Fragen der Wirtschaftstheorie*. Frankfurt a. M.: Europäische Verlangsanstalt. Aus dem Englischen von Erwin Weissel.

Rogall, H. (2006). *Volkswirtschaftslehre für Sozialwissenschaftler, Eine Einführung*. Wiesbaden: GWV.

Statistisches Bundesamt (2017). https://www.destatis.de/DE/ZahlenFakten/GesamtwirtschaftUmwelt/Preise/Verbraucherpreisindizes/Methoden/harmonisierterVerbraucherpreisindex.html. Zugegriffen am 11.11.2017.

Stocker, F. (2014). *Moderne Volkswirtschaftslehre, Logik der Marktwirtschaft*. München: Oldenbourg.

Die Geldpolitik der Europäischen Zentralbank und der Euro

© Springer Fachmedien Wiesbaden GmbH, ein Teil von Springer Nature 2020
J. Pfannmöller, *Kreative Volkswirtschaftslehre – Lösungen*,
https://doi.org/10.1007/978-3-658-26678-3_12

12.1 Wie der Wert des Euro-Papiergeldes zustande kommt

Von Portugal bis Estland mit dem Euro bezahlen. Doch wie lässt sich der Wert des als Euro bedruckten Papiergeldes überhaupt erklären?

Häufig vermuten Schüler, das Zentralbankgold sei der Gegenwert des Geldes. Tatsächlich sind es die Waren und Dienstleistungen, welche der Geldmenge gegenüberstehen, sowie das Vertrauen in deren Wertbeständigkeit und das Vertrauen in eine stabilitätsorientierte Geldpolitik der Zentralbank.

? **Aufgabe 1**
a) Was ist der Euroraum bzw. das Eurowährungsgebiet, das umgangssprachlich auch als Eurozone bezeichnet wird? b) In welchen Ländern ist der Euro die offizielle Landeswährung? c) Was ist eine Zentralbank ganz grundsätzlich? d) Was ist damit gemeint, wenn man die EZB als „Bank der Banken" bezeichnet? e) Bitte unterscheiden Sie die Begriffe Euroraum, Eurosystem und ESZB in Tabellenform, indem Sie unterscheiden, ob die EZB, die 19 Länder, die den Euro als Landeswährung eingeführt haben, und die restlichen EU-Länder dazugehören (in ◘ Tab. 12.1 im Lehrbuch).

✓ **Lösung**
Zu a) Als Euroraum wird das Euro-Währungsgebiet bezeichnet, umgangssprachlich Eurozone genannt. Dazu zählen die 19 Länder, die den Euro als Währung eingeführt haben: Belgien, Deutschland, Estland, Finnland, Frankreich, Griechenland, Irland, Italien, Lettland, Litauen, Luxemburg, Malta, Niederlande, Österreich, Portugal, Slowakei, Slowenien, Spanien und Zypern.
Zu b) Siehe 1 a.
Zu c) Die Zentralbank ist die Institution, die für die Wertbeständigkeit des Geldes zuständig ist. Vermutlich hat jede Währung eine Zentralbank. Für den US-Dollar ist es beispielsweise das Federal Reserve Board (FED).
Zu d) Das Geld, das Sie als Kredit von Ihrer Bank bekommen, stammt unter anderem von der Europäischen Zentralbank. Dafür bezahlt Ihre Bank den Leitzins an die EZB (siehe ◘ Abb. 12.1 im Lehrbuch) und sie stellt Ihnen einen höheren Zinssatz in Rechnung. Aufgrund dieser Refinanzierung wird die EZB als Bank der Banken bezeichnet. Allerdings refinanzieren sich Geschäftsbanken auch über Kundeneinlagen, welche weiterverliehen werden.
Zu e) Siehe ◘ Tab. 12.1. Das *ESZB* besteht aus der EZB und den nationalen Zentralbanken aller EU-Mitgliedstaaten, also auch derer, die zwar Mitglieder der EU sind, jedoch den Euro nicht eingeführt haben. *Eurosystem*: Das Eurosystem ist eine organisatorische Einheit, die aus den nationalen Zentralbanken besteht, derzeit 19, die den Euro als amtliche Währung eingeführt haben, sowie der Europäischen Zentralbank (EZB), die das Eurosystem leitet. *Euroraum*: Der Euroraum wird auch als Euro-Währungsgebiet bezeichnet oder umgangssprachlich als Eurozone. Dazu zählen die 19 Länder, die den Euro als Währung eingeführt haben, also Belgien, Deutschland, Estland, Finnland, Frankreich, Griechenland, Irland, Italien, Lettland, Litauen, Luxemburg, Malta, Niederlande, Österreich, Portugal, Slowakei, Slowenien, Spanien und Zypern.

? **Aufgabe 2**
a) Bitte unterscheiden Sie die Begriffe Preisniveau, Inflation und Inflationsrate. b) Wie definiert die EZB Geldwertstabilität und was ist mit Geldwertstabilität bzw. Preisstabilität gemeint? c) Bitte recherchieren Sie die Inflationsraten seit Bestehen des Euro und

☐ Tab. 12.1   Die Unterscheidung von ESZB, Eurosystem und Euroraum. (Quelle: Europäische Zentralbank 2015, eigene Darstellung)

	EZB	19 Länder mit Euro	restliche EU-Länder
ESZB	ja	ja	ja
Eurosystem	ja	ja	nein
Euroraum	nein	ja	nein

finden Sie heraus, ob die EZB die Geldwertstabilität nach der eigenen Definition erreicht hat. **d)** Bitte vergleichen Sie die Inflationsraten aus D-Mark-Zeiten mit den Inflationsraten des Euro und treffen Sie eine Einschätzung, ob eine Inflationsrate von knapp unter zwei Prozent einen Erfolg darstellt.

✅ Lösung

Zu a) Der Durchschnitt der Preise aller Waren und Dienstleistungen heißt Preisniveau und dessen Anstieg über einen längeren Zeitraum wird Inflation genannt. Der prozentuale Anstieg des Preisniveaus zwischen zwei Zeitpunkten heißt Inflationsrate (Baßeler et al. 2006, S. 726).

Zu b) Die EZB definiert Geldwertstabilität als jährliche Inflationsrate von knapp unter zwei Prozentpunkten, gemessen mit dem Harmonisierten Verbraucherpreisindex (HVPI, engl. HICP). Die Preise der Waren und Dienstleistungen der Volkswirtschaft sollen also jährlich um etwas weniger als zwei Prozent ansteigen. Der Begriff Preisstabilität meint, dass *alle* Preise konstant bleiben. Wenn die EZB jedoch von Preisstabilität spricht, dann meint sie genau genommen Preisniveaustabilität. Damit ist gemeint, dass einzelne Preise ansteigen, fallen oder konstant bleiben (Deutsche Bundesbank 2016). Allerdings hat sich im allgemeinen Sprachgebrauch der weniger präzise Begriff „Preisstabilität" durchgesetzt (Deutsche Bundesbank 2016) (Glossar Preisstabilität). Preisstabilität bzw. Geldwertstabilität definiert die EZB als Inflationsrate von nahe 2 %. In der volkswirtschaftlichen Literatur gibt es jedoch auch die Sichtweise, Geldwertstabilität als Inflationsrate von null Prozent zu definieren.

Zu c) Die Inflationsraten finden Sie im Internet unter Bildersuche oder im sogenannten Statistical Data Warehouse der EZB (▸ http://sdw.ecb.europa.eu/). Sie brauchen lediglich zu vergleichen, ob die Inflationsrate in der Eurozone mehrheitlich über oder unter zwei Prozent betragen hat.

Zu d) Wenn Sie die Inflationsraten von D-Mark und Euro vergleichen (Internet Bildersuche), dann werden Sie feststellen, dass der Kaufkraftverlust der D-Mark beispielsweise Anfang der 1990er-Jahre über zwei Prozent gelegen hat und 1992 sogar bei knapp fünf Prozent. In den 1970er-Jahren bis Mitte der 1980er-Jahre lag die Inflationsrate der D-Mark ebenfalls zeitweise deutlich über zwei Prozentpunkten: 1973 beispielsweise bei 7,1 %.

12

Didaktischer Hinweis

Heutige Schülergeneration haben die D-Mark nicht mehr miterlebt und deshalb kein Problembewusstsein für diese Fragestellung.

12.2 Als Mitglied des EZB-Rates die Leitzinsen festlegen

Didaktischer Hinweis

Als erstes überlegen die Schüler, welche Länder den Euro als offizielles Zahlungsmittel eingeführt haben. Anschließend wird überlegt, welche die fünf größten Volkswirtschaften gemessen an der Wirtschaftskraft (BIP) sind. Beides wird mit dem Schuldenquartett aus ▶ Abschn. 10.4 vermittelt, in welchem die Höhe des BIPs und die Mitglieder des Euroraumes besprochen werden.

Binnendifferenziert könnte der Informationstext zu der Aufteilung der Stimmrechte durch den für Schüler schwieriger zu verstehenden Gesetzestext ersetzt werden. Dieser heißt: „Artikel 10 der Satzung des Europäischen Systems der Zentralbanken und der Europäischen Zentralbank" und er ist im Internet im „Amtsblatt der Europäischen Union (2012), Protokoll (Nr. 4), Der EZB-Rat" zu finden. Darin werden der EZB-Rat und die Stimmverteilung erläutert, die sich ändert, wenn weitere Mitglieder dem Euro-Währungsgebiet beitreten.

❓ Aufgabe 3

a) Bitte bringen Sie kurz auf den Punkt, was der EZB-Rat ist. b) Was bedeutet der Begriff Geldpolitik?

✅ Lösung

Zu a) Der EZB-Rat ist das Gremium, das die Geldpolitik der Europäischen Zentralbank beschließt. Mit Geldpolitik sind alle Maßnahmen einer Zentralbank gemeint.
Zu b) Damit sind alle Maßnahmen und Entscheidungen einer Zentralbank gemeint, welche durchgeführt werden, um die geldpolitischen Ziele zu erreichen sowie die Geldversorgung und das Kreditangebot der Banken zu gewährleisten (Gabler Wirtschaftslexikon 2014, S. 1244 f.).

❓ Aufgabe 4

Bisher wissen Sie noch nicht, ob Sie dem Direktorium oder einer der beiden Gruppen von nationalen Zentralbankpräsidenten angehören werden. Verschaffen Sie sich deshalb zunächst einen Überblick über die Mitgliederanzahl und die Stimmrechtsverteilung in den einzelnen Gruppen des EZB-Rates. a) Wie viele Mitglieder und Stimmen hat das EZB-Direktorium im EZB-Rat und wie heißen der EZB-Präsident und Vizepräsident? b) Bitte zählen Sie die Länder auf, die zu den beiden Gruppen gehören. Orientieren Sie sich dazu an der Höhe des BIPs der einzelnen Länder. Füllen Sie dazu
◧ Tab. 12.2 (im Lehrbuch) anhand der darunter stehenden Informationen aus. c) Bitte erklären Sie das Rotationsprinzip der Stimmrechte im EZB-Rat.

✅ Lösung

Zu a und b) Siehe ◧ Tab. 12.2. **Zu c)** Das Rotationsprinzip ist ein Rhythmus, nach welchem die Zentralbankpräsidenten der beiden Gruppen über geldpolitische Entscheidung mitbestimmen dürfen. Die Rotation ist festgelegt worden, weil beide Gruppen weniger Stimmen als Mitglieder haben und damit die EZB mit der Gesamtstimmzahl immer beschlussfähig ist, ohne dass eine Pattsituation entsteht. Deshalb

◻ **Tab. 12.2** Stimmrecht und Mitglieder des EZB-Rates. (Quelle: Europäische Zentralbank 2018a)

Gruppe	Anzahl der Mitglieder	Anzahl der Stimmen	Namen der Mitglieder
Direktorium	6	6	Mario Draghi (EZB-Präsident), Luis de Guindos (Vize-Präsident)
Gruppe 1	5	4	Deutschland, Frankreich, Italien, die Niederlande, Spanien
Gruppe 2	14	11	Belgien, Estland, Finnland, Griechenland, Irland, Lettland, Litauen, Luxemburg, Malta, Österreich, Portugal, die Slowakei, Slowenien und Zypern
	25	21	

wechseln die Stimmrechte innerhalb der Gruppen in einem monatlichen Turnus, sodass die Stimmrechte jeden Monat etwas anders verteilt sind. Hier empfiehlt sich die grafische Darstellung auf den Seiten der Europäischen Zentralbank, um zusätzlich einen visuellen Zugang zu haben.

❓ Aufgabe 5

Auf die Frage, wieso Malta oder Luxemburg grundsätzlich das gleiche Stimmgewicht im EZB-Rat besitzen wie Deutschland oder Frankreich, antwortete der ehemalige Präsident der deutschen Bundesbank, der maßgeblich an der Gestaltung der Satzung der EZB beteiligt gewesen ist: „Das hatten wir (die deutsche Bundesbank) in den Verhandlungen (über die Satzung) so akzeptiert, weil ja auch im Rat der Bundesbank jede Zentralbank eine Stimme habe." Pöhl: „Das war mein Fehler." (Kaden 2014, S. 151). a) Was ist mit „Fehler" gemeint? b) Welche Alternative könnte der ehemaligen Bundesbankpräsidenten im Nachhinein bevorzugt haben?

✓ Lösung

Zu a) Damit ist gemeint, dass jedes Land das gleiche Stimmgewicht hat, unabhängig von dessen Größe und volkswirtschaftlicher Bedeutung. Beispiel: Deutschland und Malta haben im EZB-Rat jeweils eine Stimme. Allerdings ist das Rotationsverfahren in den Gruppen zu beachten, da die Mitglieder in einem bestimmten monatlichen Turnus aussetzen.
Zu b) Eine Stimmgewichtung in Abhängigkeit von der Größe der Volkswirtschaft, gemessen am Landes-BIP im Vergleich zum Gesamt-BIP des Euroraums.

12.3   Eine expansive und kontraktive Geldpolitik an den Leitzinsen erkennen

❓ Aufgabe 6

Bitte schauen Sie sich die Entwicklung des Leitzinses in den beiden rechten Spalten an und markieren Sie die zusammenhängenden Zeiträume, in welchen dieser Leitzins mehrere Jahre lang grundsätzlich gestiegen oder gesunken ist. Zeichnen Sie dazu eine gestrichelte, waagerechte Linie ein, wenn der Leitzins wieder kontinuierlich ansteigt oder sinkt, und markieren Sie die Auffälligkeiten in den einzelnen Phasen. Bitte betrachten Sie dafür die beiden rechten Spalten als fortlaufende Spalte des Leitzinses, der auch Zinssatz der Hauptrefinanzierungsgeschäfte heißt.

✔ Lösung

Siehe ◘ Abb. 12.1. Die sogenannten Paradigmenwechsel zwischen expansiver und kontraktiver Geldpolitik sind durch gestrichelte Linien kenntlich gemacht. Man spricht auch von einer sogenannten Zinswende.

Didaktischer Hinweis

Schüler haben häufig Schwierigkeiten den 9. April 1999 sowie den 13. April und 13. Juli 2011 richtig einzuordnen. Deshalb wird in der Aufgabe nach den Zeiträumen gefragt, in welchen die Leitzinsen „mehrere Jahre lang grundsätzlich gestiegen oder gesunken" sind. Diese drei Daten sind im Nachhinein keine Paradigmenwechsel gewesen.

Eine bildliche Darstellung der Leitzinsentwicklung sehen Sie in ▶ Abschn. 16.3. Alternativ könnte man auch eine Zinskurve in ein Koordinatensystem zeichnen, was desto aufwändiger wird, je genauer die Zinsschritte dargestellt werden sollen. Eine Schülerin (Aida) stellte in diesem Zusammenhang die Frage, wem die EZB denn Zinsen zahle? Tatsächlich zahlt die EZB beispielsweise für die Einlagenfazilität Zinsen, wenn die Geschäftsbanken Geld bei der EZB anlegen und sofern der Zinssatz der Einlagen-fazilität nicht negativ ist.

■ **Technisches Detailwissen**

Die vergleichbaren Leitzinsen der US-amerikanischen Notenbank FED heißen Fed Fund Rate. Hier könnte man sich anschauen, inwieweit sich die Unterschiede im Zinsniveau auf den Wechselkurs Euro–US-Dollar ausgewirkt haben (siehe ▶ Abschn. 13.2.2). Denn häufig sind vergleichsweise höhere Leitzinsen ein Auslöser für einen Anstieg des Wechselkurses der Währung, in welcher höhere Zinsen bezahlt werden. Die US-amerikanische FED hat in der internationalen Finanzordnung eine Sonderrolle. Denn wenn die FED wieder beginnt, die Leitzinsen nach einer Phase der expansiven Geldpolitik anzuheben, dann werden oft in Schwellenländern angelegte Gelder dort abgezogen, was fallende Wechselkurse der betroffenen Währungen oder eine Schuldenkrise auslösen kann.

❓ Aufgabe 7

a) Bitte unterscheiden Sie die Phasen einer sogenannten kontraktiven Geldpolitik von Zeitabschnitten mit einer expansiven Geldpolitik. Werden die Leitzinsen schrittweise erhöht, spricht man von einer kontraktiven Geldpolitik. Werden die Leitzinsen hingegen schrittweise gesenkt, wird von einer expansiven Geldpolitik gesprochen (Gabler 2014, S. 1247 f.). b) Mit ihrer Zinspolitik beeinflusst die EZB die gesamtwirtschaftliche Nachfrage (Bofinger 2011, S. 395). Welche Auswirkungen hat eine kontraktive bzw. expansive Geldpolitik auf Sie persönlich?

◨ **Abb. 12.1**   Lösung
Aufgabe 6: Die Leitzinsen der
Europäischen Zentralbank.
(Quelle: Europäische
Zentralbank)

Die Leitzinsen der Europäischen Zentralbank

Gültig ab		Einlage-fazilität	Spitzen-refinan-zierungs-fazilität	Hauptrefinanzierungs-geschäfte		
				Festsatz	Mindest-bietungs-satz	
1999	1. Jan.	2,00	4,50	3,00	-	
	4. Jan.	2,75	3,25	3,00	-	
	22. Jan.	2,00	4,50	3,00	-	
	9. Apr.	1,50	3,50	2,50	-	
	5. Nov.	2,00	4,00	3,00	-	Kontraktive Geldpolitik
2000	4. Feb.	2,25	4,25	3,25	-	
	17. Mär.	2,50	4,50	3,50	-	
	28. Apr.	2,75	4,75	3,75	-	
	9. Jun.	3,25	5,25	4,25	-	
	28. Jun.	3,25	5,25	-	4,25	
	1. Sep.	3,50	5,50	-	4,50	
	6. Okt.	3,75	5,75	-	4,75	
2001	11. Mai	3,50	5,50	-	4,50	
	31. Aug.	3,25	5,25	-	4,25	
	18. Sep.	2,75	4,75	-	3,75	
	9. Nov.	2,25	4,25	-	3,25	Expansive Geldpolitik
2002	6. Dez.	1,75	3,75	-	2,75	
2003	7. Mär.	1,50	3,50	-	2,50	
	6. Jun.	1,00	3,00	-	2,00	
2005	6. Dez	1,25	3,25	-	2,25	
2006	8. Mär.	1,50	3,50	-	2,50	
	15. Jun.	1,75	3,75	-	2,75	
	9. Aug.	2,00	4,00	-	3,00	
	11. Okt.	2,25	4,25	-	3,25	
	13. Dez.	2,50	4,50	-	3,50	Kontraktive Geldpolitik
2007	14. Mär.	2,75	4,75	-	3,75	
	13. Jun.	3,00	5,00	-	4,00	
2008	9. Jul.	3,25	5,25	-	4,25	
	8. Okt.	2,75	4,75	-	3,75	
	9. Okt	3,25	4,25	3,75	-	
	12. Nov.	2,75	3,75	3,25	-	
	10. Dez.	2,00	3,00	2,50	-	
2009	21. Jan.	1,00	3,00	2,00	-	
	11. Mär.	0,50	2,50	1,50	-	
	8. Apr.	0,25	2,25	1,25	-	
	13. Mai	0,25	1,75	1,00	-	
2011	13. Apr.	0,50	2,00	1,25	-	
	13. Jul.	0,75	2,25	1,50	-	
	9. Nov.	0,50	2,00	1,25	-	
	14. Dez.	0,25	1,75	1,00	-	
2012	11. Jul.	0,00	1,50	0,75	-	Expansive Geldpolitik
2013	8. Mai	0,00	1,00	0,50	-	
	13. Nov.	0,00	0,75	0,25	-	
2014	11. Jun.	-0,10	0,40	0,15	-	
	10 Sep.	-0,20	0,30	0,05	-	
2015	9. Dez.	-0,30	0,30	0,05	-	
2016	16. Mar.	-0,40	0,25	0,00	-	
2019	18. Sep.	-0,50	0,25	0,00	-	

Quelle: Europäische Zentralbank

12

✅ Lösung

Zu a) Siehe ◘ Abb. 12.1 im Lösungsbuch. 01.01.1999 bis 06.10.2000 kontraktive Geldpolitik, 11.05.2001 bis 06.06.2003 expansive Geldpolitik, 06.12.2005 bis 09.07.2008 kontraktive Geldpolitik, 08.10.2008 bis über den 16.03.2016 hinaus expansive Geldpolitik. Denn der Leitzins von null Prozent gilt ab diesem Datum bis zu der nächsten Leitzinsveränderung.

Zu b) Für Sie persönlich bedeutet eine kontraktive Geldpolitik, dass Ihre Dispozinsen ansteigen und die Anschlussfinanzierung Ihres Immobiliendarlehens teurer wird. Andererseits wird Sparen für Sie reizvoller, weil Sie höhere Zinsen bekommen. Allerdings kann sich auch Ihre berufliche Situation verändern, da eine gebremste Wirtschaftsleistung aufgrund einer gesunkenen gesamtwirtschaftlichen Nachfrage unter Umständen auch beispielsweise den Abbau von Arbeitsplätzen zur Folge hat. Die Kaufkraft Ihres Geldes wird positiv beeinflusst, weil versucht wird, auf geringere Inflationsraten hinzuwirken (Mishkin 1995, S. 6 ff.). Eine expansive Geldpolitik verbilligt für Sie die Kreditaufnahme. Allerdings erschweren sinkende Zinsen die Rücklagenbildung für Ihr Rentenalter, insbesondere dann, wenn die Inflationsrate über dem Nominalzins liegt. Denn dann wird Ihr Geld verzinst, was eine allmählich abnehmende Kaufkraft Ihrer Ersparnisse zur Folge hat. Sprich: In der Zukunft können Sie weniger Güter für einhundert gesparte Euro kaufen als heute. Die expansive Geldpolitik bedeutet aber auch, dass die gesamtwirtschaftliche Nachfrage angeregt werden soll, was höhere Inflationsraten nach sich ziehen kann. Inflation bewirkt, dass Ihr Reallohn sinkt und Sie in den Folgejahren weniger Güter kaufen können.

Didaktischer Hinweis

Häufig haben Schüler Schwierigkeiten die Abläufe rund um die Leitzinsen nachzuvollziehen, weil es mit ihrer Lebenswirklichkeit nichts zu tun hat und weil die Begrifflichkeiten eher abschreckend wirken. Tatsächlich hat die EZB drei Leitzinssätze mit unterschiedlichen Funktionen, die Einlagenfazilität, Spitzenrefinanzierungsfazilität und Hauptrefinanzierungsgeschäfte heißen, wobei es sich bei dem letztgenannten um „den" Leitzins aus den Wirtschaftsnachrichten handelt.

Deshalb ist es hilfreich, den Ablauf der Geldschöpfung mit dem Leitzins als Schaubild oder in Form eines kurzen Rollenspiels darzustellen. Dafür werden drei Schüler gebeten, die Rollen von EZB, einer Sparkasse und einer Kreditnehmerin einzunehmen, welche sich beispielsweise einen Sportwagen für 200.000 Euro kaufen möchte. Jeder Schüler bekommt einen Zettel mit einem Rollenhinweis ausgehändigt: „EZB", „Sparkasse" und „Sportwagen für 200.000 Euro". Nun kann gezeigt werden, wie sich die Sparkasse von der EZB 200.000 Euro leiht und dafür den Leitzins bezahlt, der in ◘ Abb. 12.1 (im Lehrbuch) abgelesen oder im Internet recherchiert wird (▶ https://www.ecb.europa.eu). Manchmal dauert es ein wenig, bis die Schüler erkennen, dass der Leitzins in den beiden rechten Spalten „Hauptrefinanzierungsgeschäfte" als fortlaufender Zinssatz abzulesen ist. Aus der Angabe, dass der Leitzins null Prozent beträgt, folgern die Schüler manchmal, dass die EZB keinen Leitzins nimmt oder dass es keinen Leitzins gibt, was ein interessantes Beispiel dafür ist, wie unterschiedlich Informationen aufgefasst werden. Die Sparkasse leiht der Schülerin das Geld zu einem höheren Zinssatz, wobei immer ungefähr dieselbe Gewinnspanne auf den Leitzins aufgeschlagen wird, wie mir ein Bankmitarbeiter sagte. Deshalb sei die Höhe des Leitzinses für die Sparkasse letztlich unerheblich. Anhand dieses Beispiels ließe sich mit Abb. 16.3 (im Lehrbuch) zeigen, wie sich eine Veränderung des Leitzinses, unter Beibehaltung der Gewinnspanne, auf die Kreditzinsen auswirkt. Häufig fragen Schüler daraufhin, wie die Höhe des Leitzinses zustande kommt und was die EZB mit steigenden (oder sinkenden) Leitzinsen bewirken will.

12.4   Wie die Sonnen Bank zu den Leitzinsen Geld ausleiht oder anlegt

Didaktischer Hinweis
Dieses Kapitel erfordert eine hohe fachliche Sicherheit und es ist für Schüler häufig zu schwierig, jedoch möglicherweise als besondere Herausforderung für sehr leistungsstarke, fachlich interessierte Schüler motivierend.

? Aufgabe 8
a) Wie heißen die drei Leitzinsen? b) Bitte informieren Sie sich auf den Seiten der Europäischen Zentralbank über die derzeitige Höhe der Leitzinsen. c) Was ist mit Zinskorridor gemeint? d) Unterscheiden Sie die Leitzinsen nach deren Funktion und Bedeutung. e) Erläutern Sie, was mit Transmissionsmechanismus gemeint ist.

12

✓ Lösung
Zu a) Die Leitzinsen sind erstens der Hauptrefinanzierungssatz (Zinssatz der Hauptrefinanzierungsgeschäfte oder Offenmarktgeschäfte), zweitens die Einlagenfazilität und drittens Spitzenrefinanzierungsfazilität. Die ständigen Fazilitäten finden in den Wirtschaftsnachrichten nur sehr selten Beachtung. Die Einlagenfazilität erlangte seit 2014 eine zweifelhafte Berühmtheit als Strafzinssatz. Denn Geschäftsbanken, die überschüssige Liquidität auf Konten der EZB anlegen, müssen dafür ab 2016 sogar bis 0,4 % Strafzinsen an die EZB zahlen (siehe ◘ Abb. 12.1 im Lehrbuch). Wären Strafzinsen für Sie persönlich in der Rolle einer Geschäftsbank ein Anreiz, aus Ihrer Sicht riskantere Kredite zu vergeben, um Strafzinsen für überschüssiges Geld zu vermeiden?
Zu b) Mit Wirkung vom 16.03.2016 hat die EZB den Leitzins überraschend auf 0 % gesenkt Europäische Zentralbank (2016)
Zu c) Der Leitzins der Hauptrefinanzierungsgeschäfte ist immer höher als der Zinssatz der Einlagenfazilität und geringer als der Zinssatz der Spitzenrefinanzierungsfazilität. Deshalb spricht man von einem Zinskorridor, innerhalb dessen sich der Hauptrefinanzierungssatz bewegt.
Zu d) Der in der Öffentlichkeit am stärksten wahrgenommene Leitzins ist der *Zinssatz der Hauptrefinanzierungsgeschäfte*. Denn zu diesem Zinssatz leihen sich die Geschäftsbanken die überwiegende Menge des Geldes, das sie für Bankgeschäfte benötigen. Da die Banken die relative Entwicklung dieses Zinssatzes mit einem Aufschlag an die Kreditnehmer bzw. mit einem Abschlag an die Sparer weitergeben, hat dieser Zinssatz eine herausragende Bedeutung für die Volkswirtschaft. Angesichts der

Leitzinsveränderungen kann man Rückschlüsse auf die geldpolitische Strategie der Zentralbank ziehen, also darauf, ob eine kontraktive oder expansive Geldpolitik verfolgt wird.

Für den *Zinssatz der Einlagenfazilität* können die Banken Tagesgelder bei der EZB sicher anlegen, mit der Garantie, das Geld auf jeden Fall zurückzubekommen. Verleihen die Geschäftsbanken jedoch unbesichert untereinander, dann könnte das Geld im Falle einer Insolvenz verloren sein. Beispielsweise hat die deutsche KfW-Bank im Zuge eines gewöhnlichen Bankgeschäfts der amerikanischen Lehman Brothers Bank am Morgen des 15. Septembers noch 319 Millionen Euro überwiesen, wenige Stunden bevor die Bank insolvent und das Geld somit verloren war. Aufgrund dieser Erfahrung scheuen Banken das Risiko, untereinander unbesichert Geld auszuleihen.

Die *Spitzenfinanzierungsfazilität* ermöglicht es den Banken, sich tageweise von der EZB Geld zu leihen. Da dieser Zinssatz die Zinsobergrenze für den Geldmarktzins darstellt, haben die Banken einen Anreiz, diese Fazilität möglichst selten in Anspruch zu nehmen.

Zu e) Mit Transmissionsmechanismus ist gemeint, was in der Wirtschaft passiert, wenn die Zentralbank die Leitzinsen anhebt oder senkt (Deutsche Bundesbank 2016). Beispielsweise, wie sich Kreditnachfrage, Sparneigung, Konsum und Investition verändern.

? Aufgabe 9

a) Wieso parken die Geschäftsbanken derzeit das Geld lieber bei der EZB, selbst wenn damit nur geringe oder gar keine Zinsen eingenommen werden? **b)** Was ist mit Strafzins gemeint? **c)** Wie viel Zinsen muss die Sonnen Bank der EZB für die Anlage von 100 Mio. € Tagesgeld zu einem Negativzins von 0,4 % ungefähr für einen Tag bezahlen? **d)** Welche Wirkung bezweckt die EZB mit Strafzinsen? **e)** Welche möglichen Auswirkungen der Negativzinsen auf die Geschäftsbanken sind denkbar?

✓ Lösung

Zu a) Banken parken Liquidität lieber zu geringen Zinsen oder sogar zu negativen Zinsen bei der EZB, mit der Sicherheit, das Geld zurückzubekommen, als es einer anderen Bank zu leihen und ein Verlustrisiko einzugehen. Derzeit (September 2018) parken die Geschäftsbanken mehr als 600 Milliarden Euro als Übernachteinlage sogar zu negativen Zinssätzen bei der EZB (EZB 2018b). Das könnte darauf zurückzuführen sein, dass die Geschäftsbanken lieber Strafzinsen bezahlen, als das Risiko einer Kreditvergabe einzugehen oder das Geld einer anderen Bank auszuleihen. Möglicherweise werden aufgrund der wirtschaftlichen Lage auch weniger Kredite nachgefragt.

Zu b) Anstatt Zinsen zu erhalten, müssen die Geschäftsbanken der EZB selbst Zinsen bezahlen, für Guthaben auf EZB-Konten.

Zu c) Es sind ungefähr 109.600 Euro für einen Tag.

Zu d) Die EZB möchte die Banken anregen, mehr Kredite zu vergeben.

Zu e) Geld wird im Safe gelagert, möglicherweise werden riskantere Kredite vergeben, Negativzinsen werden von den Banken bezahlt und deshalb werden eventuell Gebühren für Bankleistungen erhöht.

? Aufgabe 10

a) Bitte erläutern Sie die beabsichtigte Wirkung sinkender Leitzinsen auf die Volkswirtschaft. **b)** Bitte beschreiben Sie den bezweckten Transmissionsmechanismus im Falle steigender Leitzinsen.

✅ Lösung

Zu a) Wenn die Inflationsrate auf absehbare Zeit unter zwei Prozent fällt, dann senkt die EZB die Leitzinsen, um den deflationären Tendenzen entgegenzuwirken und um das von ihr definierte Ziel der Preisniveaustabilität mit einer jährlichen Inflationsrate von knapp unter zwei Prozent zu erreichen. Das sinkende Zinsniveau im Euro-Währungsraum soll die Wirtschaftssubjekte anregen, Kredite aufzunehmen, um zu konsumieren und zu investieren. Die Schwierigkeit besteht allerdings darin, dass niedrige Zinsen keinen alleinigen Anreiz darstellen, mehr zu kaufen oder beispielsweise in neue Produktionsstätten zu investieren. Denn als Unternehmer werden Sie nur dann investieren, wenn Sie mit höheren Gewinnen rechnen. (Quelle: Erläuterungen zum Transmissionsprozess seitens der EZB, ▶ Abschn. 12.4).

Zu b) Zinserhöhungen haben negative Auswirkungen auf das Wachstum, da weniger Kredite aufgenommen werden, um zu konsumieren und zu investieren. Dadurch wird das Wirtschaftswachstum (Veränderung des BIPs) abgeschwächt (Bofinger et al. 1996, S. 188 f.).

12.5   Wie viel Geld die EZB drucken soll

❓ Aufgabe 11

a) Unterscheiden Sie die Begriffe Bargeld und Buchgeld. **b)** Bitte erklären Sie, wie die EZB die zu druckende Geldmenge festlegt und lesen Sie dazu die Erläuterungen der Deutschen Bundesbank zu Artikel 128 AEUV aus dem Schaukasten. **c)** Erstellen Sie ein Schaubild, das die Verbindungen der verschiedenen Ebenen der nachfragegesteuerten Bedarfsplanung verdeutlicht.

12

✅ Lösung

Zu a) Bargeld sind Münzen und Banknoten, die körperlich vorhanden sind. Mit Buchgeld ist das Geld auf Konten gemeint.

Zu b) Die zu druckende Geldmenge richtet sich nach den folgenden Kriterien:

Aussonderungsrate: Die nicht mehr umlauffähigen Geldscheine werden aussortiert und durch druckfrische Geldnoten ersetzt.

Reservebestand: Die EZB hält einen gewissen Reservebestand an Banknoten vor, damit immer genug Geldscheine zur Verfügung stehen. Allerdings wird aufgrund des bargeldlosen Zahlungsverkehrs nur ein kleiner Teil der Geldmenge als gedrucktes Geld benötigt.

Wertaufbewahrungsfunktion: Ein bestimmter Anteil des Bargeldes wird von den Wirtschaftssubjekten aus verschiedenen Gründen in großen Stücklungen beispielsweise Zuhause oder im Bankschließfach aufbewahrt (die Wertaufbewahrungsfunktion wird in der Quelle der Bundesbank nicht genannt).

Entwicklung des Banknotenumlaufs: Die EZB beobachtet die Zahlungsgewohnheiten der Wirtschaftssubjekte, um herauszufinden, wie viel Bargeld benötigt wird. Hierbei werden saisonale Schwankungen berücksichtigt sowie Nachfrageverschiebungen durch Sondereffekte, beispielsweise in Krisenzeiten, in welchen Bargeld bevorzugt nachgefragt wird.

Das folgende Kapitel beginnt mit der Aussage der Deutschen Bundesbank: „Auf die Frage, wie viel Geld es eigentlich gibt, gibt es keine eindeutige Antwort" (Deutsche Bundesbank 2016). Denn zunächst muss man die Frage klären, was eigentlich zu der Geldmenge gezählt wird. Und die gedruckten oder zu druckenden Geldscheine, welche in diesem Kapitel behandelt worden sind, gehören zu unterschiedlichen Geldmengen (siehe Tab. 12.3 im Lehrbuch).

Zu c) Siehe ◘ Abb. 12.2. Die EZB entscheidet anhand der nachfragegesteuerten Bedarfsplanung wie viel Geld gedruckt wird, indem das beispielsweise von Privatpersonen oder Unternehmen abgehobene Bargeld bereitgestellt wird. Mit dem zu druckenden Geld ist das Bargeld gemeint, das aufgrund von Aussonderungsrate und Veränderungen bei Reservebestand, Wertaufbewahrungsfunktion und Entwicklung des Banknotenumlaufs physisch bereitgestellt werden muss. Das Bargeld ist Bestandteil von M0 und den Geldmengenaggregaten M1 bis M3. Auch die Zentralbanken anderer Währungen unterteilen Geldmengen mit diesen Bezeichnungen (siehe Tab. 12.3 im Lehrbuch).

Didaktischer Hinweis
Zu b) Der Cartoon in ► Abschn. 12.6 beinhaltet ähnliche Informationen wie die Erläuterungen der Bundesbank im Schaukasten. Den Artikel 128 AEUV finden Sie in ► Abschn. 12.1.

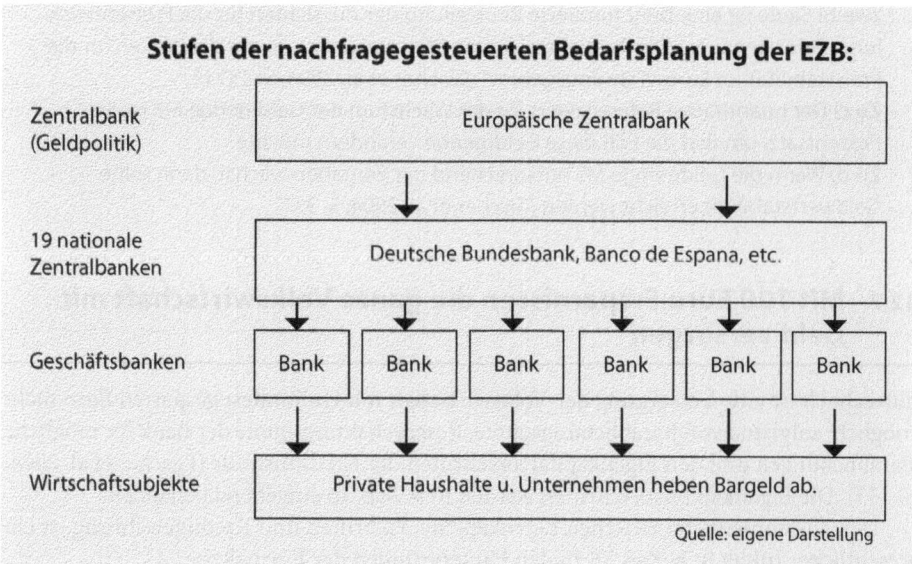

Stufen der nachfragegesteuerten Bedarfsplanung der EZB:

Zentralbank (Geldpolitik)	Europäische Zentralbank
19 nationale Zentralbanken	Deutsche Bundesbank, Banco de Espana, etc.
Geschäftsbanken	Bank Bank Bank Bank Bank Bank
Wirtschaftssubjekte	Private Haushalte u. Unternehmen heben Bargeld ab.

Quelle: eigene Darstellung

◘ **Abb. 12.2** Lösung Aufgabe 11: Stufen der nachfragegesteuerten Bedarfsplanung der EZB. (Quelle: Eigene Darstellung)

12.6   Wie viel Geld gibt es eigentlich?

❓ Aufgabe 12

a) Was sind Nichtbanken? b) Erklären Sie den Unterschied zwischen Geldmenge der zu druckenden Geldmenge.

✓ Lösung

Zu a) Nichtbanken sind die privaten Haushalte, Unternehmen, der Staat und das Ausland, ohne ausländische Kreditinstitute. **Zu b)** Als Geldmenge bezeichnet man im Allgemeinen den Geldbestand der Nichtbanken, also das Geld in Händen der privaten Haushalte, Unternehmen, des Staates und des Auslandes ohne ausländische Kreditinstitute. Guthaben von Banken werden nicht zu der Geldmenge hinzugezählt (Deutsche Bundesbank 2016).

❓ Aufgabe 13

a) Nennen Sie die drei Hauptelemente der stabilitätsorientierten Geldpolitik der Europäischen Zentralbank. b) Bitte sagen Sie, was die beiden „Säulen" der Zwei-Säulen-Strategie sind. c) Was bedeutet quantitativer Referenzwert? d) Was hat die Geldmenge M3 mit der stabilitätsorientierten Geldpolitik der EZB zu tun?

✓ Lösung

Zu a) Preisniveaustabilität und die Zwei-Säulen-Strategie (siehe Preisstabilität und Preisniveaustabilität im Glossar des Lehrbuches).
Zu b) Die erste Säule ist die herausragende Bedeutung der Geldmenge M3. Die zweite Säule ist eine breit fundierte Beurteilung der Aussichten für die Preisentwicklung. Oder genauer: „Die Aussichten für die Preisentwicklung und die Risiken für die Preisstabilität im Euro-Währungsgebiet" (Gischer et al. 2004, S. 331 f.).
Zu c) Der quantitative Referenzwert für das Wachstum der Geldmenge M3 ist der Prozentsatz, um den die EZB diese Geldmenge verändern möchte.
Zu d) Wenn die Geldmenge M3 entsprechend der Vorgaben wächst, dann sollte Geldwertstabilität erreicht werden (Gischer et al. 2004, S. 331).

12

12.7   Mit 100 Euro Ersparnissen die ganze Volkswirtschaft mit Geld versorgen

Tatsächlich ist eine Versorgung der Volkswirtschaft mit einhundert gesparten Euro nicht möglich, aufgrund von Barabhebungsquote, Reservehaltungsquote der Bank für mögliche Barabhebungen und den Eigenkapitalvorschriften der Kreditinstitute (Gischer et al. 2004, S. 133). Die Eigenkapitalvorschriften werden in ▶ Kap. 16 eingehend behandelt.

Der Zusammenhang zwischen Eigenkapitalvorschriften und Kreditgewährung ist ein wesentlicher Inhalt in ▶ Kap. 16 zu den Hintergründen der Finanzkrise.

Didaktischer Hinweis
Der Artikel: „Money Creation in the modern Economy" der Bank of England (2014) aus
▶ Abschn. 12.7.2 könnte bereits in dieses Kapitel für eine Binnendifferenzierung

vorgezogen werden. Dabei besteht die Schwierigkeit darin, den Inhalt in eine schüler-nahe Sprache zu übersetzen und ferner zu erkennen, dass die Bank of England darin der Lehrmeinung dieses Kapitels widerspricht.

❓ Aufgabe 14

a) Bitte zeichnen Sie eine Bankbilanz mit der Sie sagen, was auf der Aktivseite und Passivseite des Kontos geschieht, wenn in der Bank 100 € Buchgeld mittels Geldschöp-fung entstehen. **b)** Um welchen Eurobetrag hat sich die volkswirtschaftliche Geld-menge nach der Gutschrift des Kredites auf dem Girokonto des Schülers C erhöht?

✅ Lösung

Zu a) Siehe ◘ Abb. 12.3. **Zu b)** Die von Ihnen eingezahlten 100 Euro bleiben selbst-verständlich auf Ihrem Konto verbucht. Mit jeder Kreditvergabe der Bank wächst die Geldmenge nun in Höhe des gewährten Kredites an. Beispiel: Durch die Kreditver-gabe an die Modeschöpferin A sind 100 Euro entstanden. Als dieses Geld an die Schmuckboutique B überwiesen wird, ist kein neues Geld entstanden. B legt dieses Geld als Festgeld für einen gewissen Zeitraum bei der Bank an. Die Bank erwirtschaf-tet die Zinsen, welche der Schmuckkonzern erhalten wird, durch einen weiteren Kredit an den Schüler C. Zu diesem Zeitpunkt hat sich die Geldmenge um 200 Euro auf 300 Euro erhöht. Das leere Feld in ◘ Abb. 12.2 (im Lehrbuch) heißt folglich: „Sichteinlage des Schülers C".

❓ Aufgabe 15

Wie viel Geld entsteht, wenn jeder Schüler einen Euro abhebt, bevor etwas von der Nachbarin kauft oder das Geld gespart wird. Wählen Sie den Geldbetrag bitte so, dass jeder Schüler in der Klasse einen Euro des ihm überreichten Geldes abheben kann. Beispiel: 22 Schüler beginnen folglich mit 22 €.

✅ Lösung

Hierbei muss man tatsächlich ein bisschen den Überblick behalten, denn die Kredit-summe verringert sich mit jedem weiteren Kredit jeweils um einen Euro. Für ein Experiment könnten zweiundzwanzig 1-Euro-Münzen ausgeteilt werden. Sofern die Schüler keinen Taschenrechner zur Hilfe nehmen können, besteht ein Anreiz, mit jeder weiteren Kreditvergabe mitzurechnen. Beispiel: 22 Schüler = 22 Euro.
Lösung ist die gaußsche Summenformel, die auch kleiner Gauß (vgl. ◘ Abb. 12.4) genannt wird: **Beispiel:** $22 \times (22 + 1) \div 2 = 253$.
Aus 22 Euro könnten in dieser Klasse 253 Euro geschaffen werden.

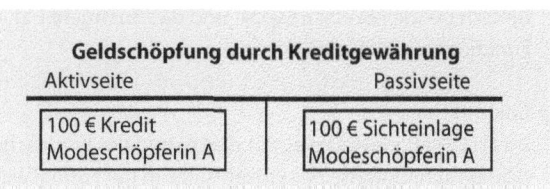

◘ **Abb. 12.3** Lösung Aufgabe 14: Geldschöpfung durch Kreditgewährung. (Quelle: Eigene Darstellung)

Geldschöpfung durch Kreditgewährung

Aktivseite	Passivseite
100 € Kredit Modeschöpferin A	100 € Sichteinlage Modeschöpferin A

◨ **Abb. 12.4** Gaußsche
Summenformel. (Quelle:
Wikipedia)

> **Gaußsche Summenformel**
>
> $$\frac{n(n+1)}{2} = \frac{n^2+n}{2}$$
>
> Quelle: wikipedia

❓ **Aufgabe 16**

a) Worin besteht Ihrer Meinung nach das Problem der oben beschriebenen Geldschöpfung mit Blick auf die Geldwertstabilität? **b)** Versetzen Sie sich nun bitte in die Rolle der EZB, deren Aufgabe es ist, die Geldmenge zu kontrollieren: Wie könnte die EZB es schaffen, die Geldschöpfung der Banken zu begrenzen?

✅ **Lösung**

Zu a) In der Einleitungsüberlegung konnte theoretisch unendlich viel Geld im Bankensektor entstehen. Im Experiment aus Aufgabe 15 hingegen haben Sie gesehen, dass die Geldschöpfungsmöglichkeiten mit jeder erneuten Kreditvergabe um jeweils den einen Euro sinken, welcher den Banken entzogen worden ist. Das Problem besteht in der fehlenden Kontrolle und Begrenzung der Geldschöpfung durch die Zentralbank, ohne die die Gewährleistung der Preisniveaustabilität schwierig zu erreichen ist.
Zu b) Geld entsteht durch Geldschöpfung, indem die Bank einem Kunden einen Kredit gewährt. Ein häufiger Erklärungsansatz ist, dass die Bank Geld weiterverleiht, das Sie zuvor von der EZB oder von Kunden bekommen hat. Wie Sie in Aufgabe 15 gesehen haben, verringert sich der Geldschöpfungsspielraum mit jeder Geldentnahme. Die Geldschöpfung der Geschäftsbanken wird also durch Barabhebungsquote und Mindestreserve begrenzt und die Geldschöpfungsmöglichkeiten durch den Kreditschöpfungsmultiplikator berechnet (siehe das folgende ▶ Abschn. 12.7.1). In der Literatur gibt es jedoch tatsächlich verschiedene Erklärungen, wie Geld eigentlich entsteht (siehe Abschn. 12.7.2).

12

12.7.1 **Wie Geld entsteht: Kreditschöpfungsmultiplikator und Mindestreserve**

❓ **Aufgabe 17**

a) Geldschöpfung im Bankensektor: Wie viel Geld kann in einer Bank aus 100 € geschaffen werden, wenn Sie den aktuellen Mindestreservesatz von einem Prozent und eine Barabhebungsquote von 20 % jedes Guthabens annehmen. **b)** Berechnen Sie die Mindestreserve, die für diese Geldmenge hinterlegt werden muss und unterscheiden Sie den Bargeld- und Buchgeldanteil. **c)** Bitte zeigen Sie, welche Auswirkungen eine Mindestreserve von fünf Prozentpunkten auf Geldschöpfung, Bargeld, die zu hinterlegende Mindestreserve und das Buchgeld hat. **d)** Bitte erläutern Sie die Funktionen der Mindestreserve.

✅ **Lösung**

Zu a) (1 % Mindestreseve): Für die Lösung des Kreditschöpfungsmultiplikators ist die richtige Schreibweise der Prozentsätze in der Formel wichtig, dass also beispielsweise eine

Barabhebungsquote von 20 % als Wert 0,2 in die Formel eingetragen wird. Außerdem muss selbstverständlich Punktrechnung vor Strichrechnung beachtet werden. Rechenweg: $1 \div (0,2 + 0,01 \times (1 - 0,2)) = 1 \div 0,208 = 4,8077$ also 480,77 Euro. Aus anfänglichen 100 Euro ist demzufolge eine Geldmenge in Höhe von 480,77 Euro entstanden.

Zu b) Wird die gesamte Geldmenge mit den Prozentsätzen der Mindestreserve und Barabhebungsquote multipliziert, dann erhält man die gewünschten Teilbeträge. Das übrige Geld ist das geschaffene Buchgeld. Geldschöpfung: Bargeld: 96,15 Euro (480,77 × 0, 2); 4,81 Euro Mindestreserve (480,77 × 0, 01) und die restlichen 379,81 Euro sind das Buchgeld.

Zu c) 5 % Mindestreserve. Rechnung: $100 \times 1 \div (0,2 + 0,05 \times (1 - 0,2))$. Geldschöpfung: 416,67 Euro; Bargeld: 83,33 Euro (416,67 × 0, 2); 20,83 Euro Mindestreserve (416,67 × 0, 05) und die restlichen 312,51 Euro sind das Buchgeld. Aufgrund der erhöhten Mindestreserve verringert sich die Geldmenge um 64,10 Euro.

Zu d) Die Mindestreserve hat die Funktion, die Kreditvergabemöglichkeiten der Geschäftsbanken zu begrenzen, damit die Preisniveaustabilität nicht durch eine unbeschränkt hohe Geldschöpfung der Geschäftsbanken gefährdet wird. Die durch die Mindestreserve bewirkte, sogenannte strukturelle Liquiditätsknappheit im Bankensektor erleichtert die Steuerung der Geldmarktzinssätze, weil die Banken Zentralbankgeld für die Erfüllung der Mindestreserve benötigen (Europäische Zentralbank 2004). Da der Quotient des Geldmengenmultiplikators ohne die Mindestreserve allein von der unvorhersehbaren Bargeldhaltung der Nichtbanken abhängig wäre, erfüllt die Mindestreserve zudem den Zweck einer Stabilisierung der Geldmenge (Bofinger et al. 1996, S. 414).

Didaktischer Hinweis

Schüler haben häufig die Vorstellung, dass die Mindestreserve die Zahlungsfähigkeit der Banken garantieren soll. Für diesen Zweck ist die Mindestreserve im Eurosystem jedoch nicht gedacht.

12.7.2 Verschiedene Theorien wie Geld entsteht: A Popular Misconception

Keine Aufgaben im Kapitel.

12.8 Geldpolitische Zielkonflikte und politische Unabhängigkeit der Zentralbank

12.8.1 Geldwertstabilität und Wirtschaftswachstum auf Kollisionskurs

❓ **Aufgabe 18**

a) Bitte beschreiben Sie das Dilemma, in welchem die Zentralbank steckt. b) Wie löst die EZB gemäß Artikel 127 AEUV diesen Zielkonflikt?

✓ Lösung

Zu a) Die Zentralbank hat die Aufgabe, sowohl die Geldwertstabilität als auch das Wirtschaftswachstum zu fördern. Das Dilemma besteht in dem Zielkonflikt, entweder die Leitzinsen zu erhöhen, um die Geldwertstabilität zu gewährleisten, oder mit niedrigeren Leitzinsen der Wirtschaft aus der Krise zu helfen und das Einhalten der Inflationsrate zu verfehlen.

Zu b) Die EZB hat laut Artikel 127 AEUV die Aufgabe, Preisstabilität zu gewährleisten. Soweit dies ohne Beeinträchtigung des Ziels der Preisstabilität möglich ist, wird auch die allgemeine Wirtschaftspolitik unterstützt.

Didaktischer Hinweis

Zu a) Damit das Dilemma funktioniert, ist es wichtig, darauf zu bestehen, dass das Kriterium der Geldwertstabilität nicht aufgeweicht werden darf. Denn Schüler wollen häufig vorübergehend eine höhere Inflationsrate akzeptieren und die Zinsen senken, bis die Wirtschaft sich erholt hat. Die aggregierte Nachfragekurve aus Abb. 15.5 (im Lehrbuch) besagt, dass ein höheres Wirtschaftswachstum mit einer höheren Inflationsrate einhergeht.

Didaktischer Hinweis

Erfahrungsgemäß haben Schüler Schwierigkeiten, den Zusammenhang zwischen Leitzinsen und Preisniveaustabilität zu erkennen. Der Schlüssel ist die höhere Kreditnachfrage aufgrund geringerer Zinsen, welche für Konsum- und Investitionszwecke genutzt wird. Aufgrund der zusätzlichen Nachfrage steigen die Preise (siehe ► Abschn. 12.4, Erläuterungen zum Transmissionsprozess seitens der EZB; für den Unterschied zwischen Preisstabilität und Preisniveaustabilität siehe das Glossar im Fachbuch).

12

12.8.2 Zusammenhang von Beschäftigung und Inflation nach der Phillips-Kurve

❓ Aufgabe 19

Angesichts der schlechten wirtschaftlichen Lage wächst der Druck der Bevölkerung auf die Zentralbank, das Wirtschaftswachstum mit tieferen Leitzinsen anzuregen, damit neue Arbeitsplätze geschaffen werden. Deshalb verlangt nun auch die Regierung eine Leitzinssenkung von der EZB. Dahinter steckt die Vorstellung, man könne mit der Akzeptanz einer höheren Inflation eine höhere Beschäftigung erzielen, wie es die Theorie der Phillips-Kurve beschreibt (Gischer et al. 2004, S. 142). Bitte schauen Sie sich die Artikel 127 und 130 AEUV an und sagen Sie, wie die EZB diesen angenommenen Zielkonflikt zwischen Geldwertstabilität und Beschäftigung gemäß dem gesetzlichen Auftrag löst.

✓ Lösung

Zielkonflikt Beschäftigung und Inflation: In der Literatur werden die Wechselwirkungen zwischen Inflation und Arbeitslosigkeit häufig durch die sogenannte Phillips-Kurve beschrieben (siehe ▶ Abschn. 15.6.2). Demnach wirke sich eine höhere Inflationsrate positiv auf die Beschäftigung aus. Im Falle von Zielkonflikten hat die EZB jedoch gemäß Artikel 127 AEUV die Aufgabe, vorrangig das Ziel der Preisniveaustabilität zu verfolgen. Verfolgt eine Zentralbank neben der Geldwertstabilität noch andere Ziele, wie beispielsweise ein höheres Wirtschaftswachstum, dann können Zielkonflikte entstehen. Laut Artikel 130 AEUV ist niemand dazu befugt, der EZB Weisungen zu erteilen. In der Literatur wird häufig angenommen, dass eine unabhängige Zentralbank, die ausschließlich der Geldwertstabilität verpflichtet ist, eher geringe Inflationsraten bewirken kann, weil sie unbequeme Entscheidungen treffen kann. Davon zu unterscheiden sind weisungsgebundene Zentralbanken, welche Entscheidungen beispielsweise von der Regierung genehmigen lassen müssen.

❓ Aufgabe 20

Nehmen Sie an, dass der Staat der Wirtschaftskrise mit höheren Staatsausgaben begegnen will. Da der Staat allerdings bereits sehr hoch am Kapitalmarkt verschuldet ist, müssten für weitere Schulden nach derzeitiger Marktlage wesentlich höhere Zinsen bezahlt werden. Deshalb möchte sich der Staat das Geld direkt von der EZB leihen, indem er Anleihen an die EZB verkauft. Bitte beziehen Sie Stellung.

✔ Lösung

Gemäß Artikel 123 AEUV ist der EZB die Finanzierung von Staaten verboten, auch vor dem Hintergrund der Erfahrungen mit der großen Inflation in Deutschland von 1923.

12.9 Die historische Whatever-it-takes-Rede von Mario Draghi[1]

❓ Aufgabe 21

a) Was ist mit der Eurokrise gemeint? b) Was bedeutet „Zugang zum Kapitalmarkt"? c) Was ist ein Risikoaufschlag (Rendite-Spread)? d) Worin besteht die Bedrohung für den Zusammenhalt des Euro, wenn Mitglieder des Euroraumes den Zugang zum Kapitalmarkt verlieren?

✔ Lösung

Zu a) Mit der Eurokrise ist der Vertrauensverlust der internationalen Geldgeber gemeint, die nach Bekanntwerden des wirklichen Ausmaßes der griechischen Staatsschulden nicht mehr daran glaubten, dass Italien, Spanien, Portugal und Irland die hohen Staatsschulden zurückzahlen können. Deshalb wollte niemand diesen Staaten mehr das Geld leihen, das in ihren jährlichen Staatshaushalten an Einnahmen fehlt. Denn wenn Staaten höhere Ausgaben als Einnahmen haben, nehmen sie gewöhnlich Kredite auf, um das Niveau der staatlichen Leistungen aufrechterhalten zu können.
Zu b) Zugang zum Kapitalmarkt meint, dass ein Staat oder Unternehmen sich längerfristig Geld zu bezahlbaren Zinsen von Investoren am Kapitalmarkt leihen kann.
Zu c) Spread heißt der Zinsabstand zwischen zwei Zinssätzen: Die europäischen Staaten müssen unterschiedlich hohe Zinssätze beispielsweise für ihre zehnjährigen

---

1 Ich danke Pablo Stümper für das Durchdenken des ▶ Abschn. 12.9 aus Schülersicht.

Staatsanleihen bezahlen, in Abhängigkeit von der jeweiligen Kreditwürdigkeit (Bonität). Angenommen, deutsche Staatsanleihen rentierten mit einem Prozentpunkt und italienische Staatsanleihen mit vier Prozentpunkten, dann beläuft sich der Spread auf drei Prozentpunkte. Dazu muss man wissen, dass die Spreads an den Finanzmärkten im Verhältnis zur sicheren Geldanlage angeschaut werden. Deutschland gilt als größte europäische Volkswirtschaft mit der höchsten Kreditwürdigkeit (AAA) als Vergleichsgröße, und deshalb werden beispielsweise die Renditeaufschläge im Verhältnis zu deutschen Staatsanleihen angeschaut (siehe ◘ Abb. 12.3 im Lehrbuch). Mit Rendite ist der Ertrag einer Anleihe gemeint, welcher sich aus dem Nominalzins und dem Kursgewinn bzw. -verlust zusammensetzt.

Zu d) Bundesfinanzminister Wolfgang Schäuble: „Der Euro kann nur Bestand haben, wenn die Investoren in die Wertbeständigkeit des Euro vertrauen und die Teilnehmerstaaten einen Zugang zum Kapitalmarkt haben."[2]

❓ Aufgabe 22

a) Schauen Sie sich einen Ausschnitt der „Whatever-it-takes"-Rede im Internet an oder recherchieren Sie das Redemanuskript auf den Seiten der Europäischen Zentralbank. Was bemerken Sie persönlich von der historischen Dimension der Rede? **b)** Bitte erläutern Sie anhand von ◘ Abb. 12.3 (im Lehrbuch) die Auswirkungen der Draghi-Rede vom 26.07.2012 auf die Zinssätze im Euroraum.

✔ Lösung

Zu a) Ohne die Bedeutung der Worte zu kennen, findet man den Auftritt möglicherweise unspektakulär. Jedoch sicherte Draghi mit dieser Aussage den Geldgebern europäischer Staaten zu, ihr Geld wiederzubekommen. Daraufhin verringerten sich allmählich die Risikoaufschläge (Spreads) gegenüber deutschen Anleihen, weil sich Investoren darauf verlassen konnten, dass die EZB die Staatsanleihen notfalls zurückkaufen würde.

Zu b) An den Kapitalmärkten hat die Ankündigung des Eurozusammenhalts um jeden Preis („Whatever it takes") fallende Renditen bewirkt, wie in ◘ Abb. 12.3 (im Lehrbuch) zu sehen ist.

Literatur

Baßeler, U., Jürgen, H., & Utecht, B. (2006). *Grundlagen und Probleme der Volkswirtschaft* (18. Aufl.). Stuttgart: Schäffer-Poeschel.

Bofinger, P. (2011). *Grundzüge der Volkswirtschaftslehre, Eine Einführung in die Wissenschaft von Märkten.* München: Pearson Education Deutschland.

Bofinger, P., Reischle, J., & Schächter, A. (1996). *Geldpolitik, Ziele, Institutionen, Strategien und Instrumente.* München: Vahlen.

Deutsche Bundesbank. (2016). http://www.bundesbank.de/Navigation/DE/Service/Glossar/glossar.html. Zugegriffen am 31.03.2016.

Europäische Zentralbank. (2004). *Die Geldpolitik der EZB.* http://www.suomenpankki.fi/pdf/113687.pdf. Zugegriffen am 25.03.2016.

---

2   Der deutsche Finanzminister Wolfgang Schäuble sagte am 17.07.2015 in einer Debatte zur Aufnahme über die Verhandlungen mit Griechenland im deutschen Bundestag, dass für eine Mitgliedschaft in der Währungsgemeinschaft ein Zugang zu den Kapitalmärkten erforderlich sei.

Europäische Zentralbank. (2015). *EZB, ESZB und das Eurosystem.* https://www.ecb.europa.eu/ecb/orga/escb/html/index.de.html. Zugegriffen am 04.09.2015.

Europäische Zentralbank. (2016). *Interest Rates.* https://www.ecb.europa.eu. Zugegriffen am 18.03.2016.

Europäische Zentralbank. (2018a). *Rotation der Stimmrechte im EZB-Rat.* https://www.ecb.europa.eu/ecb/orga/decisions/govc/html/votingrights.de.html. Zugegriffen am 15.09.2018.

Europäische Zentralbank. (2018b). Monetary Policy, Liquidity analysis 23.09.2018. Liquidity analysis, Central bank liquidity management means supplying to the market the amount of liquidity consistent with a desired level of short-term interest rates. https://www.ecb.europa.eu/mopo/liq/html/index.en.html. Zugegriffen am 23.09.2018.

Gabler Wirtschaftslexikon. (2014). Wiesbaden: Springer Fachmedien.

Gischer, H., Herz, B., & Menkhoff, L. (2004). *Geld, Kredit und Banken, Eine Einführung.* Wiesbaden: Springer.

Kaden, W. (2014). *Karl Otto Pöhl, Personalien, Der Spiegel.* http://magazin.spiegel.de/EpubDelivery/spiegel/pdf/130878683. Zugegriffen am 26.03.2016.

Mishkin Frederic, S. (1995). Symposium on the monetary transmission mechanism. *Journal of Economic Perspectives, 9*(4), 3–10. American Economic Association. https://notendur.hi.is/ajonsson/kennsla2005/mishkinx1.pdf. Zugegriffen am 21.03.2016.

Wechselkurse

© Springer Fachmedien Wiesbaden GmbH, ein Teil von Springer Nature 2020
J. Pfannmöller, *Kreative Volkswirtschaftslehre – Lösungen*,
https://doi.org/10.1007/978-3-658-26678-3_13

Die Überlegungen zu den internationalen Kapitalströmen und deren Auswirkungen auf den Wechselkurs sind leichter nachzuvollziehen, wenn die Entwicklung der Leitzinsen aus ▶ Abschn. 12.3 vorher besprochen worden ist. Außerdem ist es vorteilhaft, das Preis-Mengen-Diagramm aus ▶ Kap. 9 zu kennen, um die Preisveränderungen auf dem Devisenmarkt leichter interpretieren zu können.

Aktuelle Bezüge liefern stets die aktuellen Wechselkursentwicklungen von Euro und US-Dollar, eventuell verglichen mit den Leitzinsentscheidungen von EZB und FED, letztere dargestellt wie in Abb. 16.3 (im Lehrbuch). Besonders lohnt es sich, den Wertverfall von Währungen in Ländern anzuschauen, in welche die Schüler gern in den Urlaub reisen.

13.1   Eine Reise nach New York mit 1000 Euro Taschengeld

❓ Aufgabe 1
a) Was haben Sie sich ausgesucht und wie hoch ist der Kaufpreis in US-Dollar?
b) Wie hoch ist der heutige US-Dollarkurs?
c) Wie viel Euro müsste die Lotterie zu dem augenblicklich aktuellen Wechselkurs für diesen Artikel bezahlen?

✅ Lösung
Zu a) Eine Spiegelreflexkamera für 1000 Dollar. **Zu b)** Am 17.04.2017 lautet der Wechselkurs beispielsweise 1 € = 1,0639 $ (an den Finanzmärkten werden Wechselkurse auf vier Nachkommastellen genau angegeben). **Zu c)** Der in Euro umgerechnete Kaufpreis beträgt 939,94 Euro. Rechenweg: $1 \div 1,0639 \times 1000\$ = 939,94 €$

13.1.1   Wie der Wechselkurs den Kaufpreis verändert

❓ Aufgabe 2
Sollte das Produkt Ihrer Meinung nach schon zum heutigen US-Dollarkurs gekauft werden oder sollte es erst in einem halben Jahr, in der Woche vor der Preisübergabe, erworben werden? Sollte es sich im Nachhinein herausstellen, dass die Lotterie aufgrund Ihrer Empfehlung zum tieferen Wechselkurs eingekauft hat, dann werden Sie an der Ersparnis zur Hälfte beteiligt.

✅ Lösung
Rückblickend wird häufig behauptet, man hätte die Entwicklung von Aktien- oder Wechselkursen vorhersehen können. Das ist jedoch ein Trugschluss. Denn wäre man dazu in der Lage gewesen, dann hätte man auch danach gehandelt (siehe auch Aufgabe 4 a)) Kahneman spricht in diesem Zusammenhang von einem sogenannten Rückschaufehler. Denn nach dem Eintritt bestimmter Ereignisse sind wir nicht mehr dazu in der Lage, uns an das zu erinnern, was wir vorher geglaubt haben. Darüber hinaus unterschätzen wir das Ausmaß, in welchem wir durch die tatsächliche Entwicklung überrascht worden sind (Kahneman 2015, S. 251).

❓ Aufgabe 3
Zeigen Sie nun mit einem Chart (◖ Tab. 13.2 im Lehrbuch), wie sich der Kaufpreis Ihrer Anschaffung umgerechnet in Euro, allein aufgrund des Wechselkurses verändert:

a) Lesen Sie dazu bitte den ungefähren Wechselkurs zu Beginn jedes Monats an dem Chart in 7 ► Abschn. 13.1.1 ab und schätzen Sie diesen auf zwei Nachkommastellen genau (Beispiel: 1,10 US-Dollar). Sie können sich selbstverständlich auch den aktuellen Chart der letzten zwölf Monate im Internet anschauen und dessen Werte übernehmen. Tragen Sie nun die monatlichen Eurokurse in der Recheneinheit US-Dollar in die erste Spalte von ◘ Tab. 13.1 (im Lehrbuch) ein.

b) Damit Sie eine Vorstellung davon bekommen, wie sich der Kaufpreis in Euro allein aufgrund der Wechselkursschwankungen verändert, rechnen Sie bitte den festgelegten US-Dollar-Kaufpreis der Lotterieaufgabe in Euro um. Tragen Sie nun die Wechselkurse des US-Dollars des Monatsersten von Januar bis Dezember in die Tabelle ein.

c) Stellen Sie nun die Entwicklung des Kaufpreises mithilfe des Charts in ◘ Tab. 13.1 (im Lehrbuch) grafisch dar, indem Sie einen Chart für die Kaufpreisentwicklung skizzieren. Orientieren Sie sich für die Darstellung der Euro-Skala ein wenig am höchsten und tiefsten Kaufpreis in Euro und verbinden Sie die gezeichneten Punkte durch eine Linie.

d) Schauen Sie sich nun bitte die Preisentwicklung der Ware in Euro an. Wann wäre rückblickend der beste Kaufzeitpunkt gewesen?

✅ Lösung

Zu a–c) Siehe ◘ Tab. 13.1.

Zu d) Der beste Kaufzeitpunkt wäre Anfang Mai gewesen, als für einen Euro ein Dollar und fünfzehn Dollar-Cent bezahlt worden sind, vorausgesetzt man würde nur auf die zwölf Werte aus ◘ Tab. 13.1 schauen.

◘ **Tab. 13.1   Mengennotierung:** Wie verändert der Wechselkurs des US-Dollar den Kaufpreis umgerechnet in Euro? (Quelle: Eigene Darstellung)

Datum	Euro	Dollar	Preis €
Jan	1 Euro	1,08	926 €
Feb	1 Euro	1,09	917 €
Mar	1 Euro	1,09	917 €
Apr	1 Euro	1,14	877 €
Mai	1 Euro	1,15	870 €
Jun	1 Euro	1,12	893 €
Jul	1 Euro	1,11	901 €
Aug	1 Euro	1,12	893 €
Sep	1 Euro	1,12	893 €
Okt	1 Euro	1,12	893 €
Nov	1 Euro	1,11	901 €
Dez	1 Euro	1,07	935 €

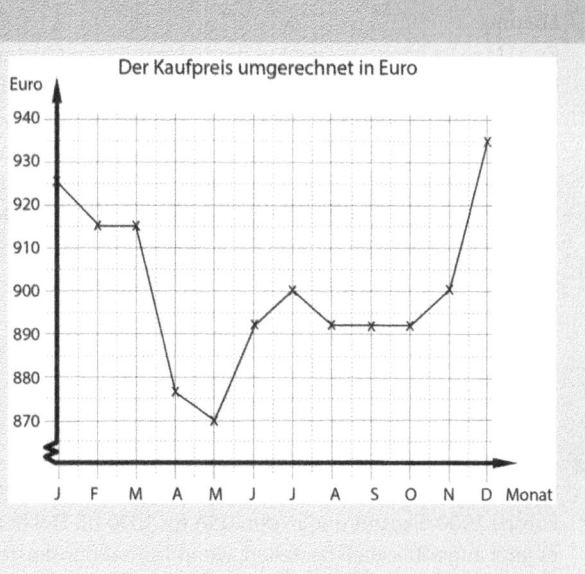

Der Kaufpreis umgerechnet in Euro

Didaktischer Hinweis

Zu b) Den Dollarwechselkurs am Chartbild ablesen: In der Arbeit mit Gruppen kommt es aufgrund unterschiedlicher Nachkommastellen zu verschiedenen Werten. Binnendifferenziert könnten auch vierstellige Wechselkurse aus einer anderen Quelle genutzt werden. Da es hier jedoch um ein grundsätzliches Verständnis und um ein Erleben der Wechselkursveränderungen geht, reicht es völlig aus, den Wechselkurs anhand des Chartbildes auf zwei Nachkommastellen genau zu schätzen.

Didaktischer Hinweis

Zu c) Banken und Versicherungen erstellen Bilanzen sowie die Gewinn- und Verlustrechnung mit dem sogenannten Ultimokurs als Referenzwert. Damit ist der Wechselkurs des letzten Arbeitstages im Monat gemeint. In der Arbeit mit Schülern hat sich allerdings der Wechselkurs des Monatsersten bewährt, obwohl nur ein Handelstag dazwischenliegt. Ein Durchschnittskurs wäre in dieser Aufgabe für die Betrachtung der Wechselkursentwicklung aufgrund der Glättung des Chartverlaufs nicht vorteilhaft.

❓ Aufgabe 4

a) Empfehlen Sie der Mitarbeiterin der Lotterie die Ware bereits heute zu kaufen oder noch etwas abzuwarten? Das heißt: Glauben Sie, dass der Wechselkurs des Euro steigen oder fallen wird?

b) Beziffern Sie die Preisspanne des Euro-Kaufpreises binnen eines Jahres, indem Sie den prozentualen Unterschied zwischen dem höchsten und geringsten Kaufpreis ausrechnen.

✓ Lösung

Zu a) Man ist häufig geneigt in dem Chartbild ein Muster zu erkennen, aus welchem Rückschlüsse auf die Zukunft gezogen werden können. Deshalb sollte die Lotterie augenscheinlich den Kauf möglichst schnell erledigen, weil es in Abb. 13.1 (im Lehrbuch) den Anschein hat, als würde der Euro weiter an Wert verlieren. Wenn Sie im Internet nach Charttechnik und Wechselkursen recherchieren, finden Sie Beispiele von Börsianern, die sich professionell mit der sogenannten Charttechnik befassen, in welcher es darum geht, bestimmte Muster in einem Kursverlauf zu erkennen. Allerdings gibt es auch hier Befürworter und Kritiker der Prognosefähigkeit der Charttechnik.

Zu b) Rechnung: Der Preis ist von 870 Euro auf 935 Euro gestiegen, also um ungefähr 7,47 %.

❓ Aufgabe 5

a) Angenommen Sie möchten ein hippes elektronisches Gimmick kaufen, das in Europa 1000 € kostet und in den USA für 1000 US-Dollar zu haben ist. Wo werden Sie es jetzt augenblicklich bestellen, wenn Transaktionskosten wie Zölle oder ähnliches unberücksichtigt bleiben? b) Was versteht man ganz grundsätzlich unter einem Wechselkurs?

✅ **Lösung**

Zu a) Augenblicklich (am 17.04.2017) in den USA, weil es dort umgerechnet nur ungefähr 939 Euro kostet.

Zu b) Der Wechselkurs ist das Austauschverhältnis zweier Währungen bzw. der Preis einer Währung ausgedrückt in Einheiten einer anderen Währung (Engelkamp und Sell 2005, S. 295). Der Eurowechselkurs (Mengennotierung) wird beispielsweise in US-Dollar und US-Dollar-Cent angegeben (siehe *Preisnotierung* und *Mengennotierung*).

13.1.2 Die Preisschilder in New York in Euro umrechnen

❓ Mit welcher Rechenoperation kann man die Preisschilder ganz leicht umrechnen?

Beispiel

1 € ÷ 1, 10 $. Dadurch wissen Sie, dass ein Dollar zu diesem Wechselkurs neunzig Eurocent wert ist. Sie müssen also lediglich die Dollarpreise mit dem Faktor „null Komma neun" multiplizieren, damit Sie den ungefähren Europreis vor sich sehen.

Didaktischer Hinweis

Als Einleitung kann man eine englische Speisekarte ausdrucken und das Umrechnen der Dollarpreise erproben. Häufig nutzen Schüler einen Währungsrechner im Internet für die Umrechnung, ohne die Rechnung selbst auszuführen.

❓ **Aufgabe 6: Die Folgen des Brexit an der Wertentwicklung des Britischen Pfundes ablesen**

Tim: „Ich habe versucht die Konsequenzen eines Ausstieges der Engländer aus der Europäischen Union (Brexit) zu verstehen. Als ich mir die Entwicklung des Pfundkurses angeschaut habe, war ich mir nicht mehr sicher, ob ein Pfund nun mehr oder weniger wert ist als ein Euro. Denn der Pfundkurs schien nach der Entscheidung über den Austritt der Briten aus der EU angestiegen zu sein. Mit Blick auf den Währungsrechner, bin ich mir nicht mehr sicher, ob es sich um eine Preis- oder Mengennotierung handelt …". Bitte helfen Sie Tim weiter, indem Sie sich die Wechselkursentwicklung des Britischen Pfundes in Euro ab dem 23. Juni 2016, dem Tag der Entscheidung für den Austritt aus der Europäischen Union, im Internet anschauen. Den Wechselkurs des Euro zum Britischen Pfund finden Sie auf der Internetseite der Europäischen Zentralbank (▶ www.ecb.europa.eu) im Menüpunkt „Statistics". Der Reiter „ECB/Eurosystem policy and exchange rates" öffnet links auf der Seite ein Menü, in welchem Sie „Euro foreign exchange reference rates" auswählen können. Dort können Sie den Wechselkurs des Euro zu sehr vielen anderen Währungen für jeden gewünschten Zeitraum seit der Euroeinführung auswählen.

✅ **Lösung**

Am 23.06.2016 haben die Briten über den Austritt Großbritanniens aus der Europäischen Union, den sogenannten Brexit, abgestimmt. Wenn Sie sich einen Wechselkurs-Chart des Euro zum Pfund anschauen, dann sehen Sie, dass Sie um den Zeitpunkt des Referendums ungefähr 0,76 Pfund für einen Euro bekommen haben. Im Oktober 2016 sind dann für einen Euro etwas mehr als 0,90 Pfund gezahlt worden (siehe auch: ▶ Abschn. 13.1.1 und Aufgabe 3 weiter unten).

Zusatzaufgabe

Um welche Notierung handelt es sich im Comic (Lehrbuch, S. 211)?

✅ **Lösung**

Vermutlich handelt es sich um Touristen in Berlin und New York, welche beide die jeweilige Landeswährung in die heimische Währung umrechnen. Also handelt es sich um Preisnotierungen.

❓ **Aufgabe 7**

a) Bitte definieren Sie die Begriffe Mengennotierung und Preisnotierung.
b) Wie wandeln Sie eine Notierung in die andere um?
c) Bitte wandeln Sie einen aktuellen Wechselkurs in die gegenteilige Notierung um.
d) Wandeln Sie nun die Werte der Mengennotierung aus der Lotterieaufgabe in die Preisnotierung um und tragen Sie die Daten in die untere Tabelle ein.
e) Stellen Sie den Wechselkursverlauf grafisch dar, indem Sie die Kurse als Punkte in das Koordinatensystem eintragen, die Sie mit einer Linie zu einem Chart verbinden. Für eine Skalierung der Euroachse eignen sich häufig Zwei-Cent-Schritte, beginnend beim niedrigsten Wechselkurs (siehe: die vorherige Grafik in ◘ Tab. 13.1).
f) Vergleichen Sie Ihre Darstellung der Preisnotierung mit der Mengennotierung aus ▶ Abschn. 13.1.1. Was fällt Ihnen auf?

13

✅ **Lösung**

Zu a) *Mengennotierung*: Die Mengennotierung gibt an, wie viel ein Euro in einer anderen Währung wert ist, bzw. wie viele Einheiten einer anderen Währung Sie für Ihre Inlandswährung erhalten. Beispiel: Für einen Euro erhalten Sie einen US-Dollar und dreiundzwanzig US-Dollar-Cent. *Preisnotierung*: Die Preisnotierung sagt aus, wie viel Euro und Euro-Cent Sie für eine Einheit einer anderen Währung bezahlen müssen. Beispiel: Ein Dollar kostet achtzig Euro-Cent.
Zu b) Schülerin: „Wenn ich außerhalb Europas bin, wandle ich den Euro in die Landeswährung um, indem ich die Zahl Eins durch das teile, was bei der Mengennotierung als Komma-Zahl dasteht." **Beispiel:** Ein Euro ist gleich 1,06 Dollar in der Mengennotierung. Dann teile ich die Zahl Eins durch den Devisenkurs: 1 ÷ 1,06 = 0,94. Also ist ein Dollar gleich 0,94 Euro (Preisnotierung).
Zu c) Siehe Aufgabe 2 b).
Zu d und e) Siehe ◘ Tab. 13.2. Ohne Rundungsfehler hätte Chart 13.2 (in ◘ Tab. 13.2) denselben Verlauf wie Chart 13.1 (in ◘ Tab. 13.1).
Zu f) Der Kurvenverlauf ist an der x-Achse gespiegelt.

◻ **Tab. 13.2   Preisnotierung:** Wie verändert sich der Preis eines Dollars in Euro? **d)** und **e)**. (Quelle: Eigene Darstellung)

Datum	Dollar	Euro 2 d)	
Jan	1 Dollar	0,93 €	
Feb	1 Dollar	0,92 €	
Mar	1 Dollar	0,92 €	
Apr	1 Dollar	0,88 €	
Mai	1 Dollar	0,87 €	
Jun	1 Dollar	0,89 €	
Jul	1 Dollar	0,90 €	
Aug	1 Dollar	0,89 €	
Sep	1 Dollar	0,89 €	
Okt	1 Dollar	0,89 €	
Nov	1 Dollar	0,90 €	
Dez	1 Dollar	0,93 €	

Der Wechselkurs eines Euro in Dollar

Didaktischer Hinweis

Zu a) In der Arbeit mit Gruppen können die Wechselkurse unterschiedlicher Länder im Vergleich zum Euro recherchiert werden. Denn trotz der Hilfe des Internets müssen die Schüler beide Wechselkursnotierungen aufschreiben und überlegen, welches die Preis- und welches die Mengennotierung ist. Binnendifferenziert kann der Schwierigkeitsgrad gesteigert werden, wenn es sich um Wechselkurse fremder Währungen im Vergleich zum US-Dollar handelt oder sogar um gänzlich fremde Währungen zueinander. Beispiel: Ein Vergleich von Rubel und Yen.

Zu b) Manchmal wollen Schüler die Notierungen umrechnen, indem sie fälschlicherweise subtrahieren wollen. Beispiel: 1 Euro = 1,20 Dollar. Anstatt 1/1,20 = 0,8333 Euro zu rechnen, ziehen Schüler oft fälschlicherweise einfach 20 Cent ab und kommen auf 1 Dollar = 0,80 Euro, was schlicht falsch ist.

Zu e) Manchmal ist für Schüler eine Skalierung in Ein-Cent-Schritten leichter zu verstehen.

❓ Aufgabe 8

Wenn Sie sich ein Wechselkursbild (Chart) anschauen, dann ist es das Wichtigste, sich anhand der Recheneinheit zuerst zu vergegenwärtigen, um welche Notierung es sich handelt. Recherchieren Sie nun die Charts des chinesischen Renminbi, des russischen Rubels und des japanischen Yen zu US-Dollar und Euro. Erklären Sie nun bitte nur anhand des Charts, welche Währungen gefallen bzw. gestiegen sind.

✅ Lösung

Wenn man einen steigenden Chartverlauf des russischen Rubels sieht, dann nimmt man häufig intuitiv an, der Rubel habe an Wert gewonnen. Allerdings handelt es sich um eine Mengennotierung, weil der Rubel als Recheneinheit auf der Skala genannt ist. Deshalb heißt eine steigende Kurve, dass ich für einen Euro oder Dollar mehr Rubel bekomme.

Didaktischer Hinweis

Schüler vertrauen manchmal zu sehr auf das, was sie in dem Chartbild zu sehen glauben. Allerdings bedeutet ein ansteigender Kurvenverlauf nur in der Mengennotierung, dass der Wechselkurs ansteigt. In der Preisnotierung besagt ein ansteigender Wechselkurs, dass die Währung fällt.

13.2 Wieso sich Wechselkurse sekündlich verändern

- **Einleitungsüberlegung**

Wie viel Dollar sind folglich sekündlich an Devisentransaktionen beteiligt? Ein Tag hat 86.400 Sekunden.

$$5,345\, Bio.Dollar \div 86.400\, Sekunden = 0,000.061.863.430\, Bio.Dollar$$

Eine Billion hat zwölf Nullen: 1000.000.000.000. Wird das Komma um sechs Stellen verschoben, dann lautet das Ergebnis auf Millionen, folglich 61.863.430 Dollar.

❓ Aufgabe 9

a) Was ist ein Wechselkurs?
b) Was ist der Unterschied zwischen Sorten und Devisen?
c) Was ist der Devisenmarkt?
d) Wie wirkt sich die Inflationsrate in den Währungsräumen auf den Außenhandel aus?
e) Welche den Wechselkurs beeinflussenden Faktoren sind im Text genannt?

✅ Lösung

Zu a) Der Wechselkurs ist der Preis einer Währung gemessen in einer anderen Währung. In der Mengennotierung dient der Dollar als Recheneinheit für den Euro.
Zu b) Ausländische Münzen und Scheine nennt man Sorten, und unter Devisen versteht man ausländisches Buchgeld, beispielsweise Ihre Pfund- oder Dollarguthaben auf Konten.
Zu c) Der Devisenmarkt ist der Ort, an welchem sich Preise von Währungen aus Angebot und Nachfrage bilden. Beispielsweise halten Unternehmen, Banken oder private Haushalte Dollar- oder Euroguthaben und wollen diese zum Wechselkurs untereinander austauschen. Die Preisbildung erfolgt in einem System flexibler Wechselkurse, wie bei Dollar und Euro, allein durch Angebot und Nachfrage. In einem System fester Wechselkurse (siehe Abschn. 13.3) greifen die Zentralbanken in die Preisbildung ein, indem sie als Käufer oder Verkäufer der eigenen Währung am Devisenmarkt auftreten. Darüber hinaus beeinflussen Zentralbanken den Wechselkurs, wenn sie die Leitzinsen verändern.

Zu d) Inflation bedeutet Preissteigerung. Eine vergleichsweise höhere Inflationsrate bedeutet also, dass die Güter relativ teurer werden, verglichen mit dem anderen Land. Das teurere Gut wird weniger nachgefragt.

Zu e) Außenhandel, Geldanlage und Devisenspekulation.

13.2.1 Sie selbst als Teil des Devisenmarktes

? **Aufgabe 10**
a) Wie lautet im Augenblick die aktuelle Mengennotierung für einen Euro in US-Dollar auf vier Nachkommastellen genau?
b) Bitte wandeln Sie diesen Wechselkurs auf vier Nachkommastellen genau in die Preisnotierung um.
c) Berechnen Sie nun den Jeanspreis in Euro, die Menge an Sorten, die Sie in Händen halten, sowie den Restbetrag an Devisen, den Sie auf einem Konto bei einer amerikanischen Bank anlegen.
d) Bitte nennen und erklären Sie die im Text genannten Faktoren, mit denen Sie den Wechselkurs beeinflussen.

✓ **Lösung**
Zu a) Beispiel: 17.04.2017 lautet der Kurs 1 € = 1,0639 $.
Zu b) Umrechnung in die Preisnotierung: 1 ÷ 1,0639 ≈ 0,9399
Zu c) Jeanspreis: 100 $ ÷ 1,0639 $ = **93,99 Euro**
300 € entsprechen **319,17 $ in Sorten** (300 × 1,0639 $), wobei Sie in inländischen Banken normalerweise nur Scheine und keine Münzen der ausländischen Währung erhalten.
5000 € × 1,0639 $ = 5319,50 $ − 319,17 $ − 100 $ = **4900,33 $** können demnach zinsbringend bei einer amerikanischen Bank angelegt werden.
Zu d) Außenhandel, Tourismus, internationale Geldanlagen und Devisenspekulationen. *Außenhandel*: Güter wie die Jeans, die Sie im Ausland bestellen. *Internationale Geldanlage*: Geld, das Sie zinsbringend in einem anderen Währungsraum anlegen. *Devisenspekulation*: Mit Devisen, die Sie im Ausland angelegt haben, oder Sorten in Ihrem Küchenschrank spekulieren Sie auf einen steigenden Wechselkurs. *Tourismus*: Geld, das Sie für einen Auslandsaufenthalt in die betreffende Währung umtauschen (siehe das folgende ▶ Abschn. 13.2.2).

13.2.2 Sich ständig verändernde Wechselkurse und deren Erklärung

Didaktischer Hinweis
Aufgabe 11 dient zur Strukturierung der Überlegungen, die sich aus dem Text „Wechselkurseinflüsse auf Lebenshaltung und Sicherheit des Arbeitsplatzes" ableiten lassen. Für eine Binnendifferenzierung kann man die Schüler bitten, die im Text enthaltene Problemstellung zu lösen. Vereinfacht wird die Lösung durch den Leitfaden, der durch Aufgabe 11 vorgegeben wird. Theoretisch könnte man auch den letzten Satz mit der Fragestellung weglassen und gemeinsam überlegen, welcher Job die besseren Perspektiven bietet.

❓ Aufgabe 11

a) Wie wirkt sich der Wechselkurs auf Ihre Lebenshaltungskosten im Ausland aus?

b) Für welchen Arbeitgeber entscheiden Sie sich?

c) In Ihrem Job in Deutschland sind Sie bei Ihren Arbeitskollegen beliebt und Sie haben sich einen guten Ruf bei den Kunden erarbeitet. Deshalb nehmen Sie die wirtschaftliche Situation beider Unternehmen genauer unter die Lupe: Sie untersuchen die Zukunftsperspektiven beider Unternehmen, wenn der Euro entweder stark fällt oder wieder deutlich ansteigt. Dabei achten Sie auf die Herkunft der Vorprodukte und in welchen Währungsräumen sich die Absatzmärkte befinden. Spekulieren Sie ein wenig darüber, wie das Unternehmen seine Preispolitik an veränderte Wechselkurse anpasst: Behält das Unternehmen die Preise bei oder werden die Produkte günstiger oder teurer? Entwickeln Sie daraufhin Hypothesen wie sich Umsatz und Gewinn aufgrund der von Ihnen vorgeschlagenen Preispolitik entwickeln. Umsatz ist definiert als *Preis × Menge*, also *verkaufte Stückzahl × Verkaufspreis*. Bitte erstellen Sie eine eigene Übersicht nach dem Vorbild von Tab. 13.4 (im Lehrbuch).

✔️ Lösung

Zu a) Da Sie den Großteil des Jahres in den USA verbringen und ein Festgehalt in Euro erhalten, zahlen Sie im Falle eines schwachen Euro-Wechselkurses im Ausland mehr für Lebensmittel, alltäglichen Konsum und die Unterkunft, sofern diese nicht vom Arbeitgeber gestellt wird. Während Sie im Ausland leben, tragen Sie ein gewisses Wechselkursrisiko, da sich die Höhe Ihres Gehaltes umgerechnet in die Landeswährung verändern kann.

Zu b) Der Bikini-Hersteller wird häufig als attraktivere Alternative angesehen.

Zu c) Siehe ◘ Tab. 13.3.

❓ Aufgabe 12

a) Welches Unternehmen kommt mit welcher Veränderung des Wechselkurses vermutlich besser zurecht?

b) Recherchieren Sie die Wechselkursentwicklung des Euro zum US-Dollar und finden Sie heraus, wann deutsche Waren aufgrund des Wechselkurses in den USA besonders teuer bzw. besonders günstig gewesen sind.

c) Wann ist es besonders günstig bzw. teuer gewesen, Urlaub in den USA zu machen?

✔️ Lösung

Zu a) Für den Bikinihersteller scheint ein steigender Euro-Wechselkurs vorteilhaft zu sein und für den Roboterhersteller ein fallender Euro-Wechselkurs. Beide Szenarien hätten Marktlagengewinne zur Folge. Der jeweils umgekehrte Fall zwingt beide Unternehmen zu rationalisieren.

Zu b) 2008: 1 Euro = 1,56 Dollar. 2016: 1 Euro = 1,03 Dollar. Beispiel: Das 10.000 Euro teure, in Deutschland hergestellte Auto hat 2008 umgerechnet 15.600 US-Dollar gekostet und im Jahr 2016 ca. 10.300 US-Dollar.

Zu c) 2008 war der Urlaub besonders günstig und im Jahr 2016 besonders teuer, wenn jeweils der höchste und der geringste Wechselkurs zugrunde gelegt wird.

> ◼ **Tab. 13.3**   Auswirkungen der Wechselkursveränderungen auf das **Modeunternehmen**. (Quelle: Eigene Darstellung)

Fallender Euro-Wechselkurs*	Steigender Euro-Wechselkurs*
Die importierten Vorprodukte aus Hawaii werden *teurer*, weil der US-Dollar an Wert gewinnt. Beispiel: Für 1000 Euro erhält das Unternehmen weniger Stoffe und Accessoires.	Die importierten Vorprodukte werden *günstiger*, weil die Stoffe ausschließlich aus Hawaii importiert werden.
Die Bikinis werden für den Geschmack europäischer Konsumenten hergestellt und sie werden zu achtzig Prozent in der Eurozone verkauft.	
Bleiben die Verkaufspreise in Euro unverändert, dann fällt bei gleichem Umsatz der Gewinn, weil die importierten Vorprodukte teurer geworden sind. Während europäische Kunden die Wechselkursveränderungen bei unveränderten Preisen selbst gar nicht bemerken, werden die in die USA exportierten Bikinis in Dollar umgerechnet günstiger. Der Umsatz in den USA dürfte allerdings nur leicht zunehmen, da die Bikinis nur den Geschmack einer Minderheit der amerikanischen Konsumenten treffen. Fazit: Die verteuerten Vorprodukte schmälern den Gewinn und können die Existenz des Unternehmens bedrohen. Die Marktlage übt Druck auf das Unternehmen aus, zu rationalisieren und die Produktion zu verschlanken. Als neuer Mitarbeiter sind Sie unter Umständen als erstes von Entlassungen betroffen. Die Bikinifabrik könnte die Preise erhöhen, in der Hoffnung so einen höheren Umsatz zu erzielen (*Preis × Menge*) und den Gewinn zu steigern. Diese Strategie könnte sich als sehr riskant erweisen, weil es viele Konkurrenten gibt.	Bleiben die Verkaufspreise in Euro unverändert, dann steigt bei gleichem Umsatz der Gewinn, weil die Vorprodukte günstiger werden. Das Unternehmen erzielt sogenannte *Marktlagengewinne (Windfallprofits)*. Das sind Gewinne, die nicht auf geschickte unternehmerische Entscheidungen zurückzuführen sind, sondern auf günstige Marktbedingungen. Sofern für den amerikanischen Markt keine andere Preisstrategie verfolgt wird, werden die in die USA exportieren Bikinis in Euro umgerechnet teurer, sodass dieser ohnehin geringe Umsatz sinkt. Der Bikinihersteller könnte die gesunkenen Herstellungskosten teilweise an die europäischen Konsumenten weitergeben, um zu versuchen, den Umsatz und Gewinn zu steigern.

*Mengennotierung: Der Dollar dient als Recheneinheit für den Euro

13.3 Feste Wechselkurse mit Bandbreite und flexible Wechselkurse

❓ **Aufgabe 13**

a) Was bedeutet der Begriff Floating bzw. flexibler Wechselkurs?

b) Was ist damit gemeint, dass sich Devisenkurse „frei" aus Angebot und Nachfrage bilden?

c) Bitten nennen Sie die volkswirtschaftlichen Auswirkungen von starken Wechselkursveränderungen.

✅ **Lösung**

Zu a) Floating meint, dass sich die Wechselkurse am Devisenmarkt frei aus Angebot und Nachfrage bilden, ohne dass Devisenmarktinterventionen von der Zentralbank durchgeführt werden (Deutsche Bundesbank 2016) (Glossar Flexibler Wechselkurs).

Zu b) Damit ist gemeint, dass die Zentralbank nicht in die Preisbildung eingreift. Die Preise bilden sich ausschließlich aufgrund von Angebot und Nachfrage nach Devisen, beispielsweise aufgrund von Güterkäufen oder internationalen Geldanlagen.

Zu c) Stark schwankende Wechselkurse verändern die Güterpreise und sie erschweren die Unternehmenskalkulation.

❓ Aufgabe 14

a) Was ist unter einem System fester Wechselkurse mit Bandbreiten zu verstehen?
b) Bitte beschreiben Sie anhand von Angebot und Nachfrage, wie ein Verlassen der Bandbreiten zustande kommt.
c) Was passiert in einem System fester Wechselkurse beim Überschreiten der oberen Bandbreite?
d) Wie reagiert die Zentralbank in einem Festkurssystem auf ein Unterschreiten der unteren Bandbreite?
e) Bitte beschreiben Sie die Bedeutung der Devisenreserven der Zentralbank für den Erfolg eines Systems fester Wechselkurse.

✅ Lösung

Zu a) In einem System fester Wechselkurse mit Bandbreiten wird ein Schwankungskorridor um einen festen Wechselkurs zu einer Ankerwährung festgelegt, innerhalb dessen sich der Wechselkurs frei am Devisenmarkt aus Angebot und Nachfrage bilden kann. Damit der Wechselkurs innerhalb der Bandbreiten bleibt, greift die Zentralbank in die Preisbildung ein.

Zu b) Eine höhere (geringere) Nachfrage nach der Inlandswährung kann auf eine höhere (geringere) Güternachfrage des Auslandes zurückzuführen sein. Ein höheres (geringeres) Angebot der Inlandswährung kann beispielsweise darauf zurückzuführen sein, dass das Inland mehr (weniger) ausländische Güter nachfragt und dafür die eigene Währung in die ausländische Währung wechselt. Gleiches gilt für internationale Kapitalanlagen, also Gelder, die in einem anderen Land investiert oder von dort abgezogen werden.

Zu c) Erreicht der Wechselkurs der Inlandswährung die obere Bandbreite, weil die Nachfrage nach der Inlandswährung steigt, dann verkauft die inländische Zentralbank die eigene Währung und kauft Devisen. Dadurch erhöht die Zentralbank das Angebot der eigenen Währung auf dem Devisenmarkt und sie hortet Devisen. Diese Intervention kann die Inlandszentralbank theoretisch unbegrenzt fortsetzen, weil sie theoretisch unbegrenzt die eigene Währung ausgeben kann.

Zu d) Fällt der Wechselkurs unter die untere Bandbreite, weil das Angebot an Inlandswährung die Nachfrage übertrifft, dann kauft die Inlandszentralbank die eigene Währung auf und verkauft Devisenreserven, solange der Vorrat an Devisenreserven ausreicht. Deshalb sind besonders in Währungskrisen die Devisenreserven der Zentralbank im Gespräch. Mit den Devisenmarktinterventionen versucht die Zentralbank, einen steigenden Devisenkurs zu erreichen.

Zu e) Stützungskäufe der inländischen Währung sind nur solange möglich, wie die Zentralbank über Devisen- und Goldreserven verfügt, die sie für den Kauf der eigenen Währung liquidieren kann.

13

13.4   Das Britische Pfund mit festen Wechselkursen stabilisieren

❓ Aufgabe 15

a) Was ist die Aufgabe der Bank of England?

b) Wer entscheidet im Jahr 1990 über die Höhe des englischen Leitzinses?

c) Wie ist die wirtschaftliche Lage Großbritanniens Ende der Achtziger Jahre?

d) Bitte erklären Sie mit einem fiktiven Zahlenbeispiel, wieso ausländische Investoren nicht in englische Fabriken investieren möchten, um Arbeitsplätze zu schaffen.

✅ Lösung

Zu a) Die Aufgabe der Bank of England (BOE) ist es, den Geldwert des Britischen Pfundes stabil zu halten. Damit ist gemeint, dass sie mit ihrer Geldpolitik geringe Inflationsraten des Pfundes erreichen und außerdem mit dem Leitzins positiv auf das Wirtschaftswachstum Englands einwirken soll.

Zu b) Im Jahre 1990 ist die Bank of England noch nicht politisch unabhängig. Das heißt, sie muss ihre Leitzinsentscheidungen vom britischen Finanzminister, also der britischen Regierung, genehmigen lassen. Die Entscheidung über die Höhe der Leitzinsen trifft folglich letztendlich die britische Regierung, weil die BOE weisungsgebunden ist.

Zu c) Die britische Wirtschaft befindet sich Ende der Achtziger Jahre in einer mehrjährigen Rezession mit hoher Arbeitslosigkeit. Das bedeutet, dass jedes Jahr weniger Waren und Dienstleistungen (BIP) hergestellt werden, sodass immer weniger Arbeitskräfte benötigt werden. Deshalb sollen Anreize für ausländische Investoren geschaffen werden, in britische Fabriken zu investieren, damit die Arbeitslosigkeit sinkt. Allerdings hatte das Britische Pfund zu dieser Zeit sehr viel höhere Inflationsraten als andere europäische Währungen.

Zu d) Das Problem der Investoren ist der fortschreitende Wertverfall des Britischen Pfundes, der eine Investition im englischen Währungsraum unkalkulierbar macht. Beispiel: Ein Investor tauscht eine Million D-Mark in Britische Pfund um und erzielt einen zehnprozentigen Gewinn. Wenn der Wechselkurs des Pfundes im gleichen Zeitraum um mehr als zehn Prozent fällt, dann macht der Investor trotz eines profitablen Investments Verluste.

❓ Aufgabe 16

a) Was ist das EWS?

b) Worin besteht für die Bank of England das Risiko, dem EWS beizutreten?

✅ Lösung

Zu a) Das EWS war ein System fester Wechselkurse mit Bandbreiten, das vom 13. März 1979 bis zur Einführung des Euro am 01.01.1999 Bestand hatte und das durch den Euro abgelöst worden ist (Wagenblaß 2008, S. 177). Das EWS hat Wechselkursschwankungen nur in einer *Bandbreite* von 2,25 % um einen Leitkurs zugelassen (Wagenblaß 2008, S. 177), mit Ausnahme einer höheren Bandbreite Italiens in Höhe von 6,00 %. Auch in einem System fester Wechselkurse mit Bandbreiten bildet sich der Wechselkurs aus Angebot und Nachfrage. Allerdings wird seitens der Zentralbanken nur eine Wechselkursbildung in einem schmalen Korridor zu einem Leitkurs zugelassen. Beim Erreichen der Interventionspunkte ist die jeweilige Zentralbank zu Deviseninterventionen verpflichtet.

Zu b) Damit ein System fester Wechselkurse funktioniert, ist eine einheitliche Leitzins-
politik die wichtigste Voraussetzung. Denn die Leitzinsen beeinflussen das Zinsniveau
eines Währungsraumes und dadurch die Attraktivität einer Währung als Geldanlage.
Steigt das Zinsniveau in einem Land, dann ziehen internationale Anleger Gelder aus
anderen Währungen ab, um es zu den höheren Zinsen anzulegen. Daraufhin steigt der
Wechselkurs der höher verzinsten Währung an. Die Bank of England muss also,
unabhängig von den Gefahren für die eigene Wirtschaft, die Leitzinsen im Gleichschritt mit den anderen Währungen des EWS verändern und den Leitzinsschritten der
Deutschen Bundesbank folgen. Also selbst dann, wenn die inländische wirtschaftliche
Lage und Inflationsrate sinkende Leitzinsen erforderlich machen sollte, müsste die BOE
trotzdem die Leitzinsen anheben, wenn die Bundesbank die Leitzinsen erhöht.

13.4.1 Bedingungen unter denen ein System fester Wechselkurse erfolgreich ist

❓ Aufgabe 17
a) Welches Problem soll mit festen Wechselkursen gelöst werden?
b) Bitte erklären Sie am Beispiel des Britischen Pfundes, wie das EWS als System fester
Wechselkurse funktioniert.
c) Welche Bedingungen müssen erfüllt sein, damit ein System fester Wechselkurse
beständig ist?

✅ Lösung
Zu a) Die negativen Auswirkungen starker Wechselkursschwankungen oder eines
verfallenden Wechselkurses. Dadurch soll mittelbar auch die Inflationsrate stabilisiert
werden.
Zu b) In einem System fester Wechselkurse mit Bandbreiten wird ein Schwankungskorridor um einen festen Wechselkurs zu einer Ankerwährung festgelegt, innerhalb
dessen sich der Wechselkurs frei am Devisenmarkt aus Angebot und Nachfrage bilden
kann. Damit der Wechselkurs innerhalb der Bandbreiten bleibt, greifen Zentralbanken
in die Preisbildung ein. Erreicht der Wechselkurs der Inlandswährung die obere
Bandbreite, weil die Nachfrage nach Pfund steigt, dann verkauft die britische Zentralbank Pfund und kauft Devisen. Dadurch erhöht sie das Angebot der eigenen Währung
auf dem Devisenmarkt und sie hortet Devisen. Diese Intervention kann die BOE
theoretisch unbegrenzt fortsetzen, weil sie theoretisch unbegrenzt Pfund ausgeben
kann. Fällt der Wechselkurs unter die untere Bandbreite, weil das Angebot an Pfund
die Nachfrage übertrifft, dann kauft die Bank of England Britische Pfund auf und
verkauft Devisenreserven, bis der Vorrat an Devisenreserven aufgebraucht ist. Mit den
Devisenmarktinterventionen versucht die Zentralbank den Devisenkurs innerhalb der
Bandbreiten zu halten (siehe ▶ Abschn. 13.4 Aufgabe 2 a).
Zu c) Die Leitzinsen müssen im Gleichschritt bewegt werden und es muss für die
Kapitalmärkte glaubhaft sein, dass beispielsweise höhere Leitzinsen von der Zentralbank angesichts der wirtschaftlichen Lage durchgehalten werden können. Außerdem
muss der feste Wechselkurs in richtiger Höhe angesetzt werden, damit nicht durch ein
dauerhaftes Unterschreiten der unteren Bandbreite die Devisenreserven für Devisenmarktinterventionen aufgebraucht werden.

13

? **Aufgabe 18**

Geldpolitik, Wechselkurs und Handelsströme:

a) Angenommen, ein Teilnehmerland eines Systems fester Wechselkurse importiert dauerhaft mehr Waren als es exportiert, weil auch die privaten Haushalte und Unternehmen mehr ausländische Güter nachfragen als inländische. Wie wirkt sich das Außenhandelsdefizit auf den festen Wechselkurs und die Devisenreserven aus?

b) Welche Möglichkeiten hat ein Land, in einem System fester Wechselkurse seine Wettbewerbsfähigkeit zu erhöhen?

✓ **Lösung**

Zu a) Werden dauerhaft mehr Waren in einen Währungsraum importiert als exportiert, dann geben die privaten Haushalte und Unternehmen dauerhaft Landeswährung ab, um Devisen für den Kauf der ausländischen Güter zu erwerben. Dadurch steigt das Angebot an Inlandswährung und der Wechselkurs fällt. An der unteren Bandbreite ist die Zentralbank dadurch gezwungen, die Landeswährung selbst aufzukaufen und Devisenreserven zu verkaufen, um den Wechselkurs zu stabilisieren. Das kann die Zentralbank jedoch nur so lange machen, bis die Devisenreserven aufgebraucht sind.

Zu b) Ein Land, das dauerhaft mehr Waren importiert als es exportiert, kann in einem System fester Wechselkurse eine Abwertung der eigenen Währung in Betracht ziehen. Abwertung heißt, die Bandbreite auf einem tieferen Niveau erneut zu fixieren. Dadurch würde sich die Wettbewerbsfähigkeit des Landes erhöhen, weil inländische Güter für das Ausland günstiger werden. Darüber hinaus werden ausländische Güter für das Inland teurer. Beides kann bewirken, dass inländische Güter verstärkt nachgefragt werden. Eine Abwertung erhöht folglich die Wettbewerbsfähigkeit eines Landes, das mit einem Außenhandelsdefizit zu kämpfen hat.

13.4.2 Sie verteidigen das Britische Pfund gegen spekulative Attacken

? **Aufgabe 19**

a) Bitte erläutern Sie das Dilemma, in welchem Sie sich als die Bank of England nach der Zinsentscheidung der Bundesbank befinden.

b) Für welche Alternative entscheiden Sie sich?

c) Wechseln Sie nun bitte gedanklich in die Rolle des britischen Finanzministers, dessen Regierung unbedingt wiedergewählt werden möchte. Unterstützen Sie die Entscheidung der Bank of England oder verhindern Sie die Leitzinserhöhung?

✓ **Lösung**

Zu a) Das Dilemma der Zentralbank besteht darin, dass eine Leitzinserhöhung im Gleichschritt mit der Bundesbank der schwachen britischen Wirtschaft schadet. Den Leitzins nicht zu erhöhen, würde den Fortbestand des Systems fester Wechselkurse gefährden.

Zu b) Gleichgültig für welche Alternative Sie sich entscheiden: Der Wechselkurs des Pfundes ist zu hoch angesetzt, sodass die Wechselkursfixierung nach beiden Entscheidungen nicht gehalten werden kann.

Zu c) Die Regierung hat zuerst darauf gedrängt, den Leitzins unverändert zu lassen. Als das nicht funktioniert hat, ist der Leitzins unrealistisch stark angehoben worden.

Literatur

Deutsche Bundesbank (2016). http://www.bundesbank.de/Navigation/DE/Service/Glossar/glossar.html. Zugegriffen am 31.03.2016.

Engelkamp, P., & Sell, F. (2005). *Einführung in die Volkswirtschaftslehre*. Berlin/Heidelberg: Springer.

Kahneman, D. (2015). *Schnelles Denken, langsames Denken*. München: Siedler Verlag in der Verlagsgruppe Randomhouse.

Wagenblaß, H. (2008). *Volkswirtschaftslehre, öffentliche Finanzen und Wirtschaftspolitik*. Heidelberg: Verlagsgruppe Hüthig Jehle Rehm.

13

Geplante Obsoleszenz

© Springer Fachmedien Wiesbaden GmbH, ein Teil von Springer Nature 2020
J. Pfannmöller, *Kreative Volkswirtschaftslehre – Lösungen*,
https://doi.org/10.1007/978-3-658-26677-0_14

14.1   Sie führen die Leuchtmittelindustrie aus der Absatzkrise

Didaktischer Hinweis
Häufig schließen Schüler, die Kartelle schon kennen, verbotene Kartellabsprachen von vornherein aus. Manchmal argumentieren sie, es handle sich bei dem in der Aufgabe angedeuteten PHOEBUS-Kartell (siehe 14.2 Aufgabe 3) um ein Normen- und Typenkartell, das vom Kartellamt genehmigt werden könnte. Auf eine diesbezügliche Anfrage hat das Bundeskartellamt auf die wissenschaftliche Literatur zu diesem Thema verwiesen.

? Aufgabe 1
a) Beschreiben Sie das Problem, das es zu lösen gilt.
b) Entwickeln Sie Lösungsvorschläge, die Branche aus der Absatzkrise zu führen.

✓ Lösung
Zu a) Aufgrund der langen Lebensdauer müssen die Glühbirnen äußerst selten ausgetauscht werden. Als Folge ist der Branchenumsatz rückläufig. Diese Problematik wird durch den Überbietungswettbewerb in der Lebensdauer der Leuchtmittel noch verschärft.
Zu b) Die Folgeaufgaben 12 und 13 stehen in ▶ Abschn. 14.3.1. Dort finden Sie auch den historischen Hintergrund dieser Aufgabe. Hier typische Lösungsvorschläge:

Die *Unternehmen* könnten die Lebensdauer verkürzen und standardisieren, damit die Konsumenten die Glühbirnen häufiger auswechseln müssen. Diese Strategie kann allerdings nur dann erfolgreich sein, wenn sich alle Konkurrenten an eine vorgegebene Höchstleuchtdauer halten. Dafür sind verbindliche, vertragliche Absprachen unter den Wettbewerbern erforderlich, die gegebenenfalls bei Verstößen mit Strafzahlungen geahndet werden.

Die *Unternehmen* könnten sich absprechen, um höhere Preise festzulegen (Preiskartell) oder sich auf eine Verknappung der Produktionsmenge einigen, um höhere Preise zu bewirken (Mengenkartell). Beide Kartellarten sind jedoch vom Kartellamt verboten.

Die *Produzenten* könnten versuchen, durch Unternehmenszusammenschlüsse die Kosten zu drücken, beispielsweise durch die Nutzung von Skaleneffekten (siehe ▶ Kap. 4) oder Synergien (siehe ▶ Kap. 8). Allerdings unterliegen Unternehmenszusammenschlüsse der Fusionskontrolle des Kartellamtes (siehe ▶ Kap. 8).

Die *Hersteller* könnten die längere Lebensdauer nur vortäuschen, was allerdings herauskommen würde, sodass die Kunden auf andere Marken ausweichen würden.

Die *Glühbirnenfabrikanten* könnten versuchen, die Kosten zu senken, indem sie minderwertigere oder kostengünstigere Materialen verbauten, wodurch sich möglicherweise auch die Lebensdauer verkürzen ließe.

Die *Unternehmen* könnten versuchen, Wettbewerbsvorteile durch Differenzierung zu erzielen, indem die eigenen Leuchtmittel energiesparender oder umweltfreundlicher hergestellt werden als die Konkurrenzprodukte.

14

14.2 · Wie verhalten Sie sich als Opfer der geplanten Obsoleszenz?

199   **14**

14.2   Wie verhalten Sie sich als Opfer der geplanten Obsoleszenz?

? **Aufgabe 2**
Was tun Sie?

✓ **Lösung**
Häufige Schülerantworten: „Auch im Falle einer Reparatur für 250–300 Euro hätte ich keine Gewissheit, dass nicht bald weitere Verschleißteile ersetzt werden müssten. Deshalb kaufe ich notgedrungen einen neuen Laptop." Oder: „Ich versuche das Gerät selbst zu reparieren." Oder: „Ich beauftrage einen anderen Anbieter mit der Reparatur." Oder: „Ich kaufe ein günstigeres als das vom Hersteller vorgeschlagene Modell, da die Leistungsfähigkeit der Rechner in jedem Jahr wächst. Deshalb bekomme ich das vergleichbare Modell günstiger."

> **Didaktischer Hinweis**
> Bei Gruppen kann man sich die Verteilung anschauen, wie viel Prozent der Schüler welche Alternative auswählen.

? **Aufgabe 3**
a) Bitte unterscheiden Sie natürlichen und geplanten Verschleiß.
b) Welche Beispiele für mutmaßlich eingebaute Verschleißteile kennen Sie aus eigener Erfahrung mit anderen technischen Geräten?
c) Was haben Sie getan, als die Geräte nicht mehr funktioniert haben?

✓ **Lösung**
Zu a) Natürlicher Verschleiß meint die gebrauchsbedingte, allmähliche Abnutzung. Im Gegensatz hierzu spricht man von geplantem Verschleiß, wenn der Hersteller versucht, durch den Einbau von sogenannten Sollbruchstellen das Verschleißdatum künstlich vorzuziehen (Zalles-Reiber 1996, S. 71).
Zu b) Beispiele: Akkus von Handys, Laptops, elektrische Zahnbürsten, Ladekabel, Drucker, Verschlüsse, Bremsbeläge, Schuhsohlen, Handys, Handykamera, Konsolenkontroller, Konsolenhandmikrofon, Kopfhörer, Computer, Fernbedienungen, Glühbirnen, Strumpfhosen. Allerdings besteht die Schwierigkeit darin, den künstlich beschleunigten Verschleiß nachzuweisen.
Zu c) Abfrage von Schülererfahrungen.

? **Aufgabe 4**
a) Wie verhält sich der Hersteller in dieser Situation Ihnen gegenüber?
b) Bitte erläutern Sie die wirtschaftlichen Interessen des Notebook-Herstellers.
c) Es ist anzunehmen, dass der Hersteller aufgrund von Materialprüfungen die Lebensdauer der eingebauten Verschleißteile unter einer bestimmten Beanspruchung kennt. Bitte erläutern Sie, welche Anreize das Verhalten des Herstellers bestimmen könnten.

✅ Lösung

Zu a) Der Hersteller argumentiert, dass es sich um natürlichen Verschleiß handelt. Für eine Reparatur werden 250–300 Euro veranschlagt. Deshalb wird eine Neuanschaffung empfohlen, auf die aus Kulanz ein Preisnachlass von 20 % gewährt wird, sofern das ansonsten voll funktionsfähige Notebook eingeschickt wird.

Zu b) Der Hersteller hat ein wirtschaftliches Interesse am regelmäßigen Verkauf von Laptops und daran, Sie als Kunden an das Unternehmen zu binden.

Zu c) Die Lebensdauer der Scharniere ist von deren Beanspruchung abhängig und eine relativ kurze Lebensdauer könnte auf eine minderwertige Verarbeitung zurückzuführen sein, um Herstellungskosten und Verkaufspreis zu minimieren (Röper 1976, S. 15). Allerdings könnte der Hersteller auch einen Anreiz haben, die Lebensdauer seiner Produkte zu begrenzen, damit die Konsumenten einen Anreiz zum Neukauf haben. Denn wenn die Scharniere ein bekanntes Problem sein sollten, dann könnte der Hersteller mit höherwertigen Drehgelenken Abhilfe schaffen.

❓ Aufgabe 5

Abgesehen von den Scharnieren läuft das Notebook noch immer einwandfrei. Deshalb möchten Sie nicht so schnell aufgeben und lieber versuchen, das Gerät selbst zu reparieren. In Internetforen sagt man Ihnen, dass Ihr Notebook-Modell sehr anfällig für diesen Verschleiß ist. Für 15 € können Sie die Ersatzteile bestellen und unter Zuhilfenahme einer 120-seitigen englischen Betriebsanleitung die dafür erforderlichen sechzig Schrauben lösen, die teilweise nur wenige Millimeter groß sind. Da Sie das Gerät in seine fünfunddreißig Bauteile zerlegen müssen, hören Sie, dass Sie die einzelnen Teilschritte mit der Kamera dokumentieren sollten. Gewöhnlich dauert die Reparatur vier Stunden, wenn Sie hochkonzentriert arbeiten und den Verlust einzelner Kleinstschrauben in den Weiten Ihres Teppichbodens in Kauf nehmen. Was tun Sie?

✅ Lösung

Typische Antworten: „Ich sehe mich außer Stande, das selbst zu bewerkstelligen." Oder: „Ich würde es nicht riskieren, weil ich das Gerät ansonsten nicht mehr in Zahlung geben kann." Oder: „Ich würde eine Reparatur versuchen."

14

Didaktischer Hinweis

Es könnte jedoch auch eine englische Bedienungsanleitung vorgelegt werden, an die weitere Aufgaben geknüpft sind.

14.3 Verschiedene Sichtweisen auf die Lebensdauer von Gütern

❓ Aufgabe 6

a) Erläutern Sie den Ursprung des Wortes Obsoleszenz.

b) Bitte beschreiben Sie die Meinung von Röper zum geplanten Verschleiß von Konsumgütern.

c) Was könnte Röper mit Design-Exzessen bezogen auf Konsumgüter meinen?

Lösung

Zu a) Obsoleszenz ist abgeleitet vom lateinischen Begriff obsolescere (sich abnutzen, altern, außer Gebrauch kommen). In der Literatur wird es als Synonym für den Produktverschleiß oder Produktalterung verwendet (Packard 1960, S. 73).

Zu b) Röper vertritt die Ansicht, dass ein Festhalten der Konsumenten am Bewährten fortschrittsfeindlich ist. Diese Studie aus dem Jahr 1978 ist in der Literatur umstritten und heftig kritisiert worden (Zalles-Reiber 1996, S. 14). Ferner beschreibt Röper die Produktlebensdauer als Optimierungsproblem aus Kosten und Verkaufspreis (Röper 1976, S. 15).

Zu c) Vermutlich spielt Röper auf die häufige Umgestaltung von Konsumgütern an, die ein an sich unverändertes Produkt neu und attraktiv erscheinen lassen soll.

? Aufgabe 7

a) Erläutern Sie die drei Arten der geplanten Obsoleszenz nach Vance Packard und finden Sie für jede Art ein passendes Adjektiv.

b) Bewerten Sie die drei Arten der geplanten Obsoleszenz nach Vance Packard aus dem Blickwinkel von Verbrauchern und Herstellern.

c) Bitte treffen Sie anhand von Beispielen eine Einschätzung, ob es die drei Arten der geplanten Obsoleszenz Ihrer Meinung nach überhaupt gibt.

Lösung

Zu a) *Verbessert*: Funktionelle Obsoleszenz bedeutet, dass es ein Produkt gibt, das die Funktionen des Vorgängerproduktes besser erfüllt (verbessert ist ein Partizip). *Defekt*: Qualitative Obsoleszenz heißt, dass ein Produkt bewusst so konstruiert ist, dass es nach einer bestimmten Zeit kaputtgeht. *Altmodisch*: Mit psychologischer Obsoleszenz sind Modeerscheinungen gemeint, welche bewirken sollen, dass das als unmodern empfundene Produkt ausgetauscht wird, obwohl es noch einwandfrei funktioniert.

Zu b) Vance Packard sieht die funktionelle Obsoleszenz als sinnvoll an, wenn ein wirklich verbessertes Produkt entwickelt wird. Beispielsweise hat ein moderner Fernseher bessere Bildeigenschaften als ein Gerät aus den 1940er-Jahren. Deshalb ist der technische Fortschritt, der in der funktionellen Obsoleszenz zum Ausdruck kommt, nach seiner Einschätzung für Konsumenten und Produzenten vorteilhaft (Packard 1960, S. 73 f.).

Im Gegensatz hierzu bezeichnet er die qualitative und psychologische Obsoleszenz als „willkürlich hervorgerufene Veralterung", welche lediglich der Umsatzförderung dient (Packard 1960, S. 74 f.), denn bei der qualitativen Obsoleszenz geht das Produkte kaputt, weil die Lebensdauer absichtlich verkürzt worden ist (Packard 1960, S. 73 ff.). Mit Modeerscheinungen ist eine veränderte Formgestaltung gemeint, welche den Anschein einer Produktveränderung erwecken soll, ohne dass das Produkt ästhetisch oder funktionell verbessert worden ist (Packard 1960, S. 88 ff.).

Zu c) Oft kann jedoch nicht eindeutig geklärt werden, ob eine Produktalterung geplanter oder natürlicher Art ist (Zalles-Reiber 1996, S. 15). Packard zitiert den leitenden Ingenieur eines Herstellers von Haushaltsgeräten mit den Worten: „Ohne eine konstruktiv festgelegte Lebensdauer könnten einige Teile des Erzeugnisses weit länger halten als andere und dadurch zu einer unnötigen Kostenbelastung (des Herstellers) führen" (Packard 1960, S. 85). Ein häufig genanntes Beispiel für die geplante Obsoleszenz ist der Drucker, der aufgrund eines eingebauten Chips defekt ist, sobald eine bestimmte Anzahl von Ausdrucken oder ein bestimmtes Datum erreicht ist (Dannoritzer und Reuß 2013, S. 8 ff.).

Typische Thesen aus der Diskussion mit Schülern: „Ohne Obsoleszenz würden Produkte immer weiter funktionieren." Oder: „Obsoleszenz muss es geben, damit neues gekauft wird und Arbeitsplätze gesichert werden." Oder: „Manche Dinge gehen pünktlich mit Garantieablauf kaputt." Oder: „Kann es sein, dass die geplante Obsoleszenz manchmal nicht klappt? Denn es gibt baugleiche Produkte, die deutlich länger halten." Oder: „Auf manche Güter trifft die geplante Obsoleszenz nicht zu."

❓ Aufgabe 8

Bitte argumentieren Sie, um welche Art der geplanten Obsoleszenz es sich bei den folgenden Beispielen handeln könnte.

a) Die neusten Trendfarben von Schminke, Nagellack und Kleidung unterliegen einem ständigen modischen Wandel.

b) Auf einem Handy mit einem älteren Betriebssystem lassen sich viele aktuelle Apps nicht mehr installieren, auch wenn das Handy ansonsten weiterhin funktioniert.

c) Die Ansaugbrücke, die sich zwischen Vergaser und Motorblock Ihres Autos befindet, hatte früher eine längere Haltbarkeit als das Fahrzeug selbst, weil sie überwiegend aus Aluminium gefertigt war. Heutige Ansaugbrücken werden häufig aus Kunststoff hergestellt, der zwar leichter und günstiger ist, jedoch im Falle einer Überhitzung beschädigt werden kann.

d) Das Gehäuse jeder neuen Spielekonsole erhält abwechselnd ein rundes oder eckiges Design, um das jeweilige Vorgängermodell veraltet wirken zu lassen, ohne dass eine technische Verbesserung vorgenommen worden ist.

e) In einem Interview nach dem Fußballspiel macht der Torhüter die geplante Obsoleszenz für einen nicht gehaltenen Foul-Elfmeter verantwortlich: „Die Torwarthandschuhe verlieren mit der Zeit den Grip, sodass mir die Bälle auch schon mal durch die Finger rutschen können."

f) Seit einiger Zeit können Sie immer mehr Elektrogeräte, wie Internetradio, Fernseher, Haushaltsgeräte oder das Garagentor mit einer App bedienen.

g) Mit zunehmender Verwendungsdauer büßen Handys und Computer einen Teil der Leistungsfähigkeit ein, Sie werden langsamer und störungsanfälliger.

h) Ein altes Auto hat einen deutlich höheren Strom- oder Benzinverbrauch, sodass sich der Kauf eines Neuwagens aufgrund der Einsparungen lohnt.

✅ Lösung

Zu a) Psychologische Obsoleszenz, denn die bisherigen Farben gelten nun als altmodisch, wobei das Produkt bis auf die Farbe nicht verändert worden ist.

Zu b) Funktionelle Obsoleszenz, da es sich um ein neues, verbessertes Produkt handelt.

Zu c) Qualitative Obsoleszenz, wenn mit einer kürzeren Lebensdauer der Kunststoffelemente argumentiert wird. Andererseits könnten Kunststoffelemente auch besser geeignet sein oder ein besseres Preis-Leistungs-Verhältnis haben, sodass es kein Beispiel für Obsoleszenz ist.

Zu d) Psychologische Obsoleszenz, da die Konsole einwandfrei funktioniert und lediglich das Aussehen verändert worden ist.

Zu e) Qualitative Obsoleszenz, wenn man annimmt, dass es sich nicht nur um eine Ausrede handelt und dass mit gleichen Herstellungskosten Materialien mit einer längeren Haltbarkeit verwendet werden könnten. Wobei Torwarthandschuhe vermutlich in jedem Fall länger als 90 Minuten ihren Grip behalten …

Zu f) Funktionelle Obsoleszenz, da es sich um eine technische Verbesserung handelt.

Zu g) Qualitative Obsoleszenz, weil das Produkt allmählich kaputtgeht. Wäre der Verschleiß nicht zu verhindern, dann wäre es kein Beispiel für Obsoleszenz.

Zu h) Funktionelle Obsoleszenz, weil es ein neues, verbessertes Produkt gibt.

Didaktischer Hinweis

Manchmal lohnt sich eine Abfrage, wer mit funktioneller, qualitativer und psychologischer Obsoleszenz argumentieren möchte.

❓ Aufgabe 9

Nehmen Sie Stellung zu der folgenden These: „Der Verbraucher muss einem gewissen Konsumzwang unterliegen", damit die Güternachfrage relativ konstant bleibt. Der Konsument „darf keine Möglichkeit haben oder glauben zu haben", auf vergleichbare Produkte (Substitute) ausweichen zu können, wenn er sich über den Frühausfall ärgert. Dafür ist eine gewisse Monopolstellung des Anbieters erforderlich (Röper 1976, S. 90).

✅ Lösung

Nach dieser Überlegung solle der Verbraucher mithilfe der begrenzten Lebensdauer zum Neukauf gezwungen werden. Gegen die Lebensdauerbegrenzung sprechen Müllberge, Umweltbelastungen sowie die Ressourcen- und Energieverschwendung. Außerdem sind Monopolstellungen mit der sozialen Marktwirtschaft nicht vereinbar.

❓ Aufgabe 10

Welche Auswirkungen hat der Verschleiß von Konsumgütern beispielsweise auf Arbeitsplätze und Bruttoinlandsprodukt?

✅ Lösung

Aufgrund der verschleißbedingt höheren Nachfrage werden mehr Güter hergestellt, woraufhin Unternehmensgewinne und BIP ansteigen. Die Güterherstellung sichert und schafft Arbeitsplätze, und es werden Einkommen erzielt, welche einen höheren Konsum ermöglichen.

❓ Aufgabe 11

Stellen Sie sich eine Welt ohne Verschleiß vor: Der Verkehr könnte Straßen und Brücken nichts mehr anhaben, technische Geräte wie Autos, Player oder Haushaltsgeräte zeigten keinerlei Verschleiß und Wegwerfartikel wie Plastiktüten wären genauso beständig wie Sportschuhe oder Kleidungsstücke. Welche ökonomischen Folgen wären zu erwarten?

✅ Lösung

Der Konsum würde einbrechen und das Bruttoinlandsprodukt sinken, die Wirtschaft also schrumpfen. Vermutlich würden überwiegend fehlende Bedarfe gedeckt oder modische Güter gekauft. Die Unternehmen könnten versuchen, mit veränderten Produkten Kaufanreize zu schaffen.

Wenn alle Güter langlebig wären, dann würde der Konsum einbrechen. Es würde weniger hergestellt und das Wirtschaftswachstum nähme negative Prozentwerte an, weil weniger Güter als im Vorjahr hergestellt werden. Firmen würden schließen und die Arbeitslosigkeit steigen. Der Kauf aufgrund von Verschleiß könnte folglich als Triebfeder des Wirtschaftens interpretiert werden.

14.3.1   Der Krimi, der die geheimen Absprachen des Glühbirnenkartells ans Licht bringt

Didaktischer Hinweis
Die Aufgaben 12 und 13 sind die Fortsetzung von Aufgabe 1 dieses Kapitels.

❓ Aufgabe 12
a) Bitte übersetzen Sie den Text der Straftabelle des PHOEBUS-Kartells.
b) Zeigen Sie anhand von drei aussagekräftigen Beispielen, wie die Kartellstrafen an den Intervallgrenzen gestaffelt sind.
c) Welche Anreize setzt die Staffelung der Zahlungsintervalle hinsichtlich der Durchsetzung des Kartellziels?

✅ Lösung
Zu a) Fines in Swiss francs per million units sold = Geldstrafen, umgerechnet in Schweizer Franken je verkaufter Einheit. Life in hours = Lebensdauer der Glühbirnen in Stunden.
Zu b) Siehe ❑ Tab. 14.1. Die Staffelung der Strafen ist am besten an den Intervallübergängen zu erkennen.
Zu c) Auf der rechten Seite der Skala steht die Haltbarkeit der Glühbirnen in Stunden und auf der linken Seite die zu bezahlenden Strafen im Falle eines Über- oder Unterschreitens der angestrebten Lebensdauer. Je weiter sich die Haltbarkeit eines Leuchtmittelherstellers von der Zielzone des Kartells entfernt, desto höher ist die Strafe. Denn wenn ein Hersteller mit einer längeren Lebensdauer einen Kaufanreiz schafft, dann geht dies zu Lasten der übrigen Unternehmen. Deshalb ist die Strafe desto höher, je weiter die Haltbarkeit der Glühbirnen vom angestrebten Ziel entfernt ist.

❓ Aufgabe 13
Bitte argumentieren Sie, ob es sich bei der Verkürzung der Lebensdauer von Glühbirnen des PHOEBUS-Kartells um ein Beispiel der geplanten Obsoleszenz oder möglicherweise um ein legitimes Normen- und Typenkartell handelt.

✅ Lösung
Für das Normen- und Typen-Kartell spricht die Einigung auf einheitliche Normen der Lebensdauer. Allerdings ist es umstritten, ob es sich hierbei um eine legitime Normierung handelt. Wie in der Einleitung bereits erwähnt, gibt das Bundeskartellamt hierzu keine Einschätzung ab. Eine Verkürzung der Lebensdauer könnte jedoch ein Hinweis auf eine illegitime Absprache und die geplante Obsoleszenz sein.

◘ **Tab. 14.1** Staffelung der Kartellstrafen an ausgewählten Intervallübergängen (Economic Life Chart 1928)

Lebensdauer	Kartellstrafe
1000 bis 1500 Stunden	Keine Strafe
1501 Stunden	5000 Schweizer Franken pro Mengeneinheit
2999 Stunden	100.000 Schweizer Franken pro Mengeneinheit
3001 Stunden	200.000 Schweizer Franken pro Mengeneinheit

14.3.2 Die planbare Anlagenverfügbarkeit von Produktionsgütern der Industrie

❓ **Aufgabe 14**

Worin besteht der Unterschied in der Betrachtung der Lebensdauer von Konsumgütern und Produktionsgütern?

✅ **Lösung**

Die *Produktionsgüter* in der Industrie müssen eine genau festgeschriebene Lebensdauer erfüllen, die geplante Anlagenverfügbarkeit. Deshalb würde es keinen ökonomischen Sinn machen, beispielsweise die Lebensdauer des Verschleißfutters einer Stahlpfanne kostenintensiv zu erhöhen, wenn die Verlängerung nicht zum Wartungszyklus passt, in welchem Anlagenbestandteile ausgetauscht werden. Die Lebensdauer von *Konsumgütern* kann auf natürlichen Verschleiß bzw. das Verhältnis von Produktionskosten und Verarbeitung zurückzuführen sein. Eine andere Erklärung ist eine absichtliche Lebensdauerverkürzung, die geplante Obsoleszenz (geplanter Verschleiß) heißt (Röper 1976, S. 1) und mit der eine Umsatzsteigerung bezweckt wird. Der Verschleiß von Gütern in der Industrie hat also eine andere Bedeutung als die Lebensdauer Ihres Fernsehers, der bei Ihnen im Wohnzimmer steht.

Literatur

Dannoritzer, C., & Reuß, J. (2013). *Kaufen für die Müllhalde, Das Prinzip der geplanten Obsoleszenz*. Freiburg: Orange Press.

Landesarchiv Berlin. (1928). Economic Life Chart, Landesarchiv Berlin, Firmenbestand A Rep. 231 (Osram), Nr. 112, mit freundlicher Unterstützung von Herrn Pett.

Packard, V. (1960). *Die große Verschwendung (The Waste Makers)*. Düsseldorf: Econ.

Röper, B. (1976). *Gibt es geplanten Verschleiß, Untersuchungen zur Obsoleszenzthese* (Kommission für wirtschaftlichen und sozialen Wandel, Bd. 137). Göttingen: Otto Schwartz & Co.

Zalles-Reiber, M. (1996). *Produktveralterung und Industrie-Design. Schriftenreihe Produktentwicklung & Industrie-Design*. München: Akademischer Verlag München. Dissertation, Institut für Absatzwirtschaft, Universität München.

Konjunktur und Wachstum

© Springer Fachmedien Wiesbaden GmbH, ein Teil von Springer Nature 2020
J. Pfannmöller, *Kreative Volkswirtschaftslehre – Lösungen*,
https://doi.org/10.1007/978-3-658-26678-3_15

Didaktischer Hinweis
Schüler haben häufig Schwierigkeiten mit dem Genus des Bruttoinlandsproduktes.
Eine einfache Regel lautet: „Das Produkt, deshalb das BIP" (anstelle von „der").

15.1 Das BIP als höchster Berg Deutschlands – Grundbegriffe zum Wirtschaftswachstum

❓ Aufgabe 1

a) Bitte definieren Sie den Begriff Bruttoinlandsprodukt. **b)** Bitte erläutern Sie, was man sich unter dem BIP bildlich vorstellen kann. **c)** Was ist Wirtschaftswachstum? **d)** Bitte überlegen Sie, ob man das Wirtschaftswachstum berühren, schmecken, riechen oder hören kann. **e)** Wie viel Euro beträgt der Beitrag zum BIP gemäß obiger Definition, wenn ein inländisches Stahlunternehmen im Inland für 100 € Stahl an einen Autobauer verkauft, der daraus ein Auto herstellt und es für 210 € verkauft (Blanchard und Illing 2009, S. 51.)?

✅ Lösung

Zu a) Das Bruttoinlandsprodukt ist die Summe aller Waren und Dienstleistungen, die innerhalb eines Jahres für den Endverbraucher hergestellt werden. Es werden jedoch nur die Güter für den Endverbraucher gezählt, damit Güter nicht mehrfach gezählt werden, wie beispielsweise die Vorprodukte für die Herstellung eines Autos.

Zu b) Das Bruttoinlandsprodukt (BIP) können Sie sich wie einen großen Stapel aller Güter (Autos, Gitarren, Handtaschen usw.) und Dienstleistungen (Handyreparaturen, Klavierstunden, Friseurbesuche usw.) vorstellen, die innerhalb eines Jahres in einem Land für den Endverbraucher, abzüglich der Vorleistungen, hergestellt worden sind. Allerdings passen die Dienstleistungen nicht ganz zu dieser Vorstellung, weil sie sich nicht stapeln lassen.

Zu c) Wirtschaftswachstum heißt die prozentuale Veränderung des Bruttoinlandsproduktes. Werden also mehr Waren und Dienstleistungen als im Vorjahr (bzw. Vorquartal) für den Endverbraucher hergestellt, dann wird von Wirtschaftswachstum gesprochen. Beispiel: Zwei Prozent Wirtschaftswachstum bedeuten, dass zwei Prozent mehr Waren und Dienstleistungen hergestellt worden sind. Werden weniger Waren und Dienstleistungen hergestellt, dann wird von einer „schrumpfenden Wirtschaft" gesprochen, sodass beispielsweise 2 % weniger Waren und Dienstleistungen hergestellt worden sind. Wirtschaftswachstum heißt es dennoch, obwohl es Prozentwerte mit negativem Vorzeichen annimmt.

Zu d) Das Wirtschaftswachstum kann man weder berühren, schmecken, riechen noch hören. Jedoch kann man die zusätzlich hergestellten Güter wie frische Pizza riechen und schmecken oder ein handgefertigtes Musikinstrument berühren und hören.

Zu e) Da für das BIP die Güter für den Endverbraucher ohne Vorleistungen zusammengerechnet werden, ist das BIP dementsprechend um 210 Euro gestiegen.

Didaktischer Hinweis

Zu a) Schüler haben häufig Schwierigkeiten zu erkennen, dass das BIP nur die Endprodukte ohne Vorprodukte zusammenzählt. In ▶ Abschn. 15.1 steht diesbezüglich, dass es sich um alle Güter abzüglich der Vorleistungen handelt. In Aufgabe 1 e) wird die Rechnung erneut aufgegriffen.

Didaktischer Hinweis

Zu e) In dieser Aufgabe werden die 100 und 210 Euro häufig unterschiedlich miteinander verrechnet, weil Schüler oft Schwierigkeiten damit haben, den Transfer zur Definition aus Aufgabe 1 a) herzustellen.

? **Aufgabe 2**

Wie können Sie am BIP erkennen, ob mehr Waren und Dienstleistungen hergestellt worden sind oder ob es einfach nur durch Preissteigerungen im Wert gestiegen ist?

✓ **Lösung**

Das BIP kann allein aufgrund von Preissteigerungen wachsen, obwohl lediglich dieselbe Gütermenge hergestellt worden ist. Deshalb müssen die Preissteigerungen (Inflationsrate) herausgerechnet werden, damit die reine Mengenveränderung des Stapels sichtbar wird (Rogall 2006, S. 191). Denn wenn der Güterstapel nur aufgrund von Preissteigerungen nominal größer geworden ist, liegt kein Wirtschaftswachstum vor (Neubäumer und Hewel 2001, S. 419) (siehe ▶ Abschn. 15.1.1).

15.1.1 Nominales und reales BIP

Didaktischer Hinweis

Die einleitende Fragestellung, inwieweit eine Volkswirtschaft mit einem um 700 Mrd. Euro höheren BIP besser dasteht, fördert beispielsweise die folgenden Überlegungen zu Tage: „Ich denke, dass die Arbeitslosenquote gesunken ist und deshalb mehr Waren und Dienstleistungen hergestellt worden sind. Ob allerdings wirklich mehr Güter hergestellt worden sind, kann ich nur anhand des realen BIPs feststellen." Oder: „Aus ökologischer Sicht kann es schlechter sein, weil durch die Güterproduktion die Umwelt belastet werden kann." Oder: „Ich denke, man kann es nicht genau sagen, weil wir nicht wissen, ob es sich um das nominale oder reale BIP handelt." Oder: „Man sollte sich das reale BIP anschauen, wenn man etwas über die wirtschaftliche Lage aussagen möchte, weil dabei die Preisveränderungen (Inflation/ Deflation) herausgerechnet werden."

Didaktischer Hinweis

Schüler haben große Schwierigkeiten eine Deflation zu verstehen. Deshalb sollte man sich bei der Unterscheidung von nominalem und realem BIP allein auf die Auswirkung der Inflationsrate konzentrieren.

15

❓ Aufgabe 3

In einer Volkswirtschaft wird in zwei aufeinander folgenden Jahren nur ein Liter Milch hergestellt, dessen Preis von 50 Cent auf 55 Cent steigt. Wie hoch ist die Preissteigerung in Euro und prozentual (Inflationsrate), das BIP inklusive der Preissteigerungen, das BIP, wenn die Preissteigerungen herausgerechnet werden sowie der prozentuale Anstieg des BIPs ohne Preissteigerungen? Bitte vervollständigen Sie die Tab. 15.1 (im Lehrbuch) und bitte beachten Sie, immer die Recheneinheit des Wertes anzugeben.

✅ Lösung

Siehe ◪ Abb. 15.1 und ◪ Tab. 15.1.

Didaktischer Hinweis

Die Tab. 15.1 bis 15.3 (im Lehrbuch) bauen aufeinander auf, da sie inhaltlich identisch sind und die Schüler an die sprachlich abstrakteren volkswirtschaftlichen Formulierungen heranführen sollen: „Aber wieso können wir das denn nicht so einfach sagen, dass jeder weiß, was gemeint ist?" Binnendifferenziert kann der Abstraktionsgrad sehr stark durch die folgenden Ergänzungen vereinfacht werden: Bitte notieren Sie in der vierten Zeile die Summe der Endprodukte zu den aktuellen Preisen (nominales BIP) und in der sechsten Zeile den Euro-Gegenwert dieser Güter, bewertet mit den Preisen des Basisjahres 2016 (reales BIP). Die Inflationsrate berechnen Sie bitte mit dem Dreisatz und beachten Sie, dass im Jahr 2016 die zweite, dritte und siebte Zeile leer bleiben, „weil keine Vorjahreswerte als Vergleich angegeben sind." Alternativ könnte Tab. 15.1 (im Lehrbuch) als Vorbereitung auf die beiden folgenden Tabellen gemeinsam gelöst werden.

◪ **Abb. 15.1** Lösung Aufgabe 3: Nominales und reales BIP. (Quelle: Foto: Fotolia, VectorShots. Grafik: Eigene Darstellung)

◘ **Tab. 15.1** Wirtschaftliche Kennzahlen in der Volkswirtschaft, die nur Milch produziert		
Kennzahl	**2016**	**2017**
Milchpreis je Liter	50 Cent	55 Cent
Preissteigerung in Euro		5 Cent
Inflationsrate in Prozent		10 %
Wert aller Güter (BIP) inklusive Preissteigerungen	50 Cent	55 Cent
Hergestellte Gütermenge	1 Liter Milch	1 Liter Milch
BIP ohne Preissteigerungen	50 Cent	50 Cent∗
Prozentualer BIP-Anstieg ohne Preissteigerungen		0 %

∗Hier können Sie erkennen, ob tatsächlich mehr Güter hergestellt worden sind oder ob lediglich die Preise angestiegen sind

Didaktischer Hinweis

Manchmal meinen Schüler, sie müssten die Inflationsrate mit der Formel des Warenkorbes aus ▶ Abschn. 11.1.3 berechnen, anstatt mit einem Dreisatz. Außerdem fragen Schüler häufig, was in dieser Aufgabe mit dem „Wert aller Güter (BIP)" gemeint ist. Für die Unterscheidung des nominalen und realen BIPs soll erkannt werden, dass lediglich auf die hergestellten Güter und die Preisveränderungen geschaut wird. Denn der Eurobetrag aller Güter (BIP) inklusive Preissteigerungen ist das sogenannte nominale BIP und das BIP ohne Preissteigerungen ist das reale BIP. Wissenschaftlich formuliert zeigt einem das nominale BIP den Gegenwert der Waren und Dienstleistungen zu Marktpreisen. Wenn Sie aber wissen möchten, ob tatsächlich mehr Güter hergestellt worden ist, dann rechnen Sie die Preissteigerungen heraus. In unserem Beispiel bleibt die Gütermenge unverändert bei einem Liter Milch, sodass beispielsweise keine zusätzlichen Arbeitskräfte benötigt werden.

15

? **Aufgabe 4**

Bitte vervollständigen Sie den folgenden Satz: Wenn das nominale BIP gestiegen ist, dann heißt das nicht automatisch, dass …

✔ **Lösung**

…, dass auch mehr produziert worden ist. Denn das BIP kann auch lediglich deshalb gestiegen sein, weil die Preise angestiegen sind, denn das BIP rechnet alle Waren und Dienstleistungen zu deren Marktpreisen zusammen. Deshalb sollte das reale BIP angeschaut werden, um zu sehen, ob mehr Güter hergestellt worden sind. „Real" bedeutet, dass die Preissteigerung (Inflationsrate) herausgerechnet wird, um die reine Mengenveränderung des Stapels zu beschreiben (Rogall 2006, S. 191). Denn wenn der

Güterstapel nur aufgrund von Preissteigerungen, also nominal wächst, dann liegt kein Wirtschaftswachstum vor (Neubäumer and Hewel 2001, S. 419) (siehe auch Reallohn und Realzins).

❓ Aufgabe 5

Angenommen, es wären 2017 zwei Liter Milch hergestellt worden, nachdem 2016 nur ein Liter Milch hergestellt worden ist. Wie verändern sich das nominale und das reale BIP, wenn der Milchpreis von 2016 auf 2017 von 50 Cent auf 55 Cent ansteigt? **a)** Vervollständigen Sie Tab. 15.2 (im Lehrbuch), die genauso aufgebaut ist wie Tab. 15.1 (im Lehrbuch). **b)** Bitte erklären Sie, was nominales BIP, reales BIP und reales Wirtschaftswachstum in Prozent bedeuten.

✅ Lösung

Siehe ◘ Tab. 15.2.

❓ Aufgabe 6

In einer Volkswirtschaft werden 2016 1000 Autos hergestellt, die jeweils 10 € kosten. Im Jahr 2017 steigt die Anzahl auf 1500 Autos und der Preis auf 20 €. Bitte vervollständigen Sie die Tab. 15.3 (im Lehrbuch).

✅ Lösung

Siehe ◘ Tab. 15.3.

◘ **Tab. 15.2** Wirtschaftliche Kennzahlen in der Volkswirtschaft, die nur Milch produziert. (Quelle: Eigene Darstellung)

Kennzahl	2016	2017
Milchpreis je Liter	50 Cent	55 Cent
Preissteigerung in Euro		5 Cent
Inflationsrate in Prozent		10 %
Nominales BIP (Endprodukte zu Marktpreisen)	50 Cent	1,10 Euro[a]
Hergestellte Gütermenge	1 Liter Milch	2 Liter Milch
Reales BIP in den Preisen von 2016 (Preissteigerungen werden herausgerechnet)	50 Cent	1 Euro[b]
Deshalb weiß man nun, ob mehr Waren hergestellt worden sind, es also reales Wirtschaftswachstum gegeben hat, oder ob nur die Preise gestiegen sind.		
Reales Wirtschaftswachstum in %		100 %[c]

[a] Hierbei handelt es sich um zwei Liter Milch in den Preisen von 2017
[b] Das sind zwei Liter Milch in den Preisen von 2016
[c] Es sind doppelt so viele Güter wie im Vorjahr hergestellt worden, errechnet mit den Preisen von 2016

◻ **Tab. 15.3**   Wirtschaftliche Kennzahlen in der Volkswirtschaft, die nur Autos produziert. (Quelle: Eigene Darstellung)

Kennzahl	2016	2017
Autopreis	10 Euro	20 Euro
Preissteigerung in Euro		10 Euro
Inflationsrate in Prozent		100 %
Nominales BIP (Endprodukte zu Marktpreisen)	10.000 Euro	30.000 Euro
Hergestellte Gütermenge	1000 Autos	1500 Autos
Reales BIP in den Preisen von 2016	10.000 Euro	15.000 Euro
Reales Wirtschaftswachstum in %		50 %

* Die Volkswirtschaft stellt jedes Jahr nur Autos her

❓ Aufgabe 7

Was denken Sie, aus welchem guten Grund nicht direkt die Güter gezählt und aufgelistet werden, anstatt zwischen nominalem und realen BIP zu unterscheiden?

✅ Lösung

Anhand einer Liste der unzähligen Waren und Dienstleistungen, die in einer Volkswirtschaft hergestellt werden, ist es schwierig, die Veränderungen zu erkennen.

15.1.2 Wieso macht man sich überhaupt die Mühe das BIP zu berechnen?

Für die Fragestellung von Nina kommt es darauf an, was untersucht werden soll. Werden beispielsweise die Wirtschaftskraft eines Landes und dessen Einfluss in der Welt angeschaut, dann befasst man sich vielleicht mit der absoluten Höhe des BIPs in Mrd. Euro. Steht hingegen ein Vergleich des Wohlstands verschiedener Länder im Vordergrund, dann ist möglicherweise das BIP pro Kopf ausgedrückt in Euro ein geeigneterer Indikator.

15

Didaktischer Hinweis

Mit der Vorstellung des BIPs als Güterstapel im Hinterkopf und mit dessen prozentualer Veränderung als Wirtschaftswachstum haben Schüler ein gewisses Grundverständnis, um Fragestellungen rund um das BIP zu erörtern, beispielsweise ob sich Steuersenkungen positiv auf das Bruttoinlandsprodukt und den Arbeitsmarkt auswirken. Zudem lernen die Schüler, das BIP einer Volkswirtschaft anzuschauen, um Wirtschaftskraft, Größe und Wohlstand (BIP pro Kopf) einschätzen zu können.

? Aufgabe 8

Wie hoch ist die Differenz des BIPs pro Kopf von Deutschland und Luxemburg im Vergleich?

✓ Lösung

Das BIP pro Kopf von Luxemburg ist 46.300 Euro höher als das deutsche BIP.

? Aufgabe 9

Bitte begründen Sie, für welches der beiden Länder ein Schuldenanstieg von 100 Mrd. € ein größeres Problem darstellt, indem Sie die zusätzliche Verschuldung mit dem BIP ins Verhältnis setzen.

✓ Lösung

Aufgrund der Höhe des BIPs könnte man argumentieren, dass Spanien größere Probleme mit der Rückzahlung zusätzlicher Schulden in Höhe von 100 Mrd. Euro hat, weil das spanische BIP mit 1080 Mrd. Euro viel geringer als das italienische BIP mit 1600 Mrd. Euro ist. Denn im Verhältnis zum BIP beträgt der Schuldenanstieg für Spanien 9,25 % und für Italien nur 6,25 % des BIPs. Wenn man sich eine Volkswirtschaft wie einen verschuldeten Arbeitnehmer vorstellt, dann ist das BIP quasi dessen Einkommen.

? Aufgabe 10

a) Wieso macht man sich überhaupt die Mühe, das BIP zu ermitteln? Worin besteht der Nutzen? b) Wann schaut man sich das BIP pro Kopf an und wann das gesamte BIP? c) Bitte unterscheiden Sie das nominale und reale BIP. d) Bitte erläutern Sie, aus welchen Gründen das BIP als Wohlstandsindikator ungeeignet sein könnte.

✓ Lösung

Zu a) Anhand der Entwicklung des BIPs kann man Rückschlüsse auf die wirtschaftliche Lage eines Landes ziehen, beispielsweise, ob es sich derzeit in einer Rezession befindet. Außerdem sind die Waren und Dienstleistungen der Gegenwert des Geldes. Daher ist das BIP eine wichtige Grundlage für geldpolitische Entscheidungen der EZB.

Darüber hinaus ist das BIP für politische Entscheidungen von Bedeutung, weil das BIP sozusagen das Einkommen eines Landes widerspiegelt und weil daran ein politischer Handlungsbedarf abgelesen werden kann. Beispiel: Ein sinkendes BIP nehmen Staaten häufig zum Anlass, die wirtschaftliche Lage durch zusätzliche Staatsausgaben zu unterstützen. Wenn das BIP steigt, dann steigen die Steuereinnahmen und der Staat kann eventuell Geld sparen und aufgelaufene Staatsschulden zurückzahlen oder zusätzliche Staatsausgaben tätigen. Weiterhin können anhand der Entwicklung des BIPs Rückschlüsse auf Entwicklungen des Arbeitsmarktes gezogen werden.

Zu b) Möchte man den Wohlstand verschiedener Länder anschauen, dann vergleicht man die Höhe des gesamten BIPs, also des realen Bruttoinlandsproduktes. Auch im Zusammenhang mit der Entwicklung der wirtschaftlichen Lage (Konjunktur) blickt man auf das gesamte BIP. Das BIP pro Kopf ist geeignet, wenn man ein großes und ein kleines Land miteinander vergleichen möchte, um zu erkennen, was der Einzelne durchschnittlich leistet. Wenn Sie beispielsweise sehen, dass das BIP pro Kopf von Luxemburg 46.300 Euro höher als das deutsche BIP pro Kopf ist, dann wissen Sie, dass die Bürger Luxemburgs im Durchschnitt einen höheren Wohlstand als in Deutschland haben.

Zu c) Das nominale BIP lässt Inflation und Deflation unberücksichtigt. Beim realen BIP werden die Preisveränderungen herausgerechnet. Die innerhalb eines Jahres verkauften Endprodukte zu Ladenpreisen heißen nominales BIP. Das Wirtschaftswachstum wird jedoch als Steigerung des realen bzw. preisbereinigten BIPs pro Jahr gemessen. Der Unterschied zwischen dem realen und nominalen BIP ist, dass bei dem realen BIP die Preissteigerungen herausgerechnet werden, damit man sehen kann, ob mehr oder weniger Waren und Dienstleistungen hergestellt worden sind (Rogall 2006, S. 191). Denn der Anstieg des nominalen BIPs kann auch einzig und allein auf Preissteigerungen (Inflation) zurückzuführen sein, sodass kein Wirtschaftswachstum vorliegt (Neubäumer and Hewel 2001, S. 419).

Zu d) Stark vereinfacht deutet ein hohes BIP auf eine hohe Beschäftigung und einen hohen Wohlstand hin. Allerdings ist das BIP als Wohlstandsindikator umstritten, weil beispielsweise die Auswirkungen der Produktion auf die Umwelt oder die Arbeitsbedingungen nicht berücksichtigt werden. Beispiel: Eine höhere Produktion verursacht unter Umständen auch höhere CO_2-Emissionen oder die Umwelt wird eventuell stärker verschmutzt, wenn in dem Land geringere Umweltstandards in der Produktion festzustellen sind. Doch was hat die Umwelt mit dem Wohlstand zu tun? Die Auswirkungen der Umweltschäden verringern die Lebensqualität und eigentlich müssten diese negativen Effekte als Kosten in der Produktion berücksichtigt werden, indem die Kosten für deren Beseitigung auf das Produkt aufgeschlagen werden.

15.2 Brettspiel: Erspielen Sie das höchste Wirtschaftswachstum für Ihr Land

Spielvoraussetzung sind Kenntnisse zu EZB und Leitzinsen aus ▶ Abschn. 12.3. Rückfragen zu Ereignissen auf den Spielkarten können als Rechercheauftrag genutzt werden.

Didaktischer Hinweis

In dem Spiel ist die Entwicklung des BIPs vom Glück abhängig, deshalb steht der Aspekt des Gewinnens (eigentlich) auch eher im Hintergrund. Die Schüler spielen in Triaden und jede Gruppe benötigt einen Spielplan sowie die beiden Ereigniskarten-Sets. Außerdem sollte jeder Schüler die Spielregeln (15.2.1) sowie die Auswertung (15.2.2) bekommen. Das Spiel dauert ungefähr 20 bis 25 Minuten und jedem Schüler sollte eine Auswertungstabelle (Tab. 15.6 im Lehrbuch) zur Verfügung stehen. Das Ausschneiden der Spielkarten kann in Gruppen bis zu zehn Minuten dauern.

Wenn die Schüler andere als die in der Aufgabenstellung genannten Länder spielen möchten, dann muss darauf geachtet werden, ob es sich um Länder des Euroraumes handelt, die von der für den gesamten Währungsraum einheitlichen Geldpolitik der EZB betroffen sind. Binnendifferenziert könnte man den Schwierigkeitsgrad des Spiels derjenigen Schüler erhöhen, die beispielsweise Großbritannien spielen sollen. Denn für Länder außerhalb des Euroraumes stellt sich die Frage, wie sich die

Ereigniskarten und die Leitzinsentscheidungen der EZB auf deren BIP auswirken könnten. Im Falle der Leitzinsentscheidungen könnte mit einem veränderten Wechselkurs und sich verändernden Warenströmen argumentiert werden. Für Großbritannien müsste zudem berücksichtigt werden, dass das Land (Stand Ende 2018) am 29.03.2019 aus der EU ausgetreten ist. Im Umkehrschluss könnte man aus Vereinfachungsgründen vorgeben, dass nur Länder des Euroraumes gewählt werden dürfen.

Auch können die Schüler gebeten werden, sich eigene Spielkarten auszudenken. Die Veränderungen des BIPs im Euroraum fallen in diesem Spiel relativ hoch aus. Tatsächlich sind die Quartalsveränderungen im Euroraum in der Regel deutlich geringer, im Gegensatz beispielsweise zu Ländern mit höheren Wachstumsraten wie China. Auch wirken Leitzinsveränderungen erst zeitverzögert und nicht auf alle Länder in gleichem Maße. Außerdem wird im Spiel nicht zwischen nominalem und realem BIP unterschieden.

Alternativ kann der Spielplan auch auf einen Overheadprojektor gelegt werden, damit drei Klassenteams sich miteinander messen. Dafür liest ein Moderator die Kärtchen vor, damit jede Gruppe die Auswirkungen auf die konjunkturelle Lage diskutieren kann.

15.2.1 Die Spielregeln um das BIP quartalsweise zu ermitteln

❓ Aufgabe 11

Bitte erstellen Sie nach dem Vorbild von Tab. 15.6 (im Lehrbuch) eine Tabelle für acht Quartale und tragen Sie die drei Spieler mit den Ländern ihrer Wahl in die Tabelle ein oder beziehen Sie diese Tabelle im Downloadbereich auf ► http://www.springer.com/de/book/9783658079574. Das Spiel dauert zwei Jahre bzw. acht Quartale. Bitte rechnen Sie unbedingt jedes Quartal nach drei gespielten Monaten direkt zusammen. Denn jedes Quartal wird für sich allein betrachtet.

Didaktischer Hinweis

Die abgebildete Liste hat sich für das Sammeln der Daten bewährt. Man sollte vielleicht noch einmal den Aufbau und Ablauf erklären und gemeinsam ein Beispiel durchgehen, damit jeder weiß, wie einzutragen ist: Jeder Spieler ist nur für die Ereignisse eines Monats im Quartal zuständig. Der beginnende Schüler würfelt also immer den ersten Quartalsmonat. Es würfelt also nicht jeder Spieler für „seinen eigenen Januar". Das wird häufig missverstanden.

❓ Aufgabe 12

Spielbeginn: Beginnen Sie nun mit dem Spiel und versuchen Sie, mit Würfelglück das Abgleiten Ihres Landes in eine Rezession zu verhindern. Eine Rezession liegt per Definitionen dann vor, wenn das Wirtschaftswachstum in zwei aufeinander folgenden Quartalen negativ ist (Stocker 2014, S. 239). In einer Rezession schrumpft die Wirtschaft. Das bedeutet, dass weniger Waren und Dienstleistungen hergestellt werden, wodurch Arbeitsplätze verloren gehen. Bitte führen Sie eine Art Protokoll, in welchem Sie die Ereignisse und deren Auswirkungen auf das BIP notieren. Beispiel: Spieler 1: EZB-Zinserhöhung, die das BIP aller Länder des Eurowährungsgebietes um 0,25 % schrumpfen lässt. Spieler 2: Belgien muss die Staatsverschuldung verringern, das BIP sinkt um 0,2 % usw.

15.2.2 Auswertung des Spielgeschehens: Welche Faktoren das BIP beeinflussen

❓ Aufgabe 13

Bitte erstellen Sie anhand der Quartalswerte des BIPs ein Säulendiagramm für das Wirtschaftswachstum Ihres Landes. Tragen Sie dazu die Quartalswerte jeder Würfelrunde als Balken in das eigene Säulendiagramm ein. Bitte beachten Sie, dass jedes Quartal für sich genommen eingezeichnet wird und dass jede Säule wieder auf der Nulllinie beginnt.

Didaktischer Hinweis

Die Schüler vergessen es in der Regel, die Quartalswerte direkt in das Säulendiagramm aus Aufgabe 13 einzutragen. Deshalb sollte entweder noch einmal ausdrücklich darauf hingewiesen werden oder die Vorlage für das Diagramm wird mit der Auswertung 15.2.2 erst im Anschluss an das Spiel ausgeteilt, damit alle ihre Ergebnisse gleichzeitig eintragen können. Für das Säulendiagramm ist es wichtig, dass es sich um die Quartalswerte handelt, also jeweils um die Summe der Monatswerte.

❓ Aufgabe 14

a) In welchen Zeitabschnitten wird das BIP gemessen? b) Was stellen die einzelnen Säulen des Diagramms als realen Gegenwert dar? c) Wie ist eine Rezession definiert? d) Ist an den prozentualen Veränderungen des BIPs von Deutschland ab 2011 eine Rezession zu erkennen? e) Hat es in Ihrem Land während des Spiels eine Rezession gegeben?

✅ Lösung

Zu a) Das BIP wird quartalweise berechnet und in Quartalen und Jahren angegeben.
Zu b) Die Säulen verbildlichen die prozentuale Veränderung des BIPs, also wie viele Waren und Dienstleistungen zusätzlich oder weniger hergestellt worden sind.
Zu c) Eine Volkswirtschaft befindet sich in einer Rezession (Abschwung), wenn das Wirtschaftswachstum in mindestens zwei aufeinanderfolgenden Quartalen negativ oder gleich null Prozent ist. Man spricht auch davon, dass die Wirtschaft schrumpft, wenn weniger Waren und Dienstleistungen hergestellt werden. In der Literatur gibt es verschiedene Definitionen einer Rezession.
Zu d) Ja, im vierten Quartal 2012 und im ersten Quartal 2013.
Zu e) Häufig wird übersehen, dass auch im Falle des Nullwachstums eine Rezession vorliegt, wenn es sich über zwei Quartale erstreckt oder wenn Nullwachstum mit einem negativen Prozentwert in Verbindung auftritt.

Aufgabe 15

a) Nennen Sie stichwortartig die im Spiel genannten Faktoren, die das BIP beeinflussen. Bitte lesen Sie ggf. noch nicht gespielte Ereigniskarten oder nicht beschrittene Felder auf dem Spielplan. b) Erstellen Sie eine Tabelle, in welcher Sie die das BIP beeinflussenden Faktoren nennen und deren Auswirkung auf das BIP erklären.

Lösung

Siehe ◘ Tab. 15.4.

15.2.3 Spielanleitung für eine Person

Keine Aufgaben im Kapitel.

15.3 Was die wirtschaftliche Lage mit mir zu tun hat – die Konjunkturphasen

Aufgabe 16

An verschiedenen Hinweisen können Sie erkennen, in welcher wirtschaftlichen Phase Sie sich gerade befinden. Diese Hinweise bzw. Messgrößen der wirtschaftlichen Lage heißen Konjunkturindikatoren. Dazu zählen das Bruttoinlandsprodukt, die Arbeitslosenquote und die Stimmung der Unternehmen und die Konsumentenstimmung. Bitte schauen Sie sich den Cartoon an und beschreiben Sie in wenigen Worten, wie sich verschiedene wirtschaftliche Größen (Konjunkturindikatoren) in den einzelnen Wirtschaftsphasen verändern. Ordnen Sie Ihre Beobachtungen den folgenden Kriterien bzw. Konjunkturindikatoren zu. Bitte schreiben Sie in jedes Feld der Tabelle wenige beschreibende Worte. Der IFO-Geschäftsklimaindex wird unter Tab. 15.8 (im Lehrbuch) erläutert.

Lösung

Siehe ◘ Tab. 15.5.

Didaktischer Hinweis

Viele Schüler haben Schwierigkeiten mit dem Genus von **BIP** und **Wachstum**. Deshalb lohnt sich in manchen Klassen der Hinweis, dass es „das" Produkt heißt und deshalb auch das BIP und das Wachstum. Weiterhin fällt es Schülern schwer, in Worte zu fassen, was in den einzelnen Konjunkturphasen passiert. Deshalb könnte man die Schüler bitten, die Veränderungen durch Trendpfeile zu kennzeichnen. Beim Abgleich der Lösungen lernen die Schüler, wie man die Veränderungen der wirtschaftlichen Größen mit den passenden Worten beschreiben kann.

In der Regel stellt die **Inflationsrate** für Schüler die größte Herausforderung dar, weil sie häufig fälschlicherweise annehmen, dass Unternehmen die Preise im Abschwung erhöhen, um den Umsatz zu steigern. Daher empfiehlt es sich, die Aufgabe mit der Schokoladenfabrik aus Aufgabe 11.4 vorher zu behandeln.

◨ **Tab. 15.4**   Das BIP beeinflussende Faktoren. (Quelle: Eigene Darstellung)

Einflussfaktor	Auswirkung auf das BIP erklären
Konjunktur	Die wirtschaftliche Lage wird anhand der Veränderungen des BIPs in Konjunkturphasen eingeteilt.
Innovationen	Neue Technologien können einen Anstieg des BIPs bewirken.
Arbeitslosigkeit und Erwerbstätigkeit	Je mehr Leute erwerbstätig sind, desto mehr Waren und Dienstleistungen werden hergestellt und die Wirtschaft wächst.
Bevölkerungswachstum	Wenn die Zahl der Erwerbstätigen ansteigt, beispielsweise aufgrund von Zuwanderung oder Geburtenrate (wirkt zeitverzögert), dann wird auch mehr hergestellt (Neubäumer and Hewel 2001, S. 382).
Steuern	Veränderte Einkommens- oder Mehrwertsteuern können sich beispielsweise auf den Konsum der privaten Haushalte auswirken.
Staatseinnahmen Staatsausgaben	Staatseinnahmen können genutzt werden, um Investitionen zu tätigen und die staatliche Nachfrage zu erhöhen.
Subventionen	Höhere Zuwendungen an die Unternehmen können ein steigendes BIP bewirken, weil aufgrund der Kohlesubventionen beispielsweise Kohle gefördert wird, die ansonsten nicht wettbewerbsfähig wäre.
Unternehmen	Die Schaffung neuer Arbeitsplätze erhöht die Erwerbstätigkeit. Die Verlagerung von Produktionsstätten verringert diese.
Lohnkosten	Höhere Lohnstückkosten im Inland verringern die Attraktivität des Standortes und verringern die Investitionsbereitschaft von Unternehmen.
EZB und Leitzinsen	Geschäftsbanken bezahlen den Leitzins für EZB-Kredite und sie geben eine verteuerte bzw. verbilligte Refinanzierung an die Kreditnehmer weiter.
Risikobereitschaft der Banken	Kreditklemme: Banken scheuen das Kreditrisiko, sodass Unternehmen das Geld für die Vorfinanzierung von Vorprodukten und für Investitionen fehlt.
Ausländische Konjunktur	Die wirtschaftliche Lage der Handelspartner beeinflusst die Nachfrage nach Exportprodukten der inländischen Wirtschaft. Der Preis für Rohstoffe wie Öl bildet sich auf den Rohstoffmärkten. Eine veränderte Nachfrage aus Ländern wie China oder Indien beeinflusst die Rohstoffpreise.
Ölpreis, Rohstoffmärkte	Ein steigender Ölpreis verringert das Geld, das den privaten Haushalten für Konsumzwecke zur Verfügung steht. Außerdem steigt die Inflationsrate, die in den Zinsentscheidungen der Zentralbank berücksichtigt wird.

Die Inhalte und Wechselwirkungen sind sehr stark vereinfacht dargestellt

15

Für manche Schüler ist es hilfreich, den Begriff **„Bruttoinlandsprodukt"** auf den grünen Hügel zu schreiben, den Bildern Sprechblasen hinzuzufügen oder eine Geschichte zu den Bildern schreiben zu lassen. Auch entdecken Schüler ganz unterschiedliche Dinge. Binnendifferenziert kann die Aufgabe vereinfacht werden, indem

◘ Tab. 15.5 Im Cartoon enthaltene Hinweise auf die Entwicklung wichtiger Konjunkturindikatoren. (Quelle: Eigene Darstellung)

Konjunktur-indikator	Aufschwung	Hochkon-junktur	Abschwung	Tiefstand
BIP	Das BIP steigt, die Wirtschaft wächst	Das BIP wächst am stärksten	Das BIP stagniert oder beginnt zu sinken, das Wachstum kann negative Prozentwerte annehmen	Das BIP sinkt, negatives Wirtschafts-wachstum
Arbeitslo-senquote	Sinkt	Sehr gering, Facharbeiter sind schwierig zu finden	Steigt	Sehr hoch
Konsumen-tenstim-mung	Gut	Sehr gut, optimistisch	Schlecht	Pessimistisch
Einzelhan-delsumsätze	Steigen	Die Umsätze sind am höchsten	Verschlechtern sich	Sinken weiter, bleiben niedrig
Inflations-rate	Könnte leicht ansteigen	Könnte stärker ansteigen	Könnte fallen (Disinfla-tion)	Könnte negativ sein (Deflation)
IFO-Geschäfts-klimaindex	Steigt	Steigt kräftig	Sinkt	Sinkt, verharrt auf geringem Niveau

man sich beispielsweise auf die Entwicklung von Arbeitslosigkeit, Konsumentenstimmung und BIP beschränkt. Beim BIP sollte man die absolute Höhe und das Wirtschaftswachstum ansprechen, also die prozentuale Veränderung des BIPs, welche auch negative Werte annehmen kann. Eine weitere Möglichkeit der Binnendifferenzierung finden Sie unterhalb der folgenden Lösungstabelle (vgl. ◘ Tab. 15.5).

Schüler fragen bei der **Arbeitslosenquote** im Aufschwung manchmal, ob gemeint sei, dass die Arbeitslosenquote „einen Aufschwung hat". Tatsächlich ist jedoch gemeint, dass die Anzahl der Arbeitslosen im Aufschwung sinkt und dementsprechend auch die Quote.

Manchmal erwarten Schüler, dass **Unternehmensstimmung** und **Konsumenten-stimmung** entgegengesetzt verlaufen. Jedoch ist es so, dass die Unternehmen von einer positiven Konsumentenstimmung profitieren.

Der **IFO-Geschäftsklimaindex** ist nach dem ifo-Institut benannt (Leibniz-Institut für Wirtschaftsforschung an der Universität München e. V.) und IFO wird wie UFO als Wort gelesen und nicht ausbuchstabiert.

Didaktischer Hinweis

Alternative Aufgabenstellung zu Aufgabe 16 a) Bitte benennen Sie die Bilddetails, die Sie in den einzelnen Phasen erkennen können. b) Mit welchen Konjunkturindikatoren aus Tab. 15.8 (im Lehrbuch) bringen Sie die jeweiligen Bilddetails in Verbindung? Alternativ könnten auch einzelne Konjunkturindikatoren angegeben werden.

In ◘ Tab. 15.6 sehen Sie eine von sicherlich vielen Zuordnungsmöglichkeiten zu den einzelnen Konjunkturphasen.

◘ **Tab. 15.6**　Die Konjunkturphasen mit den Konjunkturindikatoren. (Quelle: Eigene Darstellung)

Phase	Bildbeschreibung a)	Konjunkturindikator b)
Expansion	Er läuft den Berg hinauf.	Das BIP steigt, positives Wirtschaftswachstum.
	Er hat viel Geld in der Tasche.	Steigende Löhne und Gewinne.
	Er hat einen guten Job.	Die Arbeitslosenquote sinkt.
	Er pfeift ein Lied und ist gut gelaunt.	Die Konsumentenstimmung ist gut.
	Er ist ein geschäftiger Unternehmer.	IFO-Geschäftsklimaindex, ZEW-Index, Einkaufsmanagerindex und Auftragseingänge steigen.
	Er verdient mehr Geld und gibt mehr Geld aus.	Die Inflationsrate steigt.
Boom	Sie ist auf dem Gipfel angelangt.	Das BIP steigt, hohe Wachstumsraten.
	Sie wirft mit Geld um sich und achtet nicht auf die Preise.	Die Inflationsrate steigt.
	Sie hat viel eingekauft.	Die Einzelhandelsumsätze steigen.
	Sie sieht optimistisch und zufrieden aus.	Die Konsumentenstimmung ist gut.
	Sie ist eine erfolgreiche Unternehmerin.	IFO-Geschäftsklimaindex, ZEW-Index, Einkaufsmanagerindex und Auftragseingänge steigen weiter.
Rezession	Es geht wieder bergab.	Das BIP sinkt, negatives Wirtschaftswachstum.
	Das Portemonnaie ist leer.	Sinkende Löhne, Kurzarbeit, Arbeitslosigkeit.
	Er wirkt deprimiert.	Die Konsumentenstimmung ist schlecht.
	Er hat reduzierte Sachen gekauft.	Die Preise steigen nicht weiter, die Inflationsraten werden geringer (Disinflation). Gemeint ist das Preisniveau. Der Schlussverkauf ist nicht gemeint.
	Als Unternehmer könnte er weniger Aufträge haben.	IFO-Geschäftsklimaindex, ZEW-Index, Einkaufsmanagerindex und Auftragseingänge sinken.

15

(Fortsetzung)

◘ Tab. 15.6 (Fortsetzung)

Phase	Bildbeschreibung a)	Konjunkturindikator b)
Depression	Die Frau ist ganz unten.	Das BIP sinkt, negative Wachstumsraten, die Wirtschaft schrumpft.
	Sie ist vermutlich arbeitslos.	Die Arbeitslosigkeit steigt.
	Die Rechnungen stapeln sich zu ihren Füßen und sie hält eine Mahnung in der Hand.	Privatinsolvenzen und Unternehmensinsolvenzen nehmen zu.
	Sie sieht verzweifelt und ungepflegt aus.	Die Konsumentenstimmung ist sehr schlecht.
	Als Unternehmerin könnte Sie Insolvenz angemeldet haben.	IFO-Geschäftsklimaindex, ZEW-Index, Einkaufsmanagerindex und Auftragseingänge auf niedrigem Niveau.

* Wahrscheinlich haben Sie noch weitere oder ganz andere Details entdeckt

15.3.1 Konjunkturindikatoren zur Beurteilung der wirtschaftlichen Lage

❷ Aufgabe 17

a) Bitte sagen Sie mit zwei Worten, was der Begriff Konjunktur bedeutet. b) Wie heißen die typischen vier Konjunkturphasen? c) In welchen Zeiträumen wird das Bruttoinlandsprodukt gemessen? d) Was ist eine Rezession? e) Was ist ein Konjunkturindikator?

✔ Lösung

Zu a) Wirtschaftliche Lage.
Zu b) Expansion, Aufschwung/Boom, Hochkonjunktur/Rezession, Abschwung/Depression, Tiefstand.
Zu c) Quartal, Jahr.
Zu d) Ein negatives oder Nullwachstum in zwei aufeinanderfolgenden Quartalen ist eine häufig gebrauchte Definition. Sprich: In zwei aufeinander folgenden Quartalen ist das Wachstum beispielsweise 0 % und -0,2 % (Stocker 2014, S. 239).
Zu e) Eine Messgröße der wirtschaftlichen Lage. Beispiele: BIP, Arbeitslosenquote, Konsumentenstimmung.

❷ Aufgabe 18

Luisa hat einen Faible für Technik und deshalb bewirbt sie sich bei Maschinenbaufirmen. Allerdings hat sie gehört, dass sich die Branche derzeit in einer tiefen Rezession befindet … Wie dürfte sich die wirtschaftliche Lage der Branche auf die Berufschancen und das Einstiegsgehalt auswirken?

✔ Lösung

Für Louisa dürfte es schwierig sein in der Branche einen Job zu finden, weil in einer schlechten wirtschaftlichen Lage mit rückläufigen Umsätzen eher Leute entlassen werden. Außerdem dürfte das Einstiegsgehalt vergleichsweise geringer ausfallen als einer Expansion oder im Boom.

❓ Aufgabe 19

Welchen Sinn macht es für Sie persönlich, die gesamtwirtschaftliche Lage oder die Situation bestimmter Branchen zu kennen oder erkennen zu können?

✅ Lösung

Für einen Investor ist die konjunkturelle Lage von Bedeutung, weil dadurch Umsatz, Gewinn und auch der Kaufpreis der Firmenanteile beeinflusst werden. „Ich könnte in die Firma investieren, wenn es der Branche schlecht geht und auf eine Wertsteigerung in einer besseren wirtschaftlichen Lage hoffen." Beispiel: Sie kaufen Aktien (Firmenanteile) an der Börse. Als Mitarbeiter eines Unternehmens könnten aus der wirtschaftlichen Lage Rückschlüsse auf die Zukunft gezogen werden, beispielsweise was das Einstellen oder Entlassen von Mitarbeitern anbetrifft. Beispiel: Trotz Krankheit melden Sie sich nicht so schnell krank, weil Sie Angst um Ihren Job haben.

❓ Aufgabe 20

Kreativaufgabe: Schreiben Sie zu den Bildern eine kleine Geschichte, in der es um die Veränderungen in den Konjunkturphasen geht.

15.4 Konjunkturpuzzle aus Wirtschaftsnachrichten und Konjunkturindikatoren

❓ Aufgabe 21

Kopieren Sie Tab. 15.9 (im Lehrbuch) und schneiden Sie die nummerierten Puzzleteile aus. Ordnen Sie anschließend die Puzzleteile den passenden Messgrößen für die wirtschaftliche Lage und Wirtschaftsphasen zu. Alternativ können Sie die richtige Nummernfolge auch in die Blankotabelle in Tab. 15.10 (im Lehrbuch) eintragen (Kopiervorlage finden Sie auch zum Download auf der Website zum Buch: ▶ http://www.springer.com/de/book/9783658079574).

✅ Lösung ◘ Tab. 15.7

15

Didaktischer Hinweis

Man sollte die Schüler bitten, für das Aufkleben der Puzzleteile in die Leertabelle eine Schere und einen Klebestift mitzubringen. Zwischenergebnisse sichern Schüler häufig mit einem Handyfoto, wenn das Puzzle noch nicht besprochen worden ist. Oder es wird die Reihenfolge der Puzzle-Zahlen aufgeschrieben. Wenn die Lösung anhand einer Blankotabelle an die Tafel gemeinsam besprochen wird, dann diskutieren die Schüler ihre Ergebnisse, indem sie alle infrage kommenden Puzzle-Zahlen in den Feldern notieren und dann per Ausschlussverfahren vorgehen.Das Puzzle kann alternativ auch im Plenum oder zu zweit mit verdeckt liegenden Puzzleteilen gespielt werden. Dabei könnte abwechselnd angelegt, gemeinsam beraten und später auch revidiert werden, wenn später gezogene Karten besser passen. Alternativ könnten auch alle Puzzleteile einzelnen Personen einer Gruppe zugelost werden, die es dann in einem gemeinsamen Austausch hinbekommen müssen, die Lösungstabelle zu vervollständigen. Oder die Vertreter der sieben Konjunkturindikatoren sitzen im Kreis mit den vier Anfangskarten. Davon muss immer eine Karte weitergegeben werden und wer sein Quartett vollständig hat, kann aus der Runde ausscheiden. Dann müsste allerdings der Spielleiter kontrollieren, ob das Ergebnis stimmt und gegebenenfalls die falschen Kartennummern wieder ins Spiel geben.

Sobald die Schüler mit dem Ausschneiden beginnen, sind sie gewöhnlich zwanzig bis fünfundzwanzig Minuten in die Zuordnung vertieft. Währenddessen ist es sehr aufschlussreich, die unterschiedlichen Lösungsstrategien zu beobachten und eventuell später in Anlehnung an ein Assessment-Center zu thematisieren. Mithilfe der Nummerierung können die Lösungen sehr leicht im Vorübergehen oder später durch Vorlesen im Plenum verglichen werden.

Didaktischer Hinweis

Eine erfolgversprechende Strategie ist es, die Zuordnung der Puzzleteile zu den Konjunkturindikatoren mit einem Ausschlussverfahren zu beginnen. Auf diese Weise werden nicht ganz eindeutige Aussagen herausgefiltert und können gegeneinander abgegrenzt werden.

Erfahrungsgemäß verursachen die Konsumentenstimmung und die Preissteigerungen die meisten Schwierigkeiten. Das ist auch durchaus gewünscht, damit man angeregt ist, sich mit den Feinheiten zu beschäftigen: Die Aussagen zu Inflation und Deflation erkennt man an „teurer", „günstiger" und „Preisniveau". Die Konsumentenstimmung enthält überwiegend Gefühle wie: „optimistisch", „spendierfreudig", „pessimistisch" und „ängstlich". Als Vorbereitung für die Inflationsrate empfiehlt sich wiederum die Aufgabe 11.4 mit der Schokoladenfabrik, damit die Schüler eine Vorstellung von der Preispolitik im Konjunkturverlauf haben.

Die Antworten zu Geschäftsklimaindex und Löhnen enthalten meistens einen Stimmungsaspekt und eine Aussage zu den Löhnen, wobei im Abschwung zuerst die Lohnzusatzleistungen zurückgefahren werden und anschließend in der Depression die Löhne selbst gesenkt werden.

Manchmal finden die Schüler die Ich-Perspektive auch verwirrend. Dennoch erachte ich diese als sinnvoller, als die rein sachliche Beschreibung, weil Schüler die Konsumentenstimmung beispielsweise auch selbst spüren können.

15.5 Das magische Viereck zeichnen

Didaktische Hinweise

Die Aufgabe, die vier Ziele des Magischen Vierecks zu zeichnen, eignet sich für arbeitsteilige Gruppen mit vier Personen. Wichtig ist der Hinweis, dass die inhaltliche Bedeutung dargestellt werden soll, auch ohne Wortbausteine. Jedes Gruppenmitglied erhält einen kopierten Zettel mit einem der Ziele a) bis d), weshalb auch nur der erste Abschnitt als Aufgabenstellung vorgelesen werden soll.

⬛ **Tab. 15.7** Lösung: Typische Nachrichten im Konjunkturverlauf. (Quelle: Eigene Darstellung)

Konjunktur-indikator	Konjunkturphase			
	Aufschwung	Hochkonjunktur	Abschwung	Tiefstand
Auftragsein-gänge im verarbeiten-den Gewerbe	28. Industrieunter-nehmen haben spürbar mehr Aufträge.	23. Trotz vieler Überstunden werden die Aufträge kaum bewältigt.	18. Industrieauf-träge brechen erstmals ein und werden *teilweise* storniert.	13. Die Industrie hofft auf staatliche Aufträge und weitere Konjunkturpa-kete.
Geschäfts-klimaindex und Löhne	25. Arbeitgeber sind optimistisch und die Löhne steigen leicht an.	1. Rekordum-sätze ermög-lichen deutliche Lohnsteigerun-gen.	16. Arbeitgeber sind pessimistisch und streichen Lohnzusatzleis-tungen.	10. Gedrückte Stimmung im Betrieb, Löhne werden gekürzt.
Konsumen-tenstim-mung	5. Als Konsument bin ich optimis-tisch und tätige größere Anschaf-fungen auf Kredit.	4. Ich habe meine Spendier-hosen an und bin bereit, mehr zu bezahlen.	22. Mir wird die verschlechterte Lage bewusst, ich bin pessimistisch.	21. Aus Angst vor Arbeitslosig-keit kaufe ich nur das Nötigste.
Arbeitslo-senquote	8. Der Stellen-markt hat neue Jobangebote mit mehr Gehalt.	26. Spielend leicht finde ich einen neuen Job mit besserem Gehalt.	12. Befristete Arbeitsverhält-nisse werden nicht verlängert.	2. Es kommt zu Rationalisierung und Massenent-lassungen.
Aktienkurse	7. Konjunkturab-hängige Stahl und Öl-Aktien steigen im Wert.	11. Am Aktienmarkt kommt es täglich zu neuen Rekordständen.	19. Die Aktien-märkte brechen ein und die Zinsen fallen.	15. Aktienkurse bleiben niedrig, die Leitzinsen sind auf dem Tief.
Inflation	24. Mir fällt auf, dass Güter des täglichen Bedarfs teurer werden.	27. Alles wird deutlich teurer, aber ich achte nicht sonderlich auf die Preise.	20. Trotz eines kontinuierlichen Preisrückgangs, kaufe ich weniger ein (Disinflation).	14. Trotz eines sinkenden Preisniveaus verschiebe ich Konsumausga-ben in die Zukunft (Deflation).
Staat	17. Steigende Steuereinnahmen und geringere Kosten der Arbeitslosigkeit entlasten den Staatshaushalt.	3. Sprudelnde Steuereinnah-men werden für höhere Transferzahlun-gen verwendet.	6. Der Staat legt teure Konjunktur-programme auf, die die Staats-schulden ansteigen lassen.	9. Aufgrund ausufernder Staatsschulden werden Renten und Sozialleis-tungen gekürzt.

15

Ich habe die Erfahrung gemacht, dass sich Schüler durch das Zeichnen inhaltlich viel intensiver mit den Zielen des Magischen Vierecks auseinandersetzen, als wenn sie die Sätze nur geschrieben vor sich sehen und Zielkonflikte erkennen sollen. Eine auf Schülerideen basierende Lösung sehen Sie in Abb. 15.3 (im Lehrbuch). Je stärker sich der Einzelne mit den Zielen beschäftigt, desto leichter fällt es, die Ziele zu erinnern und später die Zielkonflikte zu erkennen. Deshalb sollten die Gruppenmitglieder nach der Gruppenarbeit für jedes Ziel ein eigenes Bild zeichnen.

Als Vorbereitung auf die Aufgabe eignet sich die folgende Priming-Idee: „Für die folgenden Überlegungen benötigen wir eine gewisse Kreativität und Offenheit. Deshalb möchte ich Sie bitten, jetzt Stift und Papier zur Hand zu nehmen, um Ihre Gedanken darauf einzustimmen. Schreiben Sie nun bitte den Satz ‚Ich bin kreativ und ich habe viele phantasievolle Ideen' von rechts nach links mit auf dem Kopf stehenden Buchstaben."

Eigentlich gibt es in jeder Gruppe zumindest einzelne Schüler, die meinen, überhaupt nicht zeichnen zu können, und auch bei den einzelnen Zielen gibt es regelmäßig Widersprüche: „Wie soll ich das denn zeichnen?" Für mich als Lehrer ist in diesen Situationen die unverrückbare Zuversicht in das Funktionieren der Methode hilfreich, und dass ich es akzeptiere, wenn es jemand nicht machen möchte.

15.6 Zielharmonien und Konflikte im magischen Viereck sichtbar machen

15.6.1 Die Auswirkungen von Preissteigerungen auf Nominallohn und Reallohn

❓ Aufgabe 22

a) Bitte erklären Sie, was die Begriffe Nominallohn und Reallohn bedeuten. b) Welche Bedeutung hat diese Unterscheidung für Sie persönlich?

✅ Lösungen

Zu a) Der Nominallohn ist der Betrag, der auf Ihrer Lohnabrechnung und Ihrem Kontoauszug zu lesen ist. Der Reallohn hingegen beschreibt die Kaufkraft Ihres Lohnes unter Berücksichtigung der Preissteigerungen (Inflation) (Burda und Wyplosz 2009, S. 136). Beispiel: Sie verdienen in fünf aufeinander folgenden Jahren jedes Jahr 100.000 Euro (Nominallohn). Dann können Sie sich trotzdem in jedem Folgejahr immer weniger für diesen Nominallohn kaufen, weil die Kaufkraft aufgrund der allgemeinen Preissteigerungen gesunken ist. Eine jährliche Inflationsrate von 2 % können Sie sich so vorstellen, dass die Preise Ihres Supermarktes durchschnittlich um ebendiese 2 % gestiegen sind, sodass Sie sich weniger von Ihrem Lohn kaufen können (siehe auch: Didaktischer Hinweis am Anfang dieses Kapitels).

Zu b) Der Reallohn sagt etwas darüber aus, was Sie persönlich sich tatsächlich für Ihren Lohn kaufen können. Beispiel: Wenn ich jedes Jahr 100.000 Euro verdiene, dann kann ich aufgrund der Inflationsrate jedes Jahr weniger dafür kaufen.

◘ **Tab. 15.8** Vereinfachte schematische Darstellung der Wirkungszusammenhänge. (Quelle: Eigene Darstellung nach Burda und Wyplosz 2009, S. 364 ff.)

	Ziel	Veränderung	Ziel	Veränderungen
Phillips-Kurve	Inflation	steigt	Arbeitslosenquote	a) sinkt
	Inflation	sinkt	Arbeitslosenquote	b) steigt
Okunsches Gesetz	Wachstum	steigt	Arbeitslosenquote	c) sinkt
	Wachstum	sinkt	Arbeitslosenquote	d) steigt
Aggregierte Angebotskurve	Wachstum	steigt	Inflation	e) steigt
	Wachstum	sinkt	Inflation	f) sinkt

◘ **Abb. 15.2** Lösung Aufgabe 25: Gesetz von Okun. (Quelle: Burda und Wyplosz 2009, S. 368)

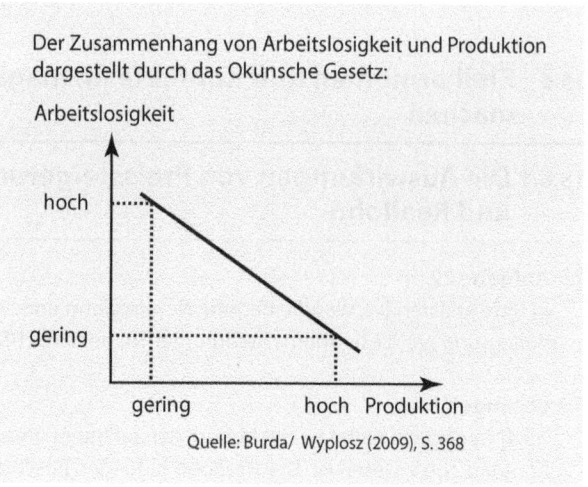

Der Zusammenhang von Arbeitslosigkeit und Produktion dargestellt durch das Okunsche Gesetz:

Quelle: Burda/ Wyplosz (2009), S. 368

15

15.6.2 Wie sich die Ziele des magischen Vierecks gegenseitig beeinflussen

❓ **Aufgabe 23**

a) Bitte beschreiben Sie, was der Ökonom Phillips herausgefunden hat. b) Bitte erläutern Sie die Abbildung der Phillips-Kurve, indem Sie die Aussage der Punkte A und B erklären. c) Welchen Zielkonflikt, man spricht auch von einem Trade-off, haben demnach Politiker, die sowohl die Arbeitslosigkeit als auch die Inflation bekämpfen wollen?

✅ Lösung

Zu a) Phillips erkannte einen umgekehrten Zusammenhang zwischen Inflationsrate und Arbeitslosigkeit. Er konnte belegen, dass die Arbeitslosigkeit sinkt, wenn die Inflation steigt, und dass eine sinkende Inflation mit einer steigenden Arbeitslosigkeit korreliert.

Zu b) Eine geringe Arbeitslosigkeit wie in Punkt A geht mit einer hohen Inflationsrate einher. Ist hingegen eine geringe Inflationsrate zu verzeichnen wie in Punkt B, dann ist mit einer höheren Arbeitslosigkeit zu rechnen.

Zu c) Politische Entscheidungsträger, die sowohl Arbeitslosigkeit als auch Inflation verhindern wollten, hätten demnach einen Zielkonflikt. Denn eine geringere Arbeitslosigkeit ginge mit einer höheren Inflationsrate einher und eine geringere Inflationsrate mit einer höheren Arbeitslosigkeit. Dieses Dilemma ist auch als Phillips-Trade-off bekannt (Burda und Wyplosz 2009, S. 366), weil sich die Entscheidungsträger zwischen zwei Übeln entscheiden müssten.

15.6.3 Die Beziehung zwischen Wirtschaftswachstum und Arbeitslosigkeit

❓ Aufgabe 24

a) Was bedeuten die Begriffe Inflation und Wirtschaftswachstum? **b)** Bitte vervollständigen Sie Tab. 15.11 (im Lehrbuch), indem Sie beschreiben, wie sich die gesamtwirtschaftlichen Ziele gegenseitig beeinflussen, wenn man die Gültigkeit der oben genannten Theorien annimmt. Bitte tragen Sie dazu unter Veränderungen ein, ob Arbeitslosigkeit und Inflation steigen oder sinken, wenn Wachstum bzw. Inflation sich verändern.

✅ Lösung

Zu a) Wirtschaftswachstum meint den prozentualen Anstieg des BIPs, also, dass mehr Waren und Dienstleistungen als im Vorjahr hergestellt werden. Der Durchschnitt der Preise aller Waren und Dienstleistungen heißt Preisniveau und dessen Anstieg über einen längeren Zeitraum wird Inflation genannt. Stark vereinfacht sind mit Inflation Preissteigerungen gemeint.

Zu b) Siehe ◘ Tab. 15.8.

❓ Aufgabe 25

Bitte zeichnen Sie eine Gerade in ein Koordinatensystem, die das Gesetz von Okun bildlich darstellt.

✅ Lösung

Siehe ◘ Abb. 15.2.

❓ Aufgabe 26

a) Aus welchem guten Grund wird von einem „magischen" Viereck gesprochen? **b)** Was ist ein Zielkonflikt (Trade-off)? **c)** Wie können Vollbeschäftigung und Preisniveaustabilität definiert werden?

✅ **Lösung**

Zu a) Die vier Ziele des magischen Vierecks beeinflussen sich gegenseitig und weil es unmöglich ist, alle vier gleichzeitig zu erreichen, heißt es magisch (Baßeler et al. 2006, S. 8).

Zu b) Zielkonflikt meint, dass wirtschaftliche Ziele in einem Widerspruch zueinander stehen, und Zielharmonie sagt aus, dass Ziele miteinander vereinbar sind (Reip und Ulshöfer 1978, S. 37). Häufig werden Preisstabilität und Vollbeschäftigung (Phillips-Kurve) sowie Wachstum und Preisstabilität (Okunsches Gesetz) als miteinander konkurrierende Ziele angesehen (Baßeler et al. 2006, S. 8). Damit ist gemeint, dass eine höhere Beschäftigung oder ein höheres Wachstum mit einem Anstieg des Preisniveaus einhergeht, sodass die Preisstabilität verfehlt wird (Baßeler et al. 2006, S. 542). Allerdings ist es entscheidend von der wirtschaftlichen Lage abhängig, ob sich diese gesamtwirtschaftlichen Ziele tatsächlich in der oben beschriebenen Weise zueinander verhalten. Außerdem sind die Beziehungen nicht für alle Zeit gültig (Baßeler et al. 2006, S. 8). Für den Unterschied zwischen Preisstabilität und Preisniveaustabilität: Siehe Glossar im Lehrbuch Kreative Volkswirtschaftslehre.

Zu c) Vollbeschäftigung und Preisniveaustabilität werden in der wissenschaftlichen Literatur unterschiedlich definiert. Wagenblaß (2008) definiert Vollbeschäftigung als Arbeitslosenquote von ungefähr 3 % (Wagenblaß 2008, S. 22). Mit der Einführung des Stabilitätsgesetzes hatte die deutsche Bundesregierung Preisniveaustabilität als jährliche Inflationsrate von einem Prozentpunkt definiert (Neubäumer and Hewel 2001, S. 417). Die Europäische Zentralbank hingegen, die für die Geldwertstabilität des Euro zuständig ist, definiert Preisstabilität als eine jährliche Inflationsrate von knapp unter zwei Prozent (Baßeler et al. 2006, S. 537).

15.6.4 Das magische Viereck als Papiermodell

Didaktischer Hinweis

Das magische Viereck als Papiermodell (► Abschn. 15.6.4) und Bewegungsexperiment (► Abschn. 15.6.5) sind inhaltlich identisch, jedoch methodisch unterschiedlich. Als Vorbereitung sind das BIP als höchster Berg Deutschlands (► Abschn. 15.1) sowie das Zeichnen des magischen Vierecks (► Abschn. 15.5) empfehlenswert.

Das Papiermodell können Sie auch durch Falten eines DIN-A4-Blattes selbst erstellen oder die Kopiervorlage im Downloadbereich nutzen.

15

❓ **Aufgabe 27**

Bitte argumentieren Sie, wie die folgenden Ereignisse die einzelnen Ziele beeinflussen und geben Sie zu jedem Fall eine schriftliche Erklärung an: **a)** Die deutsche Wirtschaft wächst kräftig aufgrund einer höheren Nachfrage der privaten Haushalte und des Auslandes. **b)** Die Arbeitslosigkeit sinkt deutlich und nähert sich der Vollbeschäftigung an (Issing 2011, S. 227). **c)** Nach Beendigung eines Embargos importiert ein ausländischer Staat wieder mehr Waren aus Deutschland. **d)** Die Verbraucherpreise sinken seit einigen Quartalen stets um 0,4 bis 1,2 % im Jahresvergleich.

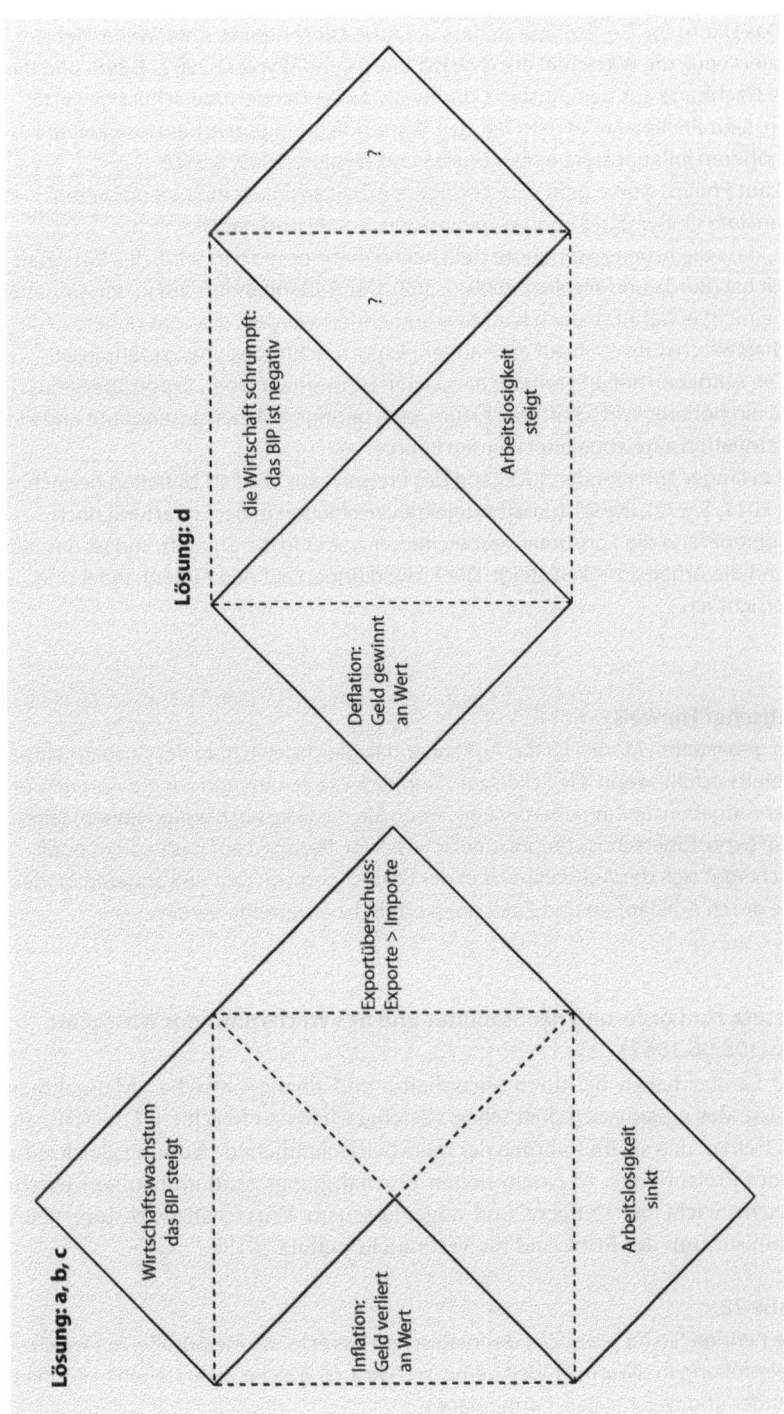

□ **Abb. 15.3** Lösung Aufgabe 27: Das magische Viereck als Papiermodell. (Quelle: Eigene Darstellung)

✅ **Lösung**

Siehe ◘ Abb. 15.3.

Zu a) Das Okunsche Gesetz besagt, dass die Arbeitslosenquote sinkt, wenn mehr produziert wird, die Wirtschaft also wächst (Burda und Wyplosz 2009, S. 368) und die höhere Nachfrage aus dem Ausland könnte als Außenhandelsüberschuss gewertet werden. Laut Phillips-Kurve geht die zu erwartende geringere Arbeitslosigkeit mit einer höheren Inflationsrate einher (Burda und Wyplosz 2009, S. 366).

Zu b) Laut Phillips-Kurve geht eine geringere Arbeitslosigkeit mit einer höheren Inflationsrate einher (Burda und Wyplosz 2009, S. 366) und das Okunsches Gesetz besagt, dass die Arbeitslosenquote sinkt, wenn mehr produziert wird, die Wirtschaft also wächst (Burda und Wyplosz 2009, S. 368). Der Außenhandel wird in der Aufgabenstellung nicht erwähnt. Jedoch könnte argumentiert werden, dass das höhere Wirtschaftswachstum auch auf eine höhere Exportnachfrage zurückzuführen ist.

Zu c) Die Aufgabenstellung enthält den zarten Hinweis auf einen Exportüberschuss, woraus ein höheres Wirtschaftswachstum, eine geringere Arbeitslosenquote und eine höhere Inflationsrate abgeleitet werden könnte.

Zu d) Ein länger anhaltender Rückgang des Preisniveaus wird als Deflation bezeichnet (Issing 2011, S. 272). Die Wirtschaftssubjekte verschieben in der Erwartung noch günstigerer Preise die Konsumausgaben immer weiter in die Zukunft, sodass das BIP sinkt und die Arbeitslosigkeit steigt. Die Auswirkungen auf den Außenhandel sind nicht ersichtlich.

Didaktischer Hinweis

In dem gebastelten Modell ist das Außenhandelsgleichgewicht in der Ausgangssituation bereits erfüllt, wenn alle Ecken zur Zimmerdecke zeigen und wir die Auswirkungen der Aufgabenstellung überdenken. Wenn Sie die Ecke nach außen (innen) falten, liegt ein Exportüberschuss (Importüberschuss) vor. Bezogen auf das Papiermodell unterscheidet sich der Außenhandel in der Darstellung von den drei anderen Modellen, die durch Aufklappen und Zuklappen erfüllt bzw. verfehlt werden.

15

■ **§ 1 Gesetz zur Förderung der Stabilität und des Wachstums der Wirtschaft (StabG) (08.06.1967)**

Bund und Länder haben bei ihren wirtschafts- und finanzpolitischen Maßnahmen die Erfordernisse des gesamtwirtschaftlichen Gleichgewichts zu beachten. Die Maßnahmen sind so zu treffen, daß sie im Rahmen der marktwirtschaftlichen Ordnung gleichzeitig zur Stabilität des Preisniveaus, zu einem hohen Beschäftigungsstand und außenwirtschaftlichem Gleichgewicht bei stetigem und angemessenem Wirtschaftswachstum beitragen (Bundesministerium der Justiz und für Verbraucherschutz 2019).

❓ **Aufgabe 28**

a) Bitte nennen Sie für jedes Ziel des magischen Vierecks die Messgröße, mit welcher die Zielerfüllung in diesem Modell gemessen wird. b) Welche Ziele stehen in Konflikt zueinander und welche Ziele harmonieren?

✅ Lösung

Zu a)

- Stetiges und angemessenes Wirtschaftswachstum – Veränderungen des BIPs
- Stabiles Preisniveau – Veränderungen des Verbraucherpreisindex HVPI
- Hoher Beschäftigungsstand – Veränderung der Arbeitslosenquote
- Außenhandelsgleichgewicht – Ob ein Exportüberschuss oder ein Importüberschuss vorliegt

Zu b) Zielharmonie meint, dass gesamtwirtschaftliche Ziele miteinander vereinbar sind und nicht in einem Widerspruch zueinander stehen (Reip und Ulshöfer 1978, S. 37). Ein Beispiel für eine Zielharmonie ist das Okunsche Gesetz, das besagt, dass die Arbeitslosenquote sinkt, wenn mehr produziert wird und die Wirtschaft also wächst (Burda und Wyplosz 2009, S. 368). Ein verlangsamtes Wirtschaftswachstum, also eine verringerte Produktion, hat im Umkehrschluss eine höhere Arbeitslosigkeit zur Folge.

Ein Zielkonflikt (Trade-off) liegt vor, wenn wirtschaftliche Ziele im Widerspruch zueinander stehen (Reip und Ulshöfer 1978, S. 37). Ein bekanntes Beispiel ist der sogenannte Phillips-Trade-off, der das Dilemma der Politik beschreibt, dass entweder die Arbeitslosigkeit gesenkt werden kann, unter Inkaufnahme einer höheren Inflationsrate, oder eine geringere Inflationsrate unter Inkaufnahme einer höheren Arbeitslosigkeit (Burda und Wyplosz 2009, S. 366).

15.6.5 Sie bewegen sich im magischen Viereck

Didaktischer Hinweis

Sowohl die Variante mit einem Stellvertreter oder der Aufteilung des gesamten Plenums als auch die Variante der Vierergruppen bringen Bewegung ins Plenum und das „sichtbare" Ergebnis bleibt gewöhnlich besser in Erinnerung.

Unter dem Aspekt einer Binnendifferenzierung ist die Rolle der Preisniveaustabilität häufig die schwierigste Herausforderung, da erkannt werden muss, dass ein höheres Wirtschaftswachstum und eine höhere Beschäftigung sich negativ auf die Preisniveaustabilität auswirken. Im Plenum ist es mitunter interessant, die Argumentation der Schüler zu verfolgen: „Ich bin der Meinung, die Preisniveaustabilität sollte sich hinstellen." Oder: „Kannst du als Außenhandel mal die Arme heben, während sich das Wachstum und die Arbeitslosigkeit hinsetzen?"

Häufig wird der Sinn des Ziels eines ausgeglichenen Außenhandels in Frage gestellt, weil Deutschland dieses Ziel offensichtlich permanent aufgrund von Exportüberschüssen verfehlt, jedoch offensichtlich davon profitiert. Hier bietet sich eine Internetrecherche mit den Schlagworten „Deutschland", „EU-Kommission" und „Export" an.

❓ Aufgabe 29

Bitte reagieren Sie in Ihren Rollen nun auf die folgenden wirtschaftlichen Ereignisse. Bitte beginnen Sie damit, dass alle vier Rollenspieler stehen: **a)** Die deutsche Wirtschaft wächst kräftig aufgrund einer höheren Nachfrage der privaten Haushalte und des Auslandes. **b)** Nach Beendigung eines Embargos importiert ein ausländischer Staat wieder mehr Waren aus Deutschland. **c)** Die Arbeitslosigkeit sinkt deutlich und nähert sich der Vollbeschäftigung an. **d)** Die Verbraucherpreise sinken seit einigen Quartalen stets um 0,4 bis 1,2 % im Jahresvergleich.

✅ **Lösung**

Zu a) Wirtschaftswachstum und Beschäftigung heben die Arme. Die höhere Nachfrage aus dem Ausland könnte als Außenhandelsüberschuss gewertet werden, sodass das Außenhandelsgleichgewicht verfehlt wird. Der Rollenspieler des Außenhandels setzt sich hin und auch das Ziel der Preisniveaustabilität wird verfehlt.

Zu b) Die Aufgabenstellung enthält den zarten Hinweis auf einen Exportüberschuss, woraus ein höheres Wirtschaftswachstum, eine geringere Arbeitslosenquote und eine höhere Inflationsrate abgeleitet werden könnte. Das Außenhandelsgleichgewicht wird verfehlt (setzt sich hin), Preisniveaustabilität könnte ebenfalls verfehlt werden (setzt sich hin), Wirtschaftswachstum und Beschäftigung werden erreicht und heben die Arme.

Zu c) Identische Lösung wie a).

Zu d) Deflation bedeutet, dass das Ziel der Preisniveaustabilität verfehlt wird (setzt sich hin), die Wirtschaft schrumpft, sodass das BIP negative Werte annimmt und sich das Wachstum ebenfalls hinsetzt. Die Beschäftigung sinkt und setzt sich hin. Da die Auswirkungen auf den Außenhandel nicht ersichtlich sind, nehmen wir ein Gleichgewicht an. Der Außenhandel bleibt stehen.

Didaktischer Hinweis

Da Papiermodell (▶ Abschn. 15.6.4) und Bewegungsexperiment (▶ Abschn. 15.6.5) inhaltlich identisch sind, enthält die Lösung der Aufgabe 27 die inhaltliche Begründung und Aufgabe 29 lediglich eine Beschreibung der Bewegungen der Rollenspieler.

Literatur

Baßeler, U., Jürgen, H., & Utecht, B. (2006). *Grundlagen und Probleme der Volkswirtschaft* (18. Aufl.). Stuttgart: Schäffer-Poeschel.

Blanchard, O., & Illing, G. (2009). *Makroökonomie*. München: Pearson Studium.

Bundesministerium der Justiz und für Verbraucherschutz. (2019). *Gesetz zur Förderung der Stabilität und des Wachstums der Wirtschaft*. http://www.gesetze-im-internet.de/stabg/. Zugegriffen am 24.04.19.

Burda, M., & Wyplosz, C. (2009). *Makroökonomie, Eine europäische Perspektive*. München: Vahlen.

Gischer, H., Herz, B., & Menkhoff, L. (2004). *Geld, Kredit und Banken, Eine Einführung*. Wiesbaden: Springer.

Hellmeyer, F. (2008). *Endlich Klartext*. München: FinanzBuch.

Issing, O. (2011). *Einführung in die Geldtheorie*. München: Vahlen.

Neubäumer, R., & Hewel, B. (2001). *Volkswirtschaftslehre, Grundlagen der Volkswirtschaftstheorie und Volkswirtschaftspolitik*. Wiesbaden: Betriebswirtschaftlicher.

Reip, H., & Ulshöfer, W. (1978). *Volkswirtschaftslehre in Problemen, Lehrbuch zur Einführung in die Volkswirtschaftslehre und zur Einübung ihrer Denktechnik*. Bad Homburg vor der Höhe, Berlin, Zürich: Gehlen.

Rogall, H. (2006). *Volkswirtschaftslehre für Sozialwissenschaftler, Eine Einführung*. Wiesbaden: GWV.

Stocker, F. (2014). *Moderne Volkswirtschaftslehre, Logik der Marktwirtschaft*. München: Oldenbourg.

Wagenblaß, H. (2008). *Volkswirtschaftslehre, öffentliche Finanzen und Wirtschaftspolitik*. Heidelberg: Verlagsgruppe Hüthig Jehle Rehm.

15

Die Finanzkrise von 2008 und eine Simulation der Kreditverkäufe an Investoren

© Springer Fachmedien Wiesbaden GmbH, ein Teil von Springer Nature 2020
J. Pfannmöller, *Kreative Volkswirtschaftslehre – Lösungen*,
https://doi.org/10.1007/978-3-658-26678-3_16

Aufgrund der Komplexität der Zusammenhänge werden verschiedene Fakten bewusst mehrfach genannt, um einprägsamer zu sein. Diese Musterlösung enthält teilweise zusätzliche Hintergrundinformationen.

16.1   Wie Sie als Bank Kredite vergeben und an Investoren verkaufen

❓ Aufgabe 1

a) Wie hoch ist die monatliche Kreditrate, die aus diesem aktuellen Leitzins resultiert (siehe Tab. 16.1 im Lehrbuch)? b) Was ist eine variable Verzinsung? c) Zeigen Sie, wie sich ein veränderter Leitzins auf die Höhe der monatlichen Kreditraten auswirkt, indem Sie die US-amerikanischen Leitzinsen von 2000 (6,5 %) und 2015 (0,25 %) zugrunde legen. Bitte schätzen Sie die ungefähre Kreditrate anhand von Tab. 16.1 (im Lehrbuch). d) Was ist das Problem eines variabel verzinsten Immobiliendarlehens?

✅ Lösung

Zu a) Die monatliche Kreditrate beläuft sich auf 1250 $, weil der Kreditnehmer drei Prozentpunkte mehr als den Leitzins bezahlen muss.

Zu b) Mit einer variablen Verzinsung ist gemeint, dass die monatlichen Kreditraten in regelmäßigen Abständen an das aktuelle Zinsniveau angepasst werden (Illing 2013, S. 16), im Gegensatz zu einer Zinsfestschreibung, bei welcher die monatlichen Kreditraten beispielsweise über zehn Jahre unverändert bleiben. Der Zinsanpassung liegt ein sogenannter Referenzzinssatz zugrunde, an welchen der Kreditzins angepasst wird. Hier ist es der aktuelle Leitzins.

Zu c) In unserer Simulation nehmen wir an, dass die Banken drei Prozentpunkte auf den Leitzins aufschlagen, sodass die Kreditzinsen dementsprechend 9,5 % und 3,25 % betragen hätten. Demzufolge wäre die Kreditrate für einen Nominalzins von 9,5 % ungefähr 1475 Dollar und für 3,25 % ungefähr 1162,50 Dollar, wenn wir annehmen, dass ein Viertelprozentpunkt laut Tab. 16.1 (im Lehrbuch) ungefähr 12,50 Dollar entspräche. Tatsächlich handelt es sich bei Immobilienkrediten um sogenannte Annuitätendarlehen, deren Zinsanteil mit der Tilgung der Restschuld allmählich sinkt. Deshalb entsprechen diese Überlegungen aus finanzmathematischer Sicht lediglich einer groben Schätzung.

Zu d) Steigen die Zinsen, dann steigen ebenfalls die Kreditraten. Für Kreditnehmer mit geringer Kreditwürdigkeit kann das bedeuten, dass sie ihre Immobilienkredite nicht mehr bezahlen können. Denn geringe Kreditwürdigkeit heißt auch, dass geringe oder gar keine finanziellen Reserven vorhanden sind.

16.2   Simulation von Kreditvergabe und Kreditverkäufen mit verteilten Rollen

16.2.1 Die Rollenkarten der Prime- und Subprime-Kreditnehmer

Keine Aufgaben im Kapitel.

16.2.2 Die Rollenkarte der Bankmanager

❓ Aufgabe 2

a) Was ist mit den Eigenkapitalvorschriften der Banken gemeint? b) Erklären Sie, wie Banken das Problem der begrenzten Kreditvergabemöglichkeit lösen. c) Was ist der Unterschied zwischen Kreditvergabe und Kreditverkauf? d) Bitte erklären Sie aus der Ich-Perspektive, wie Sie sich das Spielgeschehen aus Sicht der Bank vorstellen.

✅ Lösung

Zu a) Die Eigenkapitalvorschriften begrenzen die Möglichkeit der Kreditvergabe der Banken auf einen bestimmten Geldbetrag (Münchau 2008, S. 12). Dieses maximale Kreditvolumen ist von der Höhe des Eigenkapitals abhängig. Denn die Eigenkapitalvorschriften verlangen von jeder Geschäftsbank, mit jedem Kredit auch einen Anteil des eigenen, begrenzten Eigenkapitals der Bank zu verleihen. Die Planspiel-Bank hat 40.000 $ Eigenkapital und sie kann deshalb Kredite in Höhe von 500.000 $ vergeben, denn 40.000 $ gleich 8 %, 5000 $ gleich 1 %, 500.000 $ gleich 100 % als maximales Kreditvolumen. Das übrige, für die Kredite benötigte Geld leiht sich die Geschäftsbank hauptsächlich von der amerikanischen Zentralbank FED. Ohne die Eigenkapitalvorschriften könnten die Banken theoretisch unbegrenzt Kredite vergeben, indem sie Geld von der Zentralbank weiterverleihen. Der Kauf von Staatsanleihen mit AAA hat für die Bank gemäß den Auflagen der Bankenaufsicht übrigens ein Risiko von Null (Baseler Ausschuss für Bankenaufsicht 2004, S. 17). Folglich sind diese Staatsanleihen für Banken ein sehr attraktives Investment, weil kein Eigenkapital gebunden ist.

Zu b) Die Banken machen aus mehreren Immobilienkrediten ein Wertpapier, das Asset Backed Security (ABS) heißt. Nachdem dieses an einen Investor verkauft ist, verschwindet der Kredit aus der Bankbilanz und das gebundene Eigenkapital wird wieder frei für neue Bankgeschäfte und zusätzliche Immobilienkredite (Münchau 2008, S. 12). In Deutschland ist der Weiterverkauf von Krediten übrigens verboten (Abtretungsverbot nach § 399 (2. Art.) BGB).

Zu c) Kreditvergabe meint das Immobiliendarlehen, das einem Privatkunden für den Kauf einer Immobilie eingeräumt wird. Kreditverkauf heißt die Verbriefung von Krediten zu Wertpapieren, die an Investoren verkauft werden.

Zu d) „Als Bank kommen die Kunden zu mir und ich kann insgesamt 500.000 $ an Krediten vergeben. Wenn ich dieses Geld verliehen habe, kann ich keine weiteren Kredite vergeben. Deshalb gehe ich zur Pensionskasse und verkaufe die Kredite als Wertpapier an die Investoren weiter. Daraufhin bekomme ich meine 500.000 $ zurück, sodass ich erneut Kredite in ebendieser Höhe vergeben kann." Die Frage, warum Banken überhaupt ein Interesse daran haben, Subprimes Kredite zu gewähren, beantwortet Münchau damit, dass die Banken an immer weiter steigende Häuserpreise glaubten, sodass entweder die Subprime-Kreditnehmer den Kredit mit überhöhten Zinsen zurückzahlen oder die Bank das Haus versteigern kann (Münchau 2008, S. 133).

- **Technisches Detailwissen**

Die Organisation des Kreditverkaufs übernimmt eine sogenannte Investmentbank, die auf die Durchführung der Verbriefung und das Platzieren der Wertpapiere bei Investoren spezialisiert ist. Für die technische Abwicklung der Zahlungsströme wird eine außerbilanzielle Zweckgesellschaft gegründet, die als Vehikel dient, damit das Kreditrisiko, das mit Eigenkapital hinterlegt werden muss, nicht mehr in der Bankbilanz auftaucht (Bleser 2009, S. 27). Die Zweckgesellschaft kauft die Kredite und gibt festverzinsliche ABS-Wertpapiere (Bonds) heraus, die durch diese Kredite abgesichert sind (Münchau 2008, S. 91). Aus den Zinszahlungen und Tilgungen der Immobilienkredite werden nun die Zinszahlungen des festverzinslichen ABS gespeist. Ein festverzinsliches Wertpapier, auch Anleihe oder Bond genannt, zahlt regelmäßig einen bestimmten Zins und es wird am Ende der Laufzeit zurückgezahlt. Allerdings haben die ABS die Besonderheit, dass sie nicht an der Börse gehandelt werden, sondern nur im direkten Handel (Münchau 2008, S. 15).

In der Simulation bezahlt die Zweckgesellschaft den Kaufpreis von 500.000 Dollar an die Bank (Illing 2013, S. 17), denn die Bank verkauft die Kredite an die Zweckgesellschaft zu par, das heißt ohne durch den Verkauf eine Provision zu erzielen. Anders ausgedrückt: Ein 100-Dollar-Kredit der Bank gelangt auch als 100-Dollar-Kredit zu den Investoren. Beim Weiterverkauf des Kredites verdient die Bank also weder eine Provision noch wird ein Abschlag auf die Kreditsumme vorgenommen. Die Banken verdienen bei der Kreditvergabe eine Provision, die zusätzlich zu den Zins- und Tilgungsleistungen vom Kreditnehmer bezahlt wird. Nach dem Weiterverkauf „alter" Bestandskredite verdient die Bank also erneut Provisionen durch die Vergabe neuer Kredite. Außerdem kann die Bank eine zusätzliche Provision am sogenannten Servicing verdienen. So heißen die Weiterleitungen der Zahlungsströme der Kreditnehmer an die Zweckgesellschaft.

Eine Zweckgesellschaft hat weder eigene Räumlichkeiten noch Mitarbeiter und sie erfüllt einzig und allein den oben beschriebenen, eng eingegrenzten Unternehmenszweck (Bertl 2004, S. 8). Da die Zweckgesellschaft selbst über kein Eigenkapital verfügt (Illing 2013, S. 21), erhält sie von der Bank eine Kreditlinie (Illing 2013, S. 25), damit sie die Übernahme der Kredite bezahlen kann, bis sie das Geld durch den Verkauf von Wertpapieren zurückzahlen kann. Die Bank steht für die Verluste der Zweckgesellschaft gerade, obwohl sie nicht der Bank gehört (Münchau 2008, S. 25).

Die Laufzeit der verbrieften Wertpapiere beläuft sich auf nur wenige Monate bis Jahre, wohingegen die Immobilienkredite häufig eine Laufzeit von 30 Jahren haben. Deshalb muss die Zweckgesellschaft ständig neue festverzinsliche Wertpapiere verkaufen (Illing 2013, S. 19), wenn die Käufer „älterer", auslaufender Anleihen ihr Geld zurückbekommen.

16

16.2.3 Die Rollenkarte der Manager der Pensionskasse

❓ Aufgabe 3

Bitte erklären Sie aus der Ich-Perspektive, wie Sie sich das Spielgeschehen aus Sicht der Pensionskasse vorstellen.

✅ Lösung

„Als Manager des Pensionsfonds kaufe ich einfach verbriefte Wertpapiere von den Banken und notiere die Namen der in dem Wertpapier enthaltenen Kreditnehmer. Ich kaufe alles, was mir angeboten wird."

16.2.4 Beginn der Simulation

Keine Aufgaben im Kapitel.

16.2.5 Auswertung der Simulation

❓ Aufgabe 4

Bitte beantworten Sie die folgenden Fragen aufgrund von Infotext und Rollenerfahrungen: **a)** Welche Überlegungen bestimmen das Handeln der Kreditnehmer? **b)** Was haben Sie als Bank gemacht? **c)** Wie viele Kredite von Subprimes haben Sie als Manager des Pensionsfonds in Ihre Bücher genommen?

✅ Lösung

Zu a) Die Kreditnehmer glauben an weiter ansteigende Immobilienpreise, sodass die Wertsteigerung die Kreditkosten übersteigt. Wenn die Wertsteigerung die Kreditkosten übersteigt, dann hat sich die Immobilie von selbst finanziert.

„Als Suprime bekomme ich endlich eine gescheite Wohnung. Sollte ich aufgrund meiner beruflichen Situation Probleme mit der Finanzierung bekommen, dann verkaufe ich die Wohnung einfach wieder, vermutlich sogar mit Gewinn. Und wenn das nicht klappen sollte, dann steige ich einfach aus der Finanzierung aus, indem ich die Wohnungsschlüssel bei der Bank abgebe. Denn in den USA hafte ich nicht persönlich für den Immobilienkredit, sondern nur mit der Immobilie als Kreditsicherheit."

„Als Prime habe ich noch genug Geld zur Verfügung und ich kann die Immobilien jederzeit wiederverkaufen, falls sich meine berufliche Situation verändert oder ich aus irgendeinem anderen Grund Geld benötige. In der Zwischenzeit mache ich aufgrund der gestiegenen Immobilienpreise einen schönen Gewinn."

Zu b) „Als Bankmanager musste ich die Eigenkapitalvorschriften beachten. Deshalb habe ich immer Kredite für 500.000 Dollar gesammelt und dann weiterverkauft, um neue Kredite vergeben zu können. Die Kreditwürdigkeit der Kunden hat mich nicht interessiert, weil ich einfach nur möglichst viele Geschäfte machen wollte. Außerdem vertraue ich auf die Wertsteigerungen der Immobilien."

Zu c) „Ich habe mir gar keine Gedanken darüber gemacht, wer Prime oder Subprime ist, sondern einfach nur Asset Backed Securities angekauft."

Didaktischer Hinweis

Manchmal fragen die Rollenspieler der Banken, ob sie den Pensionskassen auch sagen sollen, ob es sich um Primes oder Subprimes handelt. Das sollen die Rollenspieler selbst untereinander ausmachen.

❓ Aufgabe 5

Bitten Sie die Manager der Pensionsfonds, die Namen der Subprime-Kreditnehmer zu nennen, von denen sie Immobilienkredite in ihren Büchern haben und berechnen Sie die Höhe des Subprime-Kreditvolumens in Euro. Falls Sie nicht wissen sollten, welche Kreditrisiken Sie eingegangen sind, bitten Sie die Subprime-Kreditnehmer, sich zu erkennen zu geben.

✅ Lösung

Der inhaltliche Aufbau der Simulation ist so konzipiert, dass die Manager der Pensions-fonds die Frage nach der Bonität der Kreditnehmer eigentlich nicht stellen. Tatsächlich haben die Investoren auf die Einschätzung der Ratingagenturen vertraut, welche bestimmte Kreditbündel mit der höchsten Sicherheitsstufe AAA versehen haben. In ▶ Abschn. 16.5 haben Sie als Mitarbeiter einer Ratingagentur die Möglichkeit, diese Verbriefung selbst durchzuführen, um das Zustandekommen der Bestnoten nachvoll-ziehen zu können.

❓ Aufgabe 6

a) Der Zweck der Simulation ist es zu erleben, was in den USA bis zum Ausbruch der sogenannten Subprime-Krise im Jahr 2007 geschehen ist: Bitte fassen Sie Ihr bisheri-ges Wissen über die Ereignisse, auf denen das Spielgeschehen basiert, kurz zusammen. **b)** Ausblick: Was dürfte passieren, wenn die Zentralbank die Leitzinsen von zwei auf fünf Prozent erhöhen muss, um einen Anstieg der Inflationsrate zu bekämpfen?

✅ Lösung

Zu a) Die aufgrund der Eigenkapitalvorschriften begrenzten Kreditvergabemöglichkei-ten haben die Banken umgangen, indem sie Immobilienkredite in Wertpapiere umgewandelt und an Investoren verkauft haben. So konnten die Banken immer neue Immobilienkredite vergeben, die aufgrund niedriger Zinsen sehr gefragt gewesen sind. Aufgrund der stetigen Nachfrage sind die Immobilienpreise immer weiter angestiegen, sodass eine Überbewertung die Folge gewesen ist, die man Immobilien-blase nennt.

Zu b) Steigende Leitzinsen erhöhen die monatlichen Kreditraten der variabel verzins-ten Immobiliendarlehen. Davon dürften die Kreditnehmer mit geringer Kreditwürdig-keit besonders stark betroffen sein, weil sie über keine ausreichenden Rücklagen verfügen, um monatlich mehr Geld für die Rückzahlung des Kredites aufzubringen.

16.3 Wie das Platzen der Immobilienblase zu Finanzkrise und Staatsschuldenkrise führt

16

❓ Aufgabe 7

a) Bitte nennen Sie die Gründe, weshalb die Immobilienpreise in den USA bis 2007 immer weiter ansteigen. **b)** Was stellen Sie sich unter einer „Immobilienblase" vor? **c)** Bitte erklären Sie, was damit gemeint ist, dass die Kredite sich quasi selbst finanzieren.

✅ Lösung

Zu a) Aufgrund der niedrigen Leitzinsen konnten Immobilien sehr günstig finanziert werden. Die Aussicht auf kontinuierliche Wertsteigerungen suggerierte den Marktteil-nehmern, dass sich mit Immobilien leicht Geld verdienen lässt. Außerdem schienen Immobilien eine vergleichsweise attraktive Geldanlage zu sein, da die Zinsen niedrig waren und Anlagealternativen fehlten. Obwohl die Banken nur über ein begrenztes Eigenkapital verfügen, konnten aufgrund des Weiterverkaufs der Immobilienkredite immer neue Kredite vergeben werden. Darüber hinaus setzte die US-amerikanische Regierung mit dem sogenannten Community Reinvestment Act (CRA) die Banken unter Druck, auch weniger wohlhabenden Schichten einen Immobilienkredit zu gewähren. Aufgrund einer Besonderheit des amerikanischen Kreditwesens haftet der Immobilienkäufer nicht persönlich für den Kredit, sondern nur mit der Immobilie, die als Sicherheit dient. Diese Gründe machten den Immobilienkauf besonders attraktiv. Als die Immobilienpreise fielen, gaben viele Kreditnehmer den Schlüssel bei der Bank ab, um aus der Finanzierung auszusteigen. Denn wenn der Immobilienwert geringer als die noch zu tilgende Restschuld ist, lohnt sich die Tilgung für den Kreditnehmer nicht mehr. Daraufhin müssen die Banken hohe Abschreibungen vornehmen (Illing 2013, S. 20).

Zu b) Damit ist eine spekulative Überbewertung der Immobilien gemeint, die daraus gespeist wird, dass an immer weiter ansteigende Immobilienpreise geglaubt wird. Spekulative Blasen können so lange Bestand haben, wie die Marktteilnehmer von einem weiteren Ansteigen der Preise ausgehen (Beer und Seitz 2007, S. 49). Ein bekanntes Beispiel für eine Blasenbildung ist die Spekulation mit Tulpenzwiebeln in den Niederlanden, als im siebzehnten Jahrhundert einzelne Tulpensorten genauso teuer waren wie ein Stadthaus in bester Lage in Amsterdam.

Zu c) Damit ist gemeint, dass die Wertsteigerungen einer Immobilie um ein Vielfaches höher sind, als notwendig wäre, um die Zinsen zu tilgen (Münchau 2008, S. 11).

❓ **Aufgabe 8**
a) Woher stammt das ganze Geld für die Immobilienkredite? b) Bitte zählen Sie die Gründe auf, aus denen die Banken die Kreditwürdigkeit der Kunden nicht so genau überprüft haben. c) Bitte beschreiben Sie, wie die Leitzinserhöhung zum Ausbruch der Subprime-Krise geführt hat.

✅ **Lösung**
Zu a) Das Geld für die Kredite haben die Banken durch den Verkauf von Wertpapieren am Kapitalmarkt aufgenommen. Zu den Geschädigten der Subprime-Krise gehören Banken, Versicherungen und Investoren wie Pensionsfonds. Durch die Verbriefung lagerten die minderwertigen Immobilienkredite auch in deutschen Geschäftsbanken (Illing 2013, S. 21) und deutschen Landesbanken, die sich aufgrund der Gewährträgerhaftung besonders günstig refinanzieren konnten.

Zu b) Die seit Jahren steigenden Immobilienpreise vermitteln den Banken ein Gefühl der Sicherheit, das Geld mit einer Zwangsversteigerung nahezu verlustfrei wiederzubekommen. Darüber hinaus haben die Banken seit Jahren nicht mehr die Erfahrung von Verlusten gemacht. Auch verkaufen die Banken die Kreditrisiken am Kapitalmarkt an Investoren, die dann für die eingegangenen Kreditrisiken geradestehen müssen. Die Frage, warum Banken überhaupt ein Interesse daran haben, Subprimes Kredite zu gewähren beantwortet Münchau damit, dass die Banken an immer weiter steigende Häuserpreise glaubten, sodass entweder die Subprime-Kreditnehmer den Kredit mit überhöhten Zinsen zurückzahlen oder die Banken das Haus versteigern können (Münchau 2008, S. 133).

Zu c) Ab 2004 setzte die Erhöhung der Leitzinsen eine Kettenreaktion in Gang, weil die Subprimes mit der Erhöhung der Leitzinsen ihren monatlichen Kreditverpflichtungen nicht mehr nachkommen konnten. Deshalb sind Immobilien in riesigem Ausmaße zwangsversteigert worden, wodurch sich das Angebot erhöhte. Gleichzeitig zogen die Banken die Bonitätsanforderungen für neue Kredite an, was einen Nachfragerückgang zur Folge hatte, der den Preisverfall am Immobilienmarkt noch verstärkte (Bleser 2009, S. 21).

16.4   Wie Sie als Investor das Risiko bzw. die Sicherheit von Geldanlagen einschätzen

? **Aufgabe 9**

a) Unter welchen Gesichtspunkten treffen Investoren die Entscheidung, in welche Geldanlagen sie investieren? b) Aus welchen Gründen haben die Pensionsfonds in verbriefte Immobilienkredite investiert?

✓ **Lösung**

Zu a) Investoren vergleichen das Verhältnis von Risiko und Ertrag. Für höhere Risiken wird eine höhere Rendite verlangt und im Falle von gleich riskanten Geldanlagen, wird diejenige mit der höheren Rendite bevorzugt.

Zu b) Deutsche Staatsanleihen und mit Immobilienkrediten besicherten ABS-Wertpapiere weisen im Falle eines Triple-A-Ratings augenscheinlich dieselbe Kreditsicherheit auf. Deshalb sehen die Kreditbündel für einen Pensionsfonds wie eine lohnende Geldanlage aus (Bleser 2009, S. 29), bei einer vergleichsweise geringfügig höheren Rendite. Tatsächlich handelte es sich bei den ABS-Wertpapieren, die auf Subprime-Krediten basierten, häufig um sogenannte Junk-Bonds, also um Schrottpapiere (Münchau 2008, S. 134), deren anscheinende Attraktivität lediglich auf Wasserfall und Rating zurückzuführen war.

? **Aufgabe 10**

a) Für welche Aufgaben werden Ratingagenturen im Zusammenhang mit der Verbriefung zu Wertpapieren bezahlt? b) Welche Bedeutung hat das Rating für den Verkauf verbriefter Wertpapiere? c) Beinhaltet die Struktur des Ratingprozesses Ihrer Meinung nach Gesichtspunkte, welche die Ratingqualität beeinträchtigen könnten?

✓ **Lösung**

Zu a) Die Ratingagenturen beraten die Banken, wie ein Kreditbündel mit Bestnote geschnürt werden kann. Anschließend bewerten die Ratingagenturen das so geschaffene festverzinsliche Wertpapier. Für beide Dienstleistungen werden Ratingagenturen bezahlt. In ▶ Abschn. 16.5 werden Sie sehen, dass die Beratung unter anderem darin besteht, aufzuzeigen, wie das Kreditbündel in drei Tranchen einzuteilen ist, sodass die Senior-Tranche ein Triple-A erreicht.

Zu b) Das Rating machte den Verkauf der verbrieften Wertpapiere erst möglich, weil der Investor ansonsten das Verhältnis von Risiko zu Ertrag nicht hätte abschätzen können. Außerdem hätte der Käufer keine Möglichkeit gehabt, die Renditen verschiedener Geldanlagen unter Risikogesichtspunkten zu vergleichen. An einem Vergleich der Ratings können Investoren erkennen, welche Geldanlage bezogen auf ein bestimmtes Risiko die vergleichsweise höchsten Zinsen verspricht.

Zu c) Zuerst werden die Ratingagenturen dafür bezahlt, den Investmentbanken zu sagen, wie das AAA-Rating erzielt werden kann. Anschließend erhalten die Ratingagenturen erneut Geld dafür, die Kreditwürdigkeitsstufe des so geschaffenen festverzinslichen Wertpapiers festzustellen. Aufgrund dieser wirtschaftlichen Abhängigkeit könnte ein Interessenkonflikt entstehen. Außerdem sind Ratingagenturen privatwirtschaftliche, gewinnorientierte Unternehmen, die desto mehr verdienen, je mehr Ratingprüfungen sie durchführen. Weiterhin sind die Bewertungskriterien nicht öffentlich bekannt, sodass die Rating-Einschätzung nicht nachvollzogen werden kann.

16.5 Als Mitarbeiter einer Ratingagentur stellen Sie Kreditpakete mit Bestnote zusammen

Dieses Kapitel versucht, die Frage zu beantworten, wie Ratings überhaupt zustande kommen und wie es sein kann, dass Wertpapiere mit Bestnoten plötzlich wertlos sind. Die Art und Weise, wie die Ratings genau zustande kommen, machen die Ratingagenturen nicht transparent (Dieckmann 2010, S. 101).

❓ Aufgabe 11

Bitte nennen Sie die beiden Dienstleistungen, die Sie als Mitarbeiter der Ratingagentur für die den Auftrag gebende Bank erledigen.

✅ Lösung

Als Mitarbeiter der Ratingagentur sollen Sie die Bank dahingehend beraten, dass ein möglichst großer Anteil einer Triple-A-bewerteten Senior-Tranche dabei herauskommt. Tatsächlich verdient die Ratingagentur selbst dann Geld, wenn ihre (Ihre) Ratings nichts taugen (Münchau 2008, S. 97).

❓ Aufgabe 12

a) Nehmen wir an, Sie kommen für das Kreditportfolio zu dem Ergebnis, dass es vier Gruppen mit unterschiedlichen Ausfallwahrscheinlichkeiten gibt (siehe Tab. 16.2 im Lehrbuch). Bitte berechnen Sie die Summe des statistisch erwarteten Verlusts, indem Sie die Tab. 16.2 (im Lehrbuch) vervollständigen. **b)** Entscheiden Sie nun, welchen Anteil des Kreditvolumens Sie der Senior-Tranche zuordnen wollen. Bitte beachten Sie: Je kleiner Sie den Senior-Anteil an dem Wasserfall wählen, desto besser ist deren Rating. Vereinfachend wollen wir annehmen, dass eine Senior-Tranche das zweitbeste Rating AA bekommt, wenn dessen Anteil 25 % der sicheren Rückzahlung beträgt. Die Bestnote AAA wird mit einem Anteil von 20 % am Kreditportfolio erreicht. Für welches Volumen der Senior-Tranche entscheiden Sie sich, um den Kundenauftrag zu erfüllen? Bitte runden Sie auf volle Millionenbeträge ab. **c)** Wir nehmen wiederum vereinfachend an, dass der Equity-Tranche der statistisch erwartete Verlust zugerechnet wird, zuzüglich eines Anteils von ebenfalls 20 % der als sicher erwarteten Rückzahlungssumme. Welches Volumen hat der Equity-Anteil, wenn Sie auf volle Millionenbeträge aufrunden? **d)** Welches Volumen hat die Mezzanine-Tranche?

✅ Lösung

Zu a) Siehe ◘ Tab. 16.1.

Zu b) Die sichere Rückzahlung beläuft sich auf 93,2 Mio. Dollar, wenn ein statistischer Verlust von 6,8 Mio. Dollar erwartet wird. Zwanzig Prozent dieser sicheren Rückzahlung sind 18,64 Mio. Dollar, abgerundet 18 Mio. Dollar als Senior.

Zu c) Der statistisch erwartete Verlust beträgt 6,8 Mio. Dollar. Als Sicherheitspuffer werden zwanzig Prozent des sicheren Portfolios hinzugerechnet, als 18,64 Mio. Dollar. Daraus resultiert eine Equity-Tranche in Höhe von 26 Mio. Dollar (aufgerundet).

Zu d) Mezzanine: 100 − 18 − 26 = 56 *Mio. Dollar.*

❓ Aufgabe 13

a) Bitte erläutern Sie, wieso das Rating der Senior-Tranche desto besser ist, je kleiner dessen Anteil am Kreditportfolio ist. **b)** Wieso kann der Herausgeber des Wertpapiers das Rating der Senior-Tranche selbst bestimmen?

✅ Lösung

Zu a) Die Triple-A-Bewertung ist davon abhängig, wie klein die sicherste Tranche sein muss, damit die Bestnote dafür vergeben werden kann.

Zu b) Für die Triple-A-Bewertung müssen Sie quasi schätzen, wie viele Milliarden Dollar von den verliehenen 100 Mrd. Dollar mit einer an Sicherheit grenzenden Wahrscheinlichkeit auf jeden Fall zurückgezahlt werden. *Beispiel*: Wenn Sie davon ausgehen, dass von 100 Mrd. Dollar auf jeden Fall 25 Mrd. Dollar mit an Sicherheit grenzender Wahrscheinlichkeit zurückgezahlt werden, dann teilen Sie diesen Teilbetrag der obersten Tranche mit der höchsten Kreditwürdigkeitsstufe Senior zu. Sollte es sich jedoch abzeichnen, dass die Senior-Tranche dennoch die Bestnote AAA verfehlt, dann verringern Sie einfach den Senior-Anteil im Verhältnis zu den anderen Tranchen soweit, bis eine für ein AAA ausreichende Übersicherung erreicht ist. Deshalb wird die Ratingagentur für die Beratung bezahlt, wie das Wertpapier am besten zusammenzustellen ist. In unserem Beispiel wird eine Tranche von 18 Mio. Dollar für ein AAA der oberen Tranche benötigt.

❓ Aufgabe 14

a) Was sind Wertpapiertranchen? **b)** Erklären Sie das Wasserfallprinzip. **c)** Bitte erklären Sie, wieso Equity die riskanteste Wertpapiertranche ist.

16

◘ **Tab. 16.1** Ausfallwahrscheinlichkeiten für verschiedene Anteile des Kreditportfolios. (Quelle: Eigene Darstellung)

Kreditvolumen	Ausfallwahrscheinlichkeit	Statistische erwarteter Verlust
10 Mio. US-Dollar	2 %	200.000 US-Dollar
20 Mio. US-Dollar	4 %	800.000 US-Dollar
30 Mio. US-Dollar	6 %	1800.000 US-Dollar
40 Mio. US-Dollar	10 %	4000.000 US-Dollar
Summe des statistisch erwarteten Verlusts		6800.000 US-Dollar

✅ Lösung

Zu a) Als Tranchen oder „Scheiben" bezeichnet man verschiedene Risikoklassen eines Wertpapiers, die beispielsweise durch einen Wasserfall miteinander verbunden sind (Münchau 2008, S. 91).

Zu b) Mit den gesamten Rückzahlungen aus den Immobilienkrediten werden die Zinsen und Tilgungen für die drei festverzinslichen Wertpapiere mit den Namen Senior, Mezzanine und Equity der Reihe nach beglichen. Zuerst werden alle eingehenden Gelder (Wasser) vollständig für die Rückzahlung der Senior-Tranche verwandt. Alles was darüber hinaus zurückgezahlt wird, erhält die darauffolgende Mezzanine-Tranche. Sollte dann noch weiteres Geld zurückgezahlt werden, dann erhalten die Käufer der festverzinslichen Wertpapiere der Equity-Tranche ebenfalls Geld zurück.

Zu c) Die Metapher mit der Dürre deutet bereits an, dass die Zahlungsströme in schlechten wirtschaftlichen Zeiten ausbleiben können. Denn weil die Equity-Tranche als letzte bedient wird, laufen hier die Verluste auf. Deshalb zahlt Equity höhere Zinsen, damit es für risikofreudige Investoren interessant ist, beispielsweise von den Kursschwankungen zu profitieren. Denn bereits eine geringfügig erhöhte Rückzahlungswahrscheinlichkeit eines größeren Anteils von Krediten kann deutliche Kursgewinne bedeuten.

Didaktischer Hinweis

Für die Arbeit mit Gruppen: Zum Abschluss der Simulation ist ein Blitzlicht interessant, in welchem jeder Schüler ein kurzes, unkommentiertes Statement abgibt.

Literatur

Baseler Ausschuss für Bankenaufsicht. (2004). *Internationale Konvergenz der Kapitalmessung und Eigenkapitalanforderungen, Überarbeitete Rahmenvereinbarung, Übersetzung der Deutschen Bundesbank.* Basel: Baseler Ausschuss für Bankenaufsicht.

Beer, C., & Seitz, F. (2007). *Finanzmarktkrisen im Blickpunkt: Ursachen, Modelle und Erklärungsansätze.* Broschiert. Berlin: VDM Dr. Müller.

Bertl, A. (2004). *Verbriefung von Forderungen, Entstehungsgeschichte und heutige Struktur von Asset Backed Securities.* Wiesbaden: Deutscher Universitäts/GWV.

Bleser, S. (2009). *Die Subprimekrise und ihre Folgen. Ursachen und Auswirkungen der 2007 ausgelösten Finanzmarktkrise.* Hamburg: Diplomica.

Dieckmann, N. (2010). *Erklärungsansätze und Lehren aus der Finanzkrise 2007 / 2008 – Eine ganzheitliche Würdigung.* Norderstedt: Books on Demand.

Illing, F. (2013). *Deutschland in der Finanzkrise, Chronologie der deutschen Wirtschaftspolitik 2007–2012.* Wiesbaden: Springer.

Münchau, W. (2008). *Vorbeben, Was die globale Finanzkrise für uns bedeutet und wie wir uns retten können.* München: Hanser.

The manufacturer's authorised representative in the EU is Springer
Nature Customer Service Centre GmbH, Europaplatz 3, 69115 Heidelberg,
Germany. If you have any concerns regarding our products, please
contact ProductSafety@springernature.com

Printed and bound by CPI Group (UK) Ltd, Croydon, CR0 4YY
23/04/2026
02095648-0011